suhrkamp taschenbuch 4211

Als Thomas Bernhard 1970 mit dem Georg-Büchner-Preis ausgezeichnet wurde, antwortete er ausführlich auf Fragen über die Gründe für Form und Inhalt seines Schreibens. »… warum schreibe ich Bücher? Aus Opposition gegen mich selbst plötzlich, und gegen diesen Zustand – weil mir Widerstände, wie ich schon einmal gesagt habe, alles bedeuten.«

Das vorliegende Lesebuch enthält eine repräsentative Auswahl aus dem Gesamtwerk des österreichischen Weltliteraten Thomas Bernhard: Es bietet Lyrik, Erzählung, Roman, Drama neben frühen Artikeln und Reden, die autobiographischen Erzählungen wie die öffentlichen Skandale, Dramolette wie eigenhändig verfaßte Lebensläufe aus über drei Jahrzehnten. Kurz: *Aus Opposition gegen mich selbst* zeichnet die Konturen von Leben und Werk dieses bis heute vieldeutigen Autors nach.

Thomas Bernhard wurde am 9. Februar 1931 in Herleen bei Maastricht geboren, er starb am 12. Februar 1989 in Gmunden (Oberösterreich).

Thomas Bernhard
Aus Opposition gegen mich selbst

Ein Lesebuch

Herausgegeben von
Raimund Fellinger

Suhrkamp

suhrkamp taschenbuch 4211
Erste Auflage 2011
© dieser Ausgabe
Suhrkamp Verlag Berlin 2011
Nachweise am Ende des Bandes
Druck: CPI – Ebner & Spiegel, Ulm
Printed in Germany
Umschlaggestaltung: Göllner, Michels
ISBN 978-3-518-46211-9

1 2 3 4 5 6 – 16 15 14 13 12 11

Aus Opposition gegen mich selbst

Die Anfänge: Die fünfziger Jahre

Thomas Bernhard
Notiz zu Thomas Bernhard

geboren am 9. oder 10. Februar 1931 in Heerlen, Holland,
zwischen Maastricht und Aachen. Österreichische Eltern,
die früh verstorben sind, der Vater 1943 während eines Luft-
angriffs auf Frankfurt/Oder, die Mutter 1950 an Krebs.
Volksschule in Seekirchen a. Wallersee und in Traunstein.
Verschiedene Haupt- und Mittelschulen in Salzburg. Zuletzt das dortige Gymnasium. 1947 Eintritt und Absolvie-
rung einer kaufmännischen Lehre. Gleichzeitig Musikstu-
dium am Mozarteum. (Alle Theoriefächer, dann auch Gesang.) 1949 Lungenkrankheit mit vierjährigem Aufenthalt
in Spitälern und in der Heilstätte Grafenhof im Pongau.
Während des Aufenthaltes dort – immer bettlägerig – viele
Operationen, Pneumoperitoneum usw. Idee, aufzuschrei-
ben in Gedichtform. Schon 1949 nach den Sterbesakra-
menten, das Gefühl, zum zweitenmal das Leben anzufangen. Ein Geschenk – eine Grausamkeit – eine Gelegenheit
sich dem Leben einfach zu überlassen – sich in nichts mehr
einzulassen, was nichts mit dem *Dahinleben* zu tun hat.
Keine Pläne, keine Interessen eigentlich, gar nichts, alles zu
tun, um schreiben zu können, um nichts tun zu können.
Überhaupt keine Beziehung zu irgendeiner Religion, aber
Gespräche, Anreden, Anklagen, Auskünfte suchen mit, von
Gott – Was ist das? 1953-1955 Gerichtsberichterstatter und
Kunstkritiker zuerst des »Demokratischen Volksblattes«
(sozialistisch) dann der »Salzburger Nachrichten« (die grau-
enhafteste Form von Zeitung, von »Blatt« die es gibt). 1955
Antritt der Studien am Schauspielseminar des Mozarteums
(Paumgartner, Leisner und andere Nichtswürdige, aber Eit-

le und Belesene) mit viel Theaterspielerei z. B. in Lessings
»Der junge Gelehrte« den Crysander, in Anouilhs »Antigo-
ne« den Sprecher, in Kabaretts und Operetten. Mitwirkung
bei Aufführungen des Landestheaters und der Festspiele, so
jährlich mit einigen Noten in der c-Moll-Messe in Sankt
Peter. 1957 »Reifeprüfung«, auch in »Regie« mit einem Es-
say über Bert Brecht und der Einrichtung dreier (meiner bis
dahin liebsten Theaterstücke) Kleist: »Zerbrochener Krug«.
Büchner: »Leonce und Lena«. Thomas Wolfe: »Herrenhaus«. Gespielt wurde davon leider nichts. In der Zwischenzeit sind viele Artikel über Theater oder Autoren entstanden, die in Provinzblättern und in der »Furche« erschienen sind. (Alle nicht mehr vorhanden und unwichtig).
Herbst 1957 erster Gedichtband bei Otto Müller: »Auf der
Erde und in der Hölle«. Frühjahr 58: »In hora mortis«, ein
Psalm, den niemand versteht – hat mit Katholizismus überhaupt nichts zu tun. Gleichzeitig bei Kiepenheuer u.
Witsch: »Unter dem Eisen des Mondes«. – Niemand versteht etwas von Gedichten, oder nur zwei oder drei Leute,
die mir bekannt sind: Ludwig von Ficker und noch zwei
andere, ungenannte. Am besten wäre, überhaupt nichts zu
sagen, weil die Leute aus allem etwas anderes herauslesen,
als ich mir denke. Schweigen – Schweigen – Schweigen –
Aufbegehren – Aufbegehren – Aufbegehren! Und immer
sagen was faul ist und niederträchtig. Fast alles ist niederträchtig, der Rest faul. Niemand sieht die »Schönheit der
Welt«, aber alle wollen sie sie beweisen, sie wollen alles unbedingt schön machen – schön muß die Anklage, der Beweis der Faulheit, der Niedertracht sein, schön, vollkommen, die Welt ist es nicht. 1959 Zusammenarbeit mit einem
Komponisten, es entsteht *in einjähriger Arbeit* »Die Rosen
der Einöde«. (Eine Perle vor die Säue geworfen.) Schade

um sie, um den Haufen Schweiß. Dummköpfe und ätherische Säuglinge bevölkern die Blätter, die Lektorate, aber vor allem die Blätter. Es entstehen kurze Theaterstücke, Szenen, mehr als vierzig, darunter »Köpfe«, vertont vom gleichen Komponisten, wird im Juli 1960 im »Theater am Tonhof«, einer Scheune in Kärnten, aufgeführt mit drei anderen kurzen Szenen: »Die Erfundene«, »Rosa«, »Frühling«. Regie Herbert Wochinz, der verleumdet ward und sich durchsetzen wird! Seit 1957 nurmehr Schreibarbeit – nein – das einzige Schreibvergnügen –. Seit fünf oder sechs Jahren immer wieder längere und weite Reisen nach Süd- und Südosteuropa, jährlich auf den Balkan, in die mazedonischen Berge, nach Sarajewo, Split, in die albanischen Grenzwälder. Auch in europäische Großstädte, um festzustellen, wie weit sie schon sind. Selten in Wien, der Nichtsnutzen, selten unter Deutschen. Arbeit an zwei längeren Prosabüchern (immer wieder) und mehreren kleineren Versuchen. Aber man soll nicht reden über etwas, das noch nicht unter die Leute geworfen ist, man soll überhaupt nichts reden. Ab September 60 im Österreich. Kulturinstitut in London tätig.

Niklas van Heerlen
Vor eines Dichters Grab

An einem dieser schönen Sommertage ging ich durch den idyllischen Maxglaner Friedhof. Ich glaubte in einem ewigblühenden Blumengarten zu schreiten, denn die tausend und abertausend Blüten leuchteten in fast überirdischen Farben. Plötzlich stand ich still. Ich las an einer anscheinend vergessenen Grabstätte den Namen eines stillen Denkers und einzigartigen Dichters, der, wie ich mich erinnerte, vor eineinhalb Jahren hier begraben wurde. Ich dachte sogleich an Leute in Henndorfer Tracht, an Bauern und Bäuerinnen mit gesenktem Haupt, die dem schlichten Sarge langsam folgten. Wieder schmerzte mich der Verlust dieses großartigen Mannes aus dem nahen Henndorf, und wie von fern her drangen die Lobgesänge aus seinen Gedichten zu mir, sah ich die Gestalten aus seiner unvergänglichen »Philomena Ellenhub«. Hat man das Grab des Dichters vergessen?

Zwar benannte man einen der schönsten Wege der Stadt nach ihm, dafür sei Salzburg gedankt, aber sein Grab, das die Stadtgemeinde zur Pflege übernommen hat, ist von Unkraut überwuchert, unter dem ein paar armselige Blümlein das Licht suchen. Ich glaube aber, Johannes Freumbichler hat eine Grabstätte verdient, die seiner würdig ist. Zumindest sollte sie sich von denen der Umgebung nicht so abheben, daß man zu der Annahme kommen könnte, hier ruhe ein Vergessener.

Mit neunzehn Jahren ...

»Vierzehn Halbe hab i g'soffn ...« verantwortet sich der 19jährige Ernst St. vor dem Schöffengericht, dessen Vorsitz OLGR Dr. Mitsche führte. Ernst St. war im August dieses Jahres durch das im 1. Stock gelegene Fenster eines Taxenbacher Wohnhauses eingestiegen, hatte sämtliche Kleiderschränke, Kästen und Laden durchwühlt und sich in aller Ruhe eine »beachtliche Kollektion« wertvoller Kleidungs- und Wäschestücke sowie Schmucksachen zusammengestellt. Schlag zwölf nachts machte er sich auf den beschwerlichen Heimweg, wobei er aus der auf den Rücken drükkenden Tuchent (in der sich auch ein Radioapparat befand) wieder einiges verlor. »Nicht einmal um die Ecke kam der Dieb ...«, sagte der Vorsitzende, »denn der Hausherr hatte blitzartig die Lage erfaßt, und ist auf Ernst losgegangen.« Mit 19 Jahren verfügt man über mehr Kräfte als mit 65, und so unterlag der Hausherr in einem halbstündigen Kampf. Mit einer schweren Quetschung des linken Brustkorbes, mit zwei Rippenfrakturen, einer Reihe Hautabschürfungen, verstauchten Beinen und einem »Loch im Hinterkopf« kam der Ältere davon, das heißt, ist er liegen geblieben, während Ernst mit der Tuchent im nächtlichen Dunkel verschwand. Aber der Krug geht so lange zum Brunnen, bis er bricht, und so ist es nicht verwunderlich, Ernst in der »Angeklagtenwürde« vor dem Richtertisch kauern zu sehen ...

Im wesentlichen war er geständig, absichtlich wollte er auf keinen Fall den Einbruchsdiebstahl ausgeführt haben. »Dafür bin i viel z'gscheit ...« Ernst ist, ob er es zugeben will oder nicht, bereits zweimal einschlägig vorbestraft. Das zog auch der Staatsanwalt Dr. Zamponi ins Kalkül, als er eine wuchtige Ansprache auf den vielleicht doch noch zu rettenden Mann losließ. Aber dieser wußte »auf der Welt Bescheid« und so rührte ihn keines der einprägsamen Worte aus dem Munde der Obrigkeit. Der Verteidiger bat um mildes Urteil. »Schließlich muß man die vierzehn Halbe ja in Betracht ziehen ...«, meinte er am Ende seiner Ausführungen. Nach längerer Beratung fällte das Gericht einen Schuldspruch im Sinne der Anklage. Ernst muß fünf Monate in den Kerker wandern. »Dös is a Luft ...«, sagte er beim Hinausgehen, und bis er wiederkommt, ist er zwanzig ...

Vier Gedichte

Salzburg

Ihr hellen Türme in der klaren Frühe,
Du warmer Wind, du greisenhafter Baum.
Es greift des Domes Kuppel in den Raum
Und wirft den Schatten ruhig, ohne Mühe

Über die Gassen und die Kapitelle. –
In ruhigen Höfen wuchert junger Wein.
Es eifert tausendmal der Sonnenschein
Im leisen Klingen einer klaren Quelle.

So rieselt Licht über die flachen Dächer
Und blinkt wie Feuer und wird bald zu Stein.
Die ganze Stadt trinkt aus dem Sonnenbecher

Und jubelt ferner in den grünen Lauben,
Und geht vereinsamt in den Himmel ein
Und wird Musik in dem Gewirr der Tauben.

Im Dom

Der Himmelsteppich ist dir ausgebreitet.
Nun heißt es nur mehr breite Treppen steigen
Und vor den Toren eine Zeit zu schweigen
Bis einer mit dir ins Gewölbe schreitet.

O klarer Sonnentag, der draußen brütet –
Wo in den Jahren fandest du die Gnade,
So froh und unaufhörlich und gerade
Vor Gott zu schreiten, der dich einst behütet?

Die Mauern schelten dich nicht, wie Tyrannen.
Hier geht ein Frieden über die Altäre,
Als ob kein Kampf, kein Krieg gewesen wäre,

Den einst die Toren stumpf in Lust ersannen.
An goldnem Kreuze, in den süßen Winden
Des edlen Weihrauchs wirst du Ruhe finden ...

Im Hofe von St. Peter

Glockenschlag kommt aus dem Blau herein
Und verzittert an den heißen Wänden,
Und muß einsam an der Mauer enden,
Denn gehörlos ist der blanke Stein.

Aber Leben flutet sanft herein,
Und kommt sorgsam aus den hohen Zimmern
Des Palastes und die Strahlen schimmern
Wie in einem purpurvollen Schrein.

Schwarze Mönche gehen tief geneigt
Um den Brunnen, während in den Bäumen
Junge Schwalben nisten in den Träumen.

Und sie beten ohne aufzuschauen,
Während einer wunderbar vorm blauen
Mittagshimmel stehenbleibt und schweigt.

Friedhof in Seekirchen

Es steht geschrieben: Händler, Bauer, Mann.
Da war ein einzelner einmal geboren,
Da waren hundert über Nacht verloren –
Es schlug der Krieg sie einst in seinen Bann.

Wer hockt am Grabstein und hat keinen Mut?
Es wird Geheimnis offenbar in Steinen,
Es werden lachen jene, die da weinen
Und überschäumen wird das Menschenblut.

Es steht geschrieben: Händler, Bauer, Mann.
Es steht geschrieben, wo und wann sie starben –
Es fängt der Stein einmal zu sprechen an,

Doch keiner sagt, wie elend sie verdarben.
Es schlug der Krieg sie einst in seinen Bann ...
Aus einer Tenne duften süß die Garben.

Jean Arthur Rimbaud
Zum 100. Geburtstag

Verehrte Versammlung,
es heißt, wir ehren die Dichter nur, wenn sie tot sind,
wenn der Gruftdeckel oder der nasse Erdhaufen die endgültige Trennung zwischen ihm und uns herbeigeführt hat,
wenn der Schöpfer lyrischer Gedichte in Not und Elend
erstickt ist, wenn er, wie es so schön und peinlich in den
Nachrufen minderwertiger Geister heißt, seinen Geist
aufgegeben hat. Dann findet sich schon, so es Gott will,
ein verstaatlichtes Büro, das im Adreßbuch zu blättern
beginnt, und das Werk der Nachwelt nimmt seinen Lauf.
Es gibt Kränze und »Kränzchen«, und es entwickelt sich
ein amüsantes Geschäft zwischen Weinlokal und Ministe-
rium, solange, bis entweder der Akt des Dichters wieder
verschwindet, oder man sich zur Herausgabe seines Werkes
entschlossen hat. Es gibt Feiern und Pomp, man entdeckt
das Pensum des Toten, zerrt es ans Licht – man »veranstal-
tet« den Dichter –, meist nur, um sich selbst die Langeweile zu vertreiben, für die man schließlich bezahlt wird.
Und ist es nicht so (bei uns!), daß nicht der Dichter geehrt
wird, sondern der Herr vom Kulturamt, der die Begrüßung
vornimmt, der Herr Gedichte-Verwalter, der Schauspieler, der Rezitator? So mancher Hölderlin oder Georg Trakl
würde sich im Grabe umdrehen über soviel gemachte, auf-
gepfropfte Kultur, über soviel Kunstmarktgerede, von dem
nichts herauskommt als Schamlosigkeit!
Es geht darum, an Jean Arthur Rimbaud zu erinnern. Gott
sei Dank, daß er ein Franzose war! Glauben wir also an die
Kraft und die Herrlichkeit des dichterischen Wortes, glau-

ben wir an das fortdauernde Leben des Geistes, an die Unverwüstlichkeit der Bilder (der Totenbilder und der Visionen), wie sie auftauchen zwischen den Blättern von ein paar großen Männern aus den Elementen, wie sie ein Jahrhundert nur ein- oder zweimal hervorbringt. Täuschen wir uns nicht, das Gewaltige, Erregende, Aufwühlende und Beruhigende, das Bleibende, wächst nicht wie der Sauerampfer auf der Sommerwiese! So ein bedeutender Vers, dem der Mensch den Blick in die Tiefe verdankt, kommt nicht alle Tage zustande, nicht jedes Jahr. Es müssen immer etliche Tausend Bücher herausgestampft werden, ehe die Maschine einmal einen solch elementaren Ruck macht, und uns ein, wenn auch nur ein bedeutendes Werk der Weltliteratur liefert. Die immer so an der großen Glocke hängen und tönen bis in die versoffenen Bierstuben, die Zeitschriftendichter und die Exportartikler der Literatur, die es auch zuweilen zum Nobelpreis bringen, sind zumeist nur auffrisiertes Gewäsch und Modefabrikation. In der Literatur kommt es nur auf das Ursprüngliche an, eben auf das Elementare, auf Leute wie Jean Arthur Rimbaud.

Der Dichter Frankreichs war ein wirkliches Element, seine Verse waren aus Fleisch und Blut. Hundert Jahre sind nichts für diesen Meister des Wortes, den unübersetzbaren Rimbaud. Er riß das Leben an sich, unkonventionell, mit der Wurzel, packte es zugleich voll Ehrfurcht und Todessüchtigkeit. Seine Dichtung ist abgeschlossen, mit dreiundzwanzig Jahren klappte er sein Buch zu, sein »Trunkenes Schiff«, seine »Erleuchtungen«, seine »Saison in der Hölle«. Niemehr rührte er die Feder an, um zu dichten, der Ekel vor der Literatur hatte ihn erfaßt. Aber er war fertig, es war genug. »Absurde! Ridicule! Dégoûtant!« – so wehrte Rimbaud ab, wenn man von seinen Versen mit Bewunderung

sprach, und versuchte, ihn der Literatur in Frankreich zu-
rückzugewinnen.

Rimbaud wurde am 20. Oktober 1854 in Charleville geboren. Sein Vater war Offizier, die Mutter eine Frau wie jede
andere, bedacht auf das Wohl des Knaben, aber in dem Augenblick mißtrauisch und zurückgezogen, als es in ihm zu
gären beginnt, als er mit neun Jahren seine ersten Verse
heimbringt von der Schule, seine ersten »Essays«, seine Visionen, seine ersten Dichtungen die zu den besten Frankreichs zählen. Im Juli 1870 bekommt er einen ersten Preis
für die meisterhaften lateinischen Verse, in die er »Sancho
Pansas Ansprache an seinen Esel« umgearbeitet hatte. Noch
während des Studiums schreibt er für ein Ardennenblatt
und greift Napoleon und Bismarck mit gleicher Heftigkeit
an. Um die Armut der Menschen zu sehen und zu leiden,
wandert er zu Fuß nach Paris, taucht unter in der Men-
scheneinöde und der Menschenfurcht, und er wirft sich
den Gequälten und Nichtshabenden zwischen den einzelnen Boulevards an die Brust. In dieser Zeit sollen seine
Haare so lang gewesen sein wie eine Pferdemähne, ein Vor-
übergehender bot ihm vier Sous an für den Friseur, die er,
der »Dichter aus Charleville«, in Tabak anlegt. Dann ist er
Zeuge der Revolution in der Babylon-Kaserne, in dem
dichten Gemisch der Rassen und Klassen, und feurig ruft er
es aus: »Arbeiter will ich sein! Kämpfer!« – Nach achttägi-
gem Kampf erstürmen die Regierungstruppen die Hauptstadt, die gefangenen Revolutionäre, seine Freunde und
Genossen, verbluten. Er selbst, der die erste große Erschütterung seines Lebens hinter sich hat, kann wie durch ein
Wunder entweichen. Aber in Charleville war er nicht mehr
zuhause.

Rimbaud war Märtyrer und »Sozialer«, aber niemals Politiker. Er hatte nichts mit der Politik, der Kunstbefremdung, zu tun und gemein. Er war nichts weniger als ein Mensch, und als solcher rührte ihn die Vergewaltigung des Geistes auf. In Charleville setzte er sich hin und schrieb die feurigen Gedichte »Das trunkene Schiff« – obwohl er das Meer noch nicht kannte –, schrieb »Paris bevölkert sich wieder«, die Orgie, die Anklage gegen das Geschwulst des Hasses, das Gedicht des Pariser Menschenlasters, alles in ihm war Empörung, und wenn er den Fluß entlangging, »brauchte er Stunden, um sich innerlich zu beruhigen«. Er war siebzehn Jahre alt, als er das wunderbare Versgebilde »Die Armen in der Kirche« niederschrieb, mit »klopfendem Herzen, ganz bei den schmutzigen Kindern, die immer auf die hölzernen Engel schauen und dahinter den Gott vermuten…« Rimbaud war Kommunist, ja, aber nicht der, der auf den Champs-Elysées die Paläste anzünden wollte, sondern ein Kommunist des Geistes, ein Kommunist seiner Lyrik und seiner bildhaften Prosa.

Als er Verlaine, dem einzigen lebenden Dichter Frankreichs, den er verehrte, seine Verse schickt, antwortet ihm dieser mit dem klassisch gewordenen Satz: »Venez, chère grande âme!« – Und wie erstaunt ist der »Dichter von Paris«, der in den rauchgeschwängerten Salons wie ein Gott aus- und einging, als er, anstatt einen »würdigen« Mann, den siebzehnjährigen zerlumpten Jean vor der Wohnungstür findet. Dieser hatte die »Sensation«, das große brennende Gedicht, hinter sich. Ja, das waren Zeiten!

Mit Verlaine begann für Rimbaud eine neue Epoche, es war eine tief freundschaftliche und zutiefst menschliche, und sie waren mitsammen nach England gereist, um London kennenzulernen, die stinkige Luft des größten Hafens der Welt, Mittelengland mit seinen schwarzen Fabriken, waren nach Brüssel gekommen, um sich – auf Zeit! – zu trennen. Verlaine mußte »heim« zu seiner Familie, die er, ohne »Rücksicht«, wie es heißt, eines Morgens verlassen hatte. Wie verschieden waren die beiden Landstreicher, denen es gegönnt war, ohne Paß durch Europa zu streifen, ohne alles, der Flüchtige, immer ausbrechende Rimbaud, vorwärts getrieben von der monumentalen neuen Wirklichkeit, die »es zu verdauen gab in der Prosa«, und der weiche, ihm ganz verfallene Verlaine, der dem Katholizismus, der Rettung, zustrebte, der ihm die tiefen Dichtungen verdankt, die geheiligten Lieder des ruhenden Menschen, die der geschlagene Mann im Gefängnis niederschreibt, nachdem er den jungen Bruder aus Charleville im Streit angeschossen und schwer verletzt hatte. Verlaine war für Rimbaud der große Dichter, aber weich und süchtig, Rimbaud dagegen hatte sich in Verlaine zum »alleinigen Lebensreichtum außer Jesus Christus« geformt. Man darf es nicht falsch verstehen: Verlaine liebte die poetische Kraft seines »Bruders« und das wunderbar klare Gesicht Arthurs, nicht mehr.

Das Leben der Dichter gehört nicht auf die Straße geschleppt, aber Rimbauds Leben ist so gewaltig, so groß, so abgründig und doch so religiös, wie das Leben eines Heiligen. Er steht vor uns wie seine Dichtung: abscheulich, wahrhaft, schön und von Gott!

Er war in Deutschland Hauslehrer bei einem Stuttgarter Doktor Wagner, streifte durch Belgien und nach Holland. Er ließ sich für die Kolonialtruppen anwerben und erreichte nach siebenwöchiger Überfahrt Java. Aber es war ihm mit dem Militärdienst genauso wenig ernst wie einstmals mit dem Gedanken, »Missionar zu werden, um die Welt zu sehen«. Als er in Niederländisch-Indien an Land ging, schien es, als hätte er sein Ziel erreicht: unerreichbar der abscheulichen Zivilisation zu sein! Er machte sich davon, ging nach Batavia, lebte vom Handgeld, schlug sich durch die neue Landschaft, lebte mit Tieren und Halbidioten zusammen, betrat 1876 ein englisches Schiff, um heimzukehren. Er war für eine Zeit müde geworden. Als man an der Insel Helena vorbeikam, verlangte er, daß man anhalte. Da man seinem Wunsche nicht nachkam, sprang er einfach ins Meer, um hinüberzuschwimmen. Mit knapper Not konnte er, der unbedingt Napoleons Lager habe sehen wollen, wieder an Bord gebracht werden. Genau am 31. Dezember war er wieder in Charleville.

Er war zeitlebens ein Abenteurer, und die Hälfte seines Daseins war er unterwegs. Er hatte sich längst von der Literatur abgewandt, und er schrieb nicht mehr:

»Im Straßenschotter hatt' ich meine Schuh zerschnitten
acht Tage lang. In Charleroi macht ich halt.
Im ›Grünen Cabaret‹ begehrt ich Butterschnitten
und Schinken, der zur Hälfte kalt.

Ich dehnte unterm Tische mit Behagen
die Füße aus, sah mir die Wände an
mit ihrer simplen Malerei. O, nicht zu sagen,
als mir die Magd mit ihrem hohen Busen dann,

mit ihrem frohen Blick, mit ihrem Mund, der lachte,
– die hat vor einem Kuß nicht Angst! – auf buntem Teller
Butterbrot und warmen Schinken brachte,

so rosaweiß, von Knoblauchduft durchwürzt,
und dann den Bierschaum, den ein heller
Spätsonnenstrahl umsäumt, ins hohe Glas gestürzt.«

Er genoß nurmehr. Und er ist wieder in Marseille und verkauft Schlüsselringe, kommt nach Ägypten, kehrt wieder nach Frankreich zurück und schifft sich schließlich als Einkäufer von Kaffee und Parfum nach Arabien ein. Im November verläßt er Arabien und gelangt nach Zeila. In der ersten Dezemberhälfte, nach zwanzigtägigem Ritt durch die Wüste Somali, kommt er nach Harrar, einer englischen Kolonie. Hier wird er Generalagent einer englischen Firma mit einem »Gehalt von 330 Franken, Beköstigung, Reisekosten und 2% Provision«. Bevor er jedoch Aden verlassen hatte, schrieb er seiner Mutter um wissenschaftliche Bücher. Die Kunst war über Bord geworfen, er strebte nach anderen geistigen Dingen, gleichviel wichtigen, und er studiert im folgenden Metallurgie, Schiffahrtskunde, Hydraulik, Mineralogie, Maurerarbeit, Zimmermannsarbeit, landwirtschaftliche Maschinen, Sägemühlen, Bergmanns-Glaser-Töpfer-Metallgießerhandwerk, artesische Brunnen – alles will er sich zu eigen machen, er hat Hunger wie nie zuvor, selbst als Generalagent! Die Filiale Harrar des Handelshauses gelangt unter des Dichters Rimbaud Leitung zu großer Blüte. Ihm selbst gehen die Geschäfte immer zu schlecht. In seinen Briefen schreibt er von Geld und Gold, das man suchen müsse. Er wird wieder ungeduldig und will nach Tonking, nach Indien und zum Panamakanal. Und er macht nichts mehr als Geschäfte, vielleicht nur, um sich zu betäuben, er handelt mit Kaffee und Waffen, die er ans Rote Meer schickt, mit Baumwolle und Früchten – er hatte Frankreich die schönsten Jugenddichtungen geschenkt. Und voller Unglück schreibt er: »Ich langweile mich sehr, ich habe nie jemanden gekannt, der sich so langweilte, wie ich.«

1890, als er den Wunsch hatte, sich zu verheiraten, spürte er

plötzlich eine Art von Gicht in sich, den Schmerz des Körpers, den dieser sturmgepeitschte Mensch bisher nicht kannte. Fern von Frankreich, unter Sklaven und Negern, in der stinkenden Wüste. Das Ende nahte mit Riesenschritten. Er selber schrieb über seine Krankheit: »das Klima Harrars ist kalt, und ich zog aus Gewohnheit fast gar nichts an, eine einfache Tuchhose und ein Wollhemd, und so machte ich täglich unsinnige Ritte von 15-40 Kilometern durch die schroffen Berge des Landes. Ich glaube, am Knie muß sich ein giftiges Leiden entwickelt haben, hervorgerufen durch Ermüdung, Hitze und Kälte. Tatsächlich hat es mit einem Hammerschlag unter der Kniescheibe begonnen: ein leichter Schlag, den ich alle Minuten einmal spürte … Ich ging herum und arbeitete fleißig weiter, mehr als je, denn ich glaubte an eine gewöhnliche Verkühlung …«
Die Untersuchung des englischen Arztes im Hospital in Aden ergab eine weit vorgeschrittene gefährliche Gelenksentzündung. Rimbaud entschloß sich, sich auf einen nach dem Mittelmeer abgehenden Dampfer bringen zu lassen.
In Marseille wird sein Bein amputiert. Die alte Madame Rimbaud ist bei ihm. »Ich bin ein Krüppel«, schreibt er verzweifelt, »was kann ein Krüppel der Welt nützen? Lieber den Tod, nach all dem, was ich schon ertragen habe …«
Das schreibt er nach monatelangen Qualen, die ihn aufs Bett warfen. Er leidet an Krebs. Am 23. Juli ließ er sich, wie es seine Schwester beschreibt, zur Familie nach Roche bringen, die sich dort angesiedelt hatte. Dort hoffte er, endgültig Ruhe und Schlaf zu finden. Es war 1891. Das Getreide war erfroren, als er heimkam, und beim Anblick des für ihn eingerichteten Zimmers rief er aus: »Das ist ja Versailles hier!« – Darauf folgten die furchtbarsten Monate seines Lebens. Im Oktober machen sich die ersten Anzeichen des

Todes bemerkbar. Noch einmal möchte er aufbrechen, mit einem Bein, nach Indien, oder wenigstens nach Harrar zu den Negern. Er wird schon auf die Bahn gebracht, in den Zug geschleppt, muß aber auf der nächsten Station wieder heraus. Es war die tiefste Verzweiflung eines Menschen. Im »Hôpital de la Conception« trug er sich unter dem Namen Jean Rimbaud ein. Dann war alles nurmehr Kampf zwischen dem Leben, das er wollte, und dem Tode. Er hat wunderbare Visionen, seine »Illuminations« kehren wieder, seine Erleuchtungen. In der Agonie kehrt der Dichter zurück, plötzlich ist er wieder dort, wo er mit dreiundzwanzig Jahren aufgehört hatte, als er fortlief, wo es ihn anspie aus allen Ecken und Enden, das »Barbarentum der Literatur«, die »Verweichlichung des Intellekts«. Er ist wieder Dichter – auch wenn er nichts mehr schreibt. Er ist wieder da – er war doch nicht fort gewesen, nur in Harrar, in Ägypten, in England, in Java. Es war nur ein Umweg, jetzt sah er die Dichtung aus Charleville deutlich vor sich und es war ihm bewußt: sie ist geschaffen! Sie senkte sich als wunderbarer Trost auf ihn herab. »Am 10. November, nachmittags zwei Uhr, war er tot«, notierte seine Schwester Isabelle. Der über soviel Gottesfürchtigkeit erschütterte Pfarrer gab ihm den Segen. »Ich habe noch nie einen so starken Glauben gesehen«, sagte er. Dank der Hilfe Isabelles wurde Rimbaud nach Charleville gebracht und mit großem Pomp auf dem dortigen Friedhof begraben. Dort liegt er heute noch neben seiner Schwester Vitalie, unter einem schlichten Marmormonument.

Das Werk Rimbauds war immer von jenen bekämpft, die der Wahrheit keine Ehre geben, und trotzdem beginnt es mit dem glückhaften revolutionären durch und durch dichterischen Schulaufsatz des Neunjährigen »Die Sonne war noch warm…«, den sein Lehrer und Freund Izambard aufbewahrte. Es zählt zum Gewaltigsten und ist das Ursprünglichste, das je in französischer Sprache geschrieben wurde, alle miteingeschlossen, die Großen, Racine, Verlaine, Valéry, Gide und neuerdings Claudel. Seine Dichtung ist nicht nur französisch, sondern europäisch, es ist Welt-Dichtung, es sind Sprüche und Weissagungen, Empfindungen und Delirien von unheimlicher Zauberkraft.

Man darf Rimbaud nicht zerreden, man muß ihn lesen, wirken lassen muß man ihn als Ganzes wie einen Traum von der Erde, man muß seine Welt betreten, wie er sie betrat, mit schmutzigen Schuhen und mit hungrigem Magen, einmal auf der Straße nach Mézières, dann in Paris, in der Ausweglosigkeit. Man muß, wie Rimbaud selbst, in seine Kirchen hineinschauen, sein Werk nicht betrachten, sondern mitleben und mitleiden, einfach anschauen, wie ein Mädchen irgendein Ding anschaut, das ihm in den Weg flattert.

»Morgens um vier im Sommer, dauert / der Liebe Schlaf noch. / Aus den Gebüschen dampfen / Düfte des Festes der Nacht …« So etwas wird selten gesagt und gar nicht gedichtet. Das ist ganzer, erschütternder, einsamer, weltcharakterlicher Rimbaud. Oder »Ophelia«, die zwei Gedichte, die alle Welt in sich eingeschlossen haben und mit ihr Gott. Da ist all das zu finden, was den Heutigen mangelt: Schönheit und Ehrfurcht im wahrsten Sinne, und da ist Verlassenheit und in ihr der ewige und einzige Gott, der große Vater, auch wenn sie ihn noch so aus Rimbauds Versen vertreiben wollen. Um gläubig zu sein, muß man nicht Hostien verschlucken, muß man nicht alle Jahre zweimal beichten. Es genügt, wenn der Mensch ins Antlitz der Welt schaut, tief hinein in seine Mitte – wie Rimbaud. Man soll niemals über die Kirche spotten, aber man darf die schlechten Priester als schlecht bezeichnen und die niederträchtigen Nonnen als niederträchtig. Man muß aber auch den Glanz und die Güte Gottes preisen, wie es Rimbaud getan hat vom Anfang bis zum Ende, mit elementarer Gewalt. Denn was sein Werk so groß macht, das ist seine geschlossene Unförmigkeit. Rimbaud war einfach der erste, der wie Rimbaud schrieb. Er und keiner damals wußte, »daß es nichts ist, aber daß ER ist, und daß ER immer ist«.

Er ist »Shakespeare enfant« – und nicht nur, weil Victor Hugo es gesagt hat. Unvergänglich ist sein »Bateau ivre«, der phantastische Traum. Wo hatte er die Ästhetik hingeworfen? Doch auf den großen, sich gegenseitig auffressenden Abfallhaufen der Literatur, der zu allen Zeiten seinen üblen Parfumgestank verbreitet: Ihm war das Unwirkliche, Gläserne eines späten Rilke fern. Er war keusch und tierhaft zugleich, und die schönsten, empfindsamsten Reflexionen stammen von ihm. Er schrieb nicht auf Büttenpapier, sondern auf stinkende Käsepakete – aber gerade das war nur noch Poesie. Die »Saison in der Hölle« war das einzige Werk, das er selber zu Lebzeiten herausbrachte. Verlaine besorgte nach Rimbauds Tod eine Gesamtausgabe.

Die Dichtung sei ihm nicht mehr gewesen wie ein »Befreiungsversuch«, ein »Ventil für die drängend überschüssige Vitalität«, sagte später Stefan Zweig von ihm. In solche Ströme aber kann man keine bloße Vitalität entladen, Rimbaud nicht, denn sie war ihm keine Zuflucht, die Dichtung, sondern ureigene Heimat. »Religion zwang ihn nie in die Knie«, schrieb derselbe Stefan Zweig, (der Rimbaud tief verehrte!). Und doch war seine Literatur eine einzige, freilich weltweite, geschichtlich freie, ungebundene, unverfeinerte, im Schmutz und in den zerrissenen Schuhen triumphierende Religion. Und diese seine Religion brachte ihn auch zu Fall, sie zwang ihn ja in die Knie! – An seiner »Höllensaison« hing sein ganzes Leben, an seinen »Erleuchtungen« hing sein Herzschlag. – Der Reichtum in Harrar nützte nichts, das ganze Geld nützte nichts, alles, alles, nützte nichts, nieder sinkt er, scheinbar klein wird er letztlich, und nieder kniet er sich in Delirien und fleht um die letzte Erleuchtung: um den ewigen Vater!

Nur wer um den ewigen Vater fleht, hat Aussicht, bestehen zu bleiben, kann sagen, wie Rimbaud gesagt hat: Ich bin immer!

Der Schweinehüter

Dieser Hund gehört mir, sagten diese
armen Kinder; das ist mein Platz an
der Sonne ...   *Pascal*

Der Mensch wird alt. Korn spürt es. In der Nacht träumt er
von endlosen Wäldern und von Riesenstädten. Aber sie alle
liegen so weit zurück, daß er nicht mehr den Mut aufbringt,
in sie hineinzugehen. Er liegt stundenlang wach und wartet
auf den nächsten Zug, der in der Schlucht drüben auf-
taucht.

Der Schweiß rinnt ihm herunter, sein Herz klopft, seine
Hände verkrampfen sich, und er beißt in die Bettdecke.
Aber das Unheil ist niemals ausgeblieben. Der Zug muß
dem Geleise folgen, und jedesmal, wenn er den alten Nußbaum erreicht hat, senkt sich der Boden und das ganze
Haus zittert und droht, über Korns Bett zusammenzustür-
zen. Manchmal hält er es nicht mehr aus im Bett, und er
muß aufstehen und hinausschauen beim Fenster. In solchen Augenblicken hält er sich an der Mauer fest und starrt
in die gelben Augen, die in der Finsternis auftauchen. Nie
noch hat er so gehaßt wie in dieser Zeit. Alles haßt er plötzlich, jeden Menschen, jeden Zug, jedes Stück Erde. Er verflucht die Erde, weil er weiß, daß sie ihn erbarmungslos
verschlingen wird. Die Gnade ist keine Gnade. Wenn er
nur nicht mehr aufwachen würde am Morgen, denkt er.
Alles ist sinnlos.

Am Morgen geht er hinaus und legt seine Hand in den
Mauerriß. Er wird immer größer. Jeder Zug vergrößert den
Riß, jeder Frost. »Heiliger allmächtiger Vater!« schreit er.

Er zieht seinen Rock an und steigt in den Schweinestall. Es gibt keinen Tag, an dem er nicht das Schwein anstarrt, mit dem Schwein redet, ihm gut zuredet, damit es fett wird. Wie schön so ein Schwein sein kann. Welch wunderbare Augen in seinem Fleisch stecken.

»Herz hast du keins, nicht wahr?« sagt Korn vor sich hin.

Er klopft dem Schwein mit einem Haselnußstock auf den Rücken und lacht plötzlich laut auf. Das Schwein macht einen Sprung zur Mauer und stößt sich den Schädel an. Es grunzt vor Vergnügen, vor Lebenslust und rührt mit dem Maul in der faulen Gemüsesuppe um, die drei Tage in der Sonne gestanden ist. Ein furchtbarer Geruch hebt sich von der Suppe, aber Korn riecht es nicht.

Er bricht in Gelächter aus und sagt »du« zu seinem Schwein.

»Du allein wirst mich retten, du, ein Schwein!« sagt er.

Er lehnt sich an das Holzbrett und schaut in den Koben. Er denkt, wie wunderbar der Rücken eines Schweines glänzt, was für ein herrliches Rosa sich in den schlaffen Ohren heranbildet, gleichsam wie eine neue Sonne.

»Es lebt«, flüstert er.

Das Schwein grunzt, hebt die Schnauze und starrt ihn an. Das nasse Maul zittert und bebt. Am liebsten würde Korn über das Holzbrett springen und mit dem Schwein auf dem Boden herumtollen.

Aber Korn bleibt am Holzbrett stehen. Er ist wie festgenagelt. Seine Augen bohren sich in den Speck und sein Mund verändert sich zu einem Lächeln, denn er weiß, daß das Schwein, wenn er es am Karfreitag schlachten wird, mehr als hundertvierzig Kilogramm wiegen wird. Hundertvierzig Kilogramm! Mit dem Fleisch fährt er dann in die Stadt und verkauft es auf dem Markt. Wenn er alles verkauft hat, bleiben immerhin noch gute fünfzig Kilogramm reiner Speck

übrig. Der wird ausgelassen und zur Hälfte in den Rauchfang gehängt. Zu Weihnachten ist er dann ein glücklicher
Mensch, denn er wird sich ein paar Säcke Birnen kaufen
und Most daraus machen, und Marie wird weißes Brot bak-
ken und Lieder zu der Gitarre singen.

»Wenn es Sinn hätte«, sagt Korn zu seinem Schwein, »würde ich dir jetzt auch noch die faulen Zwiebeln vom Keller
in den Rachen schoppen. Aber es hat keinen Sinn mehr.
Die Zeit der Mast ist vorbei. Ich könnte dich heute schon
auseinanderschneiden, aber ich will nicht. Ich will mich
heute nicht anpatzen mit deinem Blut. Hast du ein süßes
Blut? Das Blut der Schweine ist einzig und allein da, um
gepfeffert zu werden und gut zu schmecken.«

Korn redet so lange auf das Schwein ein, bis es den Schädel
auf einen Buschen schmutziges Stroh legt und zu schnar-
chen anfängt. Aber Korn kann kein schnarchendes Schwein
ertragen. Er denkt an die schlaflosen Nächte, an die Gedanken, die ihn quälen, an den Gott, der ihn immer wieder im
Stich läßt, wenn er ihn notwendig braucht. Gierig bohrt
sich das Schwein immer tiefer in den Schlaf. Er haßt es
plötzlich, weil er es liebt. Er kann es nicht hören, wie sich
sein Grunzton verstärkt und verlängert, er kann nicht mehr
sehen, wie der kurze magere Schwanz des Viehs auf und ab
wippt. Er hat gute Lust, hinüberzuspringen und auf dem
Schwein herumzutrampeln, so lange darauf herumzutrampeln, bis es den letzten Schrei ausstößt und verendet. Eine
abscheuliche Lust, aber er kann sie nicht halten. Er preßt
den Stock zwischen die Finger, hebt ihn hoch, und schaut
einen Augenblick auf die fettglänzende Mauer. Jetzt riecht
er das Schwein. Er getraut sich kaum zu atmen. Alles ist
still. Korn wartet mit angespannten Muskeln den Grunzton des Schweines ab, wartet so lange, bis der Schwanz

nach unten gebogen ist und das linke Auge des Schweines zuckt. Dann bricht er in Gelächter aus, springt empor und schlägt dem ahnungslosen Vieh schreiend auf die Schnauze. Mit einem entsetzlichen Wehlaut wird es emporgerissen. Es ist, als spränge der Teufel aus einem Abgrund hervor. Korn schlägt und schlägt, einmal über die Schnauze und dann auf den Rücken, so lange, bis er atemlos ist und sein Herz ein paar raschere Sprünge macht. Er läßt den Stock fallen und greift sich an die Brust. Der Schweiß rinnt ihm über das bleiche Gesicht. Das Schwein heult auf. Es rast plötzlich von einem Stallende zum andern, wälzt sich auf dem Boden, bäumt sich auf und stürzt zusammen. Aus seinem roten Maul rinnt Blut.

»Ich habe die Macht, mein Schwein zu töten«, sagt Korn. Das Vieh wird ruhig und legt den Kopf in das Stroh.

»Es ist mein Eigentum«, sagt Korn, »damit kann ich tun, was ich will. Es ist mein Schwein! Ich habe es mir gekauft, ich habe es gemästet, ich liebe es, ich hasse es und werde es verkaufen. Nur ich allein. Ja, nur ich allein! Aber ich will nicht, daß es heute verendet, heute nicht. Am Karfreitag soll es sterben.«

Während Korn diese Worte sprach, war er seltsam ruhig, und es war ihm, als hätten all seine Worte Sinn.

Aber plötzlich befällt ihn eine furchtbare Angst, es friert ihn, während das Schwein blutet und mit den fetten Beinen zuckt, und er beugt sich über das spröde glänzende Haar und streicht mit der bloßen Hand über den pulsierenden Rücken. Und seine Hände, die vorher noch ohne Gefühl waren und kalt und hart, beginnen zu zittern, und seine Lippen beben, und das Blut in seinem Körper bäumt sich auf gegen ihn.

»Warum habe ich dich geschlagen?« fragt Korn.

Er kniet sich in den Dreck, er vergißt ganz seine Stiefel. Er fährt mit der Hand in das Schweinsmaul, darin er die heiße Zunge spürt. Er nimmt ein Strohbüschel und wischt das Blut von der Schnauze des Tieres ab. Der ganze fette Körper vibriert, wie ein Mensch in Todesangst vibriert. Korn erschauert beim Anblick des Tieres, das vor Schmerzen zittert, und er erschauert noch mehr bei dem Gedanken, daß er es war, der ihm die furchtbaren Schläge zugefügt hat.

Dreimal flüstert er vor sich hin: »Es ist ein Schwein, und ich werde es verkaufen . . .«

Aber es nützt nichts. Diese runden hellen Augen sind nicht zu betrügen. Sie schauen den weichgewordenen Mann an und lassen ihn nicht mehr los. Sie verfolgen ihn bis zur Tür, bis in den Garten, bis hinaus in den Wald.

Als er nach einer Stunde wieder zurückkommt, liegt das Schwein noch immer auf dem Boden, und Korn scheint es, als hätten seine Augen in der Zwischenzeit nichts mehr gesehen als ihn, wie er über die Bäche springt, wie er sich auf einen Baumstumpf setzt, wie er die Schwämme mit den Stiefeln umwirft, wie er hin und her rennt wie ein Wilder.

Er spricht kein Wort mehr mit dem Schwein. Er beugt sich darüber, und der Ekel vor seiner Welt erfaßt ihn.

»Es lebt«, stöhnt er.

Dann wartet er so lang, bis es sich rührt. Langsam zieht es ein Bein aus dem Dreck, dann das zweite, und schließlich versucht es, sich zu erheben.

Korn rührt sich nicht vom Fleck. Das Wunder der Erneuerung des Lebens kommt über ihn. Noch nie hat er ein Auferstehendes so nahe und so deutlich gesehen. Und dieses Schwein ist ein Schicksal, darüber ist kein Zweifel. Nein, dieses Schwein ist ein Leben wie irgendein anderes, aber es ist ein untergeordnetes Leben, versklavt, da, um nach Kilogramm gewogen zu werden.

Dreimal erhebt sich das Vieh und immer wieder stürzt es zusammen. Es grunzt und die Erschütterung des Tones aus dem zitternden Rachen gräbt sich tief in Korns Herz. Beinahe hält er es nicht mehr aus, hier zu stehen, aber er bleibt. Er lehnt sich mit dem Rücken an die schmutzige Hauswand. Alles, nur die Augen des Schweines kann er nicht mehr sehen.

Nie mehr, sagt er sich.

Als das Schwein endlich steht und sein Maul in das Stroh wühlt, weiß Korn, daß es nicht sterben wird vor dem Karfreitag. Es wird seinen Händen nicht zuvorkommen, und ein Schauer befällt ihn bei dem Gedanken, daß das gequälte Leben, das aus den tiefen Abgründen heraufgestiegen ist, nur noch zwei Tage währen wird. Zwei Tage! Aber das Schwein weiß nichts. Die ersten Schritte, die es unternimmt, führen zum Trog, aber der ist leer, und das Schwein grunzt, und Korn geht hinunter in seinen Keller und holt die faulen Zwiebeln herauf. Einen ganzen Armvoll nimmt er. Er läßt sie in den Kübel fallen, füllt ihn am Brunnen mit Wasser, wirft alte Kartoffeln hinein und rührt um. Dabei fallen ihm ein paar abgestorbene Krautblätter ein. Also geht er und holt sie aus dem Garten. Er krempelt sich die Hemdärmel auf und zerstampft den Inhalt des Kübels zu einem Brei. Manchmal wendet er sich ab von dem betäubenden Gestank der Zwiebeln. Aber er weiß, wofür er die Arbeit auf sich nimmt. Wenn der Markt gut besucht ist und ein wenig Glück an meiner Seite steht, bin ich in ein paar Tagen ein reicher Mann, denkt Korn. Und sie mögen hier nichts so gern als Schweinefleisch. Ich werde alles selber verkaufen. Ich werde mir einen weißen Schurz umbinden und einen Bretterstand aufschlagen. Und wenn sie sehen, wie schön mein Fleisch ist, werden sie alle zu mir kommen.

Und wenn ich billiger bin als die anderen, werde ich alles verkaufen. Raufen werden sie sich darum! Dann kann ich mir neue Stiefel anschaffen und Marie ein paar Kleider besorgen. Das Brunnenrohr werde ich ausbessern lassen und die Schindeln bezahlen.

Ich muß meinen Rücken frei haben!

Er schwitzt noch viel mehr als zuvor. Aber sein Herz hat sich wieder beruhigt. Er nimmt den Kübel und geht damit in den Stall. Das Schwein riecht das Futter und drängt sich heran.

»Paß auf jetzt!« sagt Korn.

Er schüttelt den Brei in den Trog, daß kleine Fetzchen in sein Gesicht zurückspritzen. Von Ekel erfaßt, wendet er sich ab. Dann stellt er den Kübel hin, wischt sich die Stirn ab und horcht, wie das Schwein schlürft.

Zu Mittag sitzt er am Tisch und löffelt die Suppe aus der Schüssel, die ihm Marie hingestellt hat. Er hat kaum Hunger, denn er denkt zuviel, und der denkende Mensch glaubt zu jeder Tageszeit, sein Magen wäre versorgt. Ja, wenn sie Schweinefleisch gebraten hätte, dann würde er viel lieber essen. Aber so? Während er den Löffel zum Munde führt, denkt er an sein Schwein, und er sagt zu Marie, die ihm mit aufgelösten Haaren und schönen Augen gegenübersitzt:

»Hast du die Sau schon einmal genau angeschaut?«

»Nein«, sagt Marie.

»Schau sie dir einmal ganz genau an!«

»Warum denn?«

Korn ärgert sich.

»Frag nicht so dumm«, sagt er zornig.

Marie legt den Löffel hin und erhebt sich. Sie preßt die Lippen zusammen und will gehen.

»Bleib sitzen«, sagt Korn.

Aber Marie richtet sich ganz auf und verschwindet durch die Tür ins Zimmer.

Jetzt heult sie, denkt Korn.

Er wollte sie fragen, ob sie auch schon einmal ähnliche Gedanken gehabt hat beim Anblick des Schweines, Gedanken, die einen vergessen lassen, woher man gekommen ist und wohin man gehen wird. Aber das alles ist sinnlos. Mit Frauen kann man nicht reden. Er schaut in der Küche umher, und alles kommt ihm schmutzig vor und alt. Und während er über Marie nachdenkt, wie sie einmal jung war und schön und wie sie ihn unten am Bach im Schilfrohr küßte und ihn ohrfeigte, und wie er sie in den Arm biß, daß sie laut aufschrie und ein Stück weit in den Wald davonlief, hört er sie hinter der Tür wimmern.

Er hat schon lange kein so aufwühlendes Gefühl mehr erlebt, wie es ihn jetzt mit aller Heftigkeit heimsucht. Am liebsten würde er ins Zimmer sturzen und alles vergessen, alles, würde hineinstürzen und schreien. Aber er geht lautlos über die Bodenbretter mit zusammengepreßten Fingern, das Blut treibt es ihm durch den Kopf, und wilde Ströme kreisen in seinem Gehirn bis zur Betäubung, und er stößt mit dem Stiefel die Tür auf und sieht nur mehr die schwarzen leuchtenden Augen seiner Frau, die Hände, die sie verschreckt vors Gesicht hält, sieht den gesunden Körper, der langsam vor ihm zurückweicht, Schritt für Schritt, bis das offene Bett jede Flucht verhindert, und er sieht, wie Marie auf die Decke niedersinkt, schweigend, ohne Wehmut, und ihn mit weit offenen Augen empfängt.

Erwachend aus dem Rausch, spürt er, wie seine Finger ihre Handgelenke umklammern, und er steht auf und läßt sie liegen wie ein Fleisch, mit dem wunderbaren Gesicht, in dem alle Trauer und alle Schönheit und das ganze Elend der

Erde vergraben sind. Er empfindet plötzlich Abscheu vor seinem Dasein und möchte die Steinwände, die ihn umgeben, mit einem seiner harten Gedanken auseinanderreißen, möchte weit fort, hinaus in die Gegend, in der er die Welt anschauen kann mit einem ungefurchten Gesicht, ohne einmal von seinem furchtbaren Ekel erfaßt zu werden. Jetzt hätte er alles gegeben für einen Augenblick wirklicher Schönheit, für eine Handvoll Gottesfurcht. Lächelnd, aber bis zutiefst hinein beschmutzt und von Abscheu erfaßt, geht er zur Tür, und er denkt, welch sonderbare Wege die Menschen gehen, durch welche Pfützen sie waten müssen, während draußen die Sonne scheint und die Fläche des Sees schweigt und ein paar Vögel singen, irgendwo auf den Ästen des Waldes.

»Und dann läßt du mich immer allein, läßt mich liegen«, sagt Marie, und sie fühlt die Mäntel und Täuschungen abfallen von sich und öffnet den Mund, und es scheint, als würde sie daran denken, wie sie ihren Mann zurückrufen könnte.

»Schrecklich, alles ist schrecklich«, sagt sie, und, von der beißenden Qual geschüttelt, dreht sie sich nach der anderen Seite und beginnt ihren Mann zu hassen, der seinen Rock nimmt und das Haus verläßt.

Er geht quer über das Feld, seine Stiefel sinken tief in den Schmutz. Er schneidet sich einen Stock ab von einem Weidenstrauch und geht über die Brücke des Baches. Er stellt sich neben den großen, alten, gefurchten Eichbaum und starrt in das dunkle Wasser, in dem die Weiden sich wie Gespenster spiegeln. Kein Mensch ist zu sehen. Die Bauern sind alle zu Hause, spielen Karten oder zerschneiden schwitzend die Bäuche der Schweine, damit sie fertig sind am Ostersonntag und sich der Fresserei hingeben können, dem Most und den Krapfen, die zwischen ihren Zähnen krachend zusammenbrechen. Aber er ist kein Bauer. Er wird keine Krapfen essen am Ostersonntag, denn Marie kann sie nicht backen. Sie kann nur weißes Brot backen und Schweinefleisch braten. Er freut sich auf den Schweinebraten und schaut in die mit öligem Wasser angefüllten Furchen der Fuhrwerke, die nach dem letzten Regen hier vorbeigekommen sind.

Es ist April, aber Korn setzt sich ins Gras, das kaum fingerhoch ist und bohrt seine Stiefel in die nasse, lehmige Erde. Früher war er einmal in dieser Gegend ein Kind, dann ein Bub, dann ein Bursche, der Fasanen den Kragen umdrehte, und eines Tages war er aufgewacht, und sie hatten ihn angeschaut wie einen richtigen Mann. Und er weiß genau, wann er zu einem richtigen Mann geworden ist. Das war an jenem Abend, an dem er von einer Hochzeit nach Hause gegangen war. Es war druben hinter dem Heustadel. Aber der ist verlassen heute, und niemand, mag er noch solange dort stehen, wird jemals den Augenblick voll und ganz ausschöpfen können, der für ihn den Beginn eines neuen Lebens bedeutet. Ein neues Leben! Korn kann nicht mehr länger zu der Holzhütte hinüberschauen. Die neuen Leben sind furchtbar alt, denkt er. Vernichtet die neuen Leben!

Es ist ihm warm geworden, und da er die Handflächen auf die halbnackte Erde drückt, spürt er den nahenden Sommer. Was wird ihm dieser Sommer bringen? Was wird dieser Sommer mit ihm anfangen? Die schönen Sommer sind fort, denkt Korn. Es waren schöne Sommer. Früher hatte er Zeiten gehabt, in denen er die Nächte durchschlafen und den Grillen zirpen zugehört hat. Und Träume hatte er, wie sie keiner erfinden kann! Da lag er mit ausgestreckten Händen und Füßen im Bett und schaute in Nächte hinein, die

so schön waren, daß er sich noch viel später schämen mußte.

Wenn er zu den Bergen hinschaut, weiß er genau, daß es
nicht mehr dieselben Berge sind, die er vor zehn und zwanzig Jahren gesehen hat. Auch die Bäume sind anders. Die
Gräser sind anders. Die Leute sind anders, die in den Häusern drüben hausen und sich betrinken jeden Tag und deshalb Kinder auf die Welt bringen, die nur eineinhalb Meter
groß werden. Ja, dann gehen sie tanzen und schlüpfen in
die Heuschober, und wenn sie herauskommen, ist alles vorbei. Keiner weiß, was er sich herausreißt, wenn er in den
Heuschober kriecht. Er selber ist auch hineingekrochen.
Der Gedanke läßt ihn jetzt nicht mehr los.

»Jedes Vieh kriecht hinein«, sagt Korn.

Er wischt sich den Schweiß ab.

Genau so, wie sie in die Heuschober kriechen, gehen sie in
die Kirche. Ihre Gebete sind immer dieselben. Und es sind
auch meine Gebete.

Plötzlich ist der Sonnenstrahl fortgewandert und Korn
friert. Er springt auf und beginnt zu laufen. Wenn er weiß,
daß ihn niemand sieht, schüttelt er sich ganz durcheinan-
der, dann ist er aus tausenderlei Gefühlen gemacht und
geht bald wie ein König und bald wie ein Bettler. Und er
bricht in tierisches Gelächter aus und schlägt mit dem
Stock auf die Stiefel.

Er weiß nicht, wie lange er im Wald umhergewandert ist.
Aber als es finster wird, ist er schon auf dem Rückweg. Und
während er die Uhr aus dem Dorfe schlagen hört, ist er
plötzlich wieder hungrig, und dieser Hunger nagt an ihm
wie eine unheilbare Krankheit. Wenn ihn jemand niemals
verlassen hat in seinem Leben, dann sind es Hunger und
Durst. Je älter er wurde, desto mehr brauchte er, um sich

aufrechtzuhalten. Früher hatte das Brot genügt und der Most und die frische Luft an den Abenden. Aber später, als er fortgefahren ist und durch die Städte lief und durch die Sümpfe, als er mit den Mädchen herumtollte und sich mit gemeinen Kerlen auf Baustellen herumschlagen mußte, genügte das Brot nicht mehr. Da brauchte er Bier und Speck und Schweinernes in großen Mengen. Milch trank er literweise, und die Äpfel, die er in seiner Kindheit und in der frühen Jugend so geliebt hatte, verachtete er mit einem Male, und er fand nichts mehr an ihrem Geruch und der sauren Süße, die in die Mundwinkel rann, wenn er hineinbiß. Diese Maschine, die er sich aufgebaut hatte mit der Zeit, mußte von ihm allein versorgt werden. Aber er scheute nie eine Arbeit! Er hat alles getan, was ein Mensch, der leben will, tun kann; gepflügt, geschwitzt und geerntet, und nicht nur die Felder hat er kennengelernt und die Scheunen, in denen man vor trockenem Mist nicht atmen kann in der Julisonne, auch die Kanäle in der Stadt hat er ausgekostet, die aufgerissenen Straßen, in denen der Schweiß mehr gilt als anderswo. Bis sie ihm im Krieg den Schädel halb eingeschlagen und ihm eine Rente ausgesetzt haben, war er immer hungrig durch die Welt getrampt. Dann hat er sich mit eigenen Händen, gemeinsam mit Marie, das Haus gebaut und sich drei Wochen lang schlafen gelegt. Und nachdem der erste Frühling vorbei war, bemerkte er den ersten Riß in der Mauer und von da an hatte er keine ruhige Stunde mehr.

»Keine einzige«, sagt Korn vor sich hin, und es beginnt in ihm, wie in so vielen Menschen, zu graben, und er versucht nachzudenken, wie er sich aus der furchtbaren Lage, in der er sich befindet, befreien könnte. Er verschränkt die Hände am Rücken und geht den Bahndamm entlang. Je ruhiger seine Schritte werden, desto aufgeregter poltert sein Herz. Aber sosehr er auch nachdenkt, alle Wege, die er überblickt, enden an einem unübersichtlichen Punkt der Welt, an einer Stelle aus Nacht und Finsternis. Es gibt keine Gnade!

»Ich habe versagt«, flüstert Korn.

Ein paar Meter vor seinem Haus bleibt er stehen. Die Fenster seiner Stube sind hell erleuchtet. Wenn er ein anderer Mensch wäre, würde er hingehen und sich freuen. Aber er ist der alte. Er wird nie aus seiner Haut herausschlüpfen können.

Im Gras zirpen die Grillen. Niemand weiß, wie groß die Furcht ist, die ihn erzittern läßt. Niemand, und sei er noch so nahe, weiß etwas von dem einsamen Menschen, dessen Ohr sich der Schlucht zuwendet, aus der die Züge auftauchen. Er hat die Augen geschlossen und wartet. Aber es kommt kein Zug, und die Nacht ist kalt, und der Mann geht mit raschen Schritten dem Haus zu. Er öffnet die Tür des Schweinestalles und schaut hinein. Der Mond beleuchtet das Schwein. Es grunzt. Es lebt! Korn ist zufrieden. Er dreht sich um und atmet in langen Zügen die Abendluft ein.

In der Tür erscheint seine Frau. Sie trägt ihre Holzpantoffeln und über dem Kleid eine derbe Schürze.

»Komm«, sagt Marie.

Sie hält ihm die Hände hin und zieht ihn mit sich.

»Ich bin nicht mehr müde«, sagt sie und holt Bier und Most und stellt ein Stück Speck auf den Tisch.

Er ißt und denkt an sein Schwein. Er sieht es größer und fetter werden.

»Ich denke, wie ich das Schwein verkaufen werde«, sagt er.

Sie reden nichts mehr zusammen. Sie stehen auf und legen sich nieder. Sie schauen die Nacht an und hassen.

Während Marie lange an seiner Seite schläft, denkt er, daß sein Leben zu Ende sei. Ich muß es beenden, denkt er. Ich muß es zerschlagen, es hat keinen Sinn mehr!

Der Mann kann nicht schlafen. Er dreht sich um und schaut in Mariens Gesicht. Aber die junge Frau schläft fest und ihr langer Atem ist ruhig. Korn liebt sie, aber jetzt haßt er den Atem ihrer Brust. Er schaut die Stirn an, die der Mond, der draußen über die Felder geht, anstrahlt, die dunklen Wimpern, die über den ebenmäßigen weichen Wangen liegen. Er schiebt die Decke von seiner Brust und erhebt sich. Leise steht er auf. Aber die Bodenbretter knarren, da er sie mit den Zehenspitzen berührt. Es fröstelt ihn. Er geht ein paar Schritte zur Truhe und holt seinen Rock. Dann schaut er noch einmal in Mariens Gesicht, ängstlich, ob sie nichts bemerkt habe, und öffnet die Tür. Er geht hinaus und atmet die Luft ein, die hier, in der Nähe des Sees, kühl und scharf ist. Er riecht die Wassergewächse und die Sterne und die Fischleichen.
Korn fürchtet sich in der Finsternis. Er erschrickt vor dem stillen Aufschrei einer Grille, dem Schluchzen einer Bachstelze, vor dem Flug einer Fledermaus, fährt zusammen neben dem Knirschen eines morschen Astes, den der letzte Wind vom Apfelbaum abgebrochen hat.
Als er die Augen nach der Fläche des Sees ausrichtet, taucht aus den Wolken die Jugend, und er denkt an die Bootsfahrten mit dem alten Fischer, der um die Mitternacht die größten Fische in seine Netze bekam und draußen im Kahn zu beten anfing, wenn er, für seine Verhältnisse, genug gefangen hatte. Da kniete sich der sonderbare Mensch nieder, legte den größten Fisch auf das Holzbrett vor ihm und fing an, Gott zu loben und die Erde und alle Himmel zu prei-

sen. Da murmelte er seltsame Worte von Geburt und Tod, von Brot und Kindern und sang leise mit trockenen Lippen ein Lied, das Korn in die Träume nachging. Er sang:

»Fischlein, weh.
Roter Schaum;
aus dem Fischmaul
schaut ein Traum.

Brich's nicht auf,
bleib allein.
Trink das Gold
im Mondenschein.«

Korn summt das Lied, aber während er noch die Worte im Mund hat, kommt ihm alles vergangene Leben verfallen und zerbrochen vor. Er denkt, daß die Menschen immer alle Schönheiten zerbrechen müssen. Alles richten sie zugrunde, die Lieder, die Dome, die unendlichen Äcker, die reinen Bilder der Kindheit.

Barfuß geht er in den Garten, in dem er am Vorabend die ersten Spatenstiche getan hat. Er kniet nieder und greift mit den heißen Fingern die Erde ab. Sie ist feucht und weich. Man kann sie zerdrücken. Sie ist noch samenlos, aber bald wird alles wieder grünen, und die Pflänzchen werden aufblühen, und die Stengel werden sich erheben und Früchte tragen. Nein, denkt Korn, dieses Jahr wird hier keine einzige Frucht wachsen, keine einzige Blume wird aufblühen. Der Garten wird leer sein, öd und leer.

Dann schaut er hinauf in den Himmel, und für wenige Atemzüge saugt er die Luft aus der Finsternis wie in der Kindheit.

Er wäre jetzt gerne unter Menschen gewesen, die ihm das Bild zerstörten. Aber hier heraußen leben sie nicht. Sie leben dort, wo die Bahn hinfährt. Und Korns Augen heften sich ans Geleise und folgen der silbernen Spur, die drüben bei den Holunderbüschen aufhört. Die Bahn ist sein Schicksal und sein Verderben. Er macht ein paar Schritte zum Haus hin, um den großen Riß anzuschauen. In einem Jahr ist alles eingestürzt, denkt er. Er schaut hinauf auf den Dachstuhl, der sich verschiebt, unaufhörlich, wie die Fenster, die langsam zerbrechen und gespenstisch krachen um Mitternacht. Der Boden ist verflucht. Er hat den schlechtesten Grund des Landes. Nie in seinem Leben hat man ihn so betrogen. Er hat das Grundstück gekauft, um darauf sein Leben zu beenden, weil er dachte, daß jeder Mensch einen Fleck haben müsse, der ihm gehört, wohin er sich verkriechen kann und darauf er tun kann, was er will.

Er darf nicht an den Mörtel denken, an die Truhe, an Marie, wie sie ihn anschreit und wie sie hineinstürzt in die Kalkgrube und wie er sie herausfischt wie einen brennenden Leichnam. Blutig hat er sich geschuftet, die Sonne hat ihn ausgebrannt und der Regen ausgeschwemmt. Er schlägt mit der Faust so lange auf die Hauswand, bis das Blut über seine Finger rinnt. Er heult auf und bricht an der Mauer zusammen.

Plötzlich hat er Angst, Marie könne ihn gehört haben und ihn nun aus irgendeinem finsteren Winkel beobachten. Er schaut lauernd um sich, aber es rührt sich nichts. Er zittert am ganzen Leib. Er steht auf und schaut durchs Fenster hin auf ihr Bett. Da liegt sie, und es ist, als ginge sie durch einen Traum.

Erschöpft schleicht er sich in das Haus. Aber da er weiß, daß er nicht schlafen kann, nimmt er die Kerze vom Kasten, zündet sie an und geht wieder hinaus. Jetzt untersucht er das ganze Haus, überall leuchtet er hinein, in jeden Riß, in alle Fugen und Sprünge. Der Mond schaut ihm dabei mit aufgerissenem Maul zu.

Er geht zum Ende des Gartens vor und leuchtet die Beete entlang. Vor einer Woche war der Zaun noch gerade. Jetzt ist er umgefallen. Die stürzende Erde hat ihn mitgerissen. Schweigend starrt er die Erdklumpen an.

In der Schlucht tauchen die Lichter eines Zuges auf. Die Schienen erzittern und tönen. Aber Korn, den man um alle Zukunft betrogen hat, bleibt hart, er steht mit geschlossenen Lidern fest auf dem Boden, bis das fahrende Ungeheuer, von riesigen Pranken des Todes angetrieben, vorbei ist.

Sein Entschluß steht fest. Er wird sich vernichten. Er wird sich auf einen Baum hängen oder erschlagen oder auf die Schienen legen. Er wird sich seinem Feind opfern wie ein Stück Fleisch. Nichts wird ihn aufhalten. Er wird morgen das Schwein schlachten und in große Stücke schneiden. Er wird den Speck in den Rauchfang hängen und zusehen, wie Marie den großen runden Kopf im Kessel weichkocht, mitsamt den Augen und dem Hirn. Und er wird ihr schöne Worte sagen und fortgehen, als würde er bald wiederkommen.

Als er ins Haus geht, hört er das Schwein. Aber er wird seinen Entschluß nicht mehr ändern. Er wird nicht warten, bis das Haus über seinem Kopf zusammenstürzt, bis er betteln geht. Er wird den Karfreitagmorgen empfangen und noch bevor der Abend kommt, sterben. Zu Ostern wird er auferstanden sein! Er wird sich die beste Art des Umbringens aussuchen und ohne viel Aufsehen verschwinden. Was ist ein Menschenleben? fragt er. Was bedeutet ein Fleisch mehr oder weniger? Und die Seele? Wo ist meine Seele? –

Sie quält mich, sie ist nicht wert, daß ich sie mit mir trage. Da er ins Haus geht, weiß er, daß er sich auf einem Baum erhängen wird, irgendwo im Wald, wo es schwer ist, ihn zu finden. Er will nicht, daß man ihn gleich findet. Am liebsten möchte er auf einem unauffindbaren Baum verwesen, sich in Nichts auflösen. Alle Spuren seines Daseins möchte er auslöschen, er möchte sich gänzlich ungeschehen machen.

Marie soll ihr Schwein haben, denkt er. Ich werde es ihr zuschneiden, damit sie sich keine Sorgen zu machen braucht.

Er bläst das Kerzenlicht aus, legt den Rock auf die Kommode und kriecht schlafen. Grausige Bilder malt er sich unter der Decke aus. Aber es kommt der Augenblick, wo ihn der Schlaf mitnimmt. Und Korn weiß nichts mehr von allem bis zum Karfreitagmorgen.

Der Morgen ist grau und die Luft schwül. Er erinnert sich sofort seiner Gedanken vor dem Einschlafen, und es kommt ihm unheimlich wunderbar vor, daß sich sein Zustand nicht geändert hat. Er ist derselbe wie gestern. Er steht mit dem Entschluß auf, sich umzubringen. Er hat sich in seiner Jugend öfter umbringen wollen. Die einzige Rettung ist der Tod, sagen ihm alle Gegenstände im Zimmer. Er hat sich von ihnen getrennt. Er hängt nicht mehr an den Bildern, die von der Wand gaffen, staubig, alt, zerrissen. Er empfindet nichts mehr vor dem Bildnis seiner Mutter. Sie schaut ihn furchtbar aus dem schwarzgeschnitzten Rahmen an. Ihre großen Augen hassen ihn. Er könnte sich schlagen: in diesem Bild hat er nie so deutlich die Lieblosigkeit seiner Mutter entdeckt. Die Kälte ihrer Augen, die Finsternis ihres ganzen Wesens. Ein sich ständig steigernder Haß gegen die

Urheberin seines Leidens steigt in ihm auf. Haß gegen alle Menschen. Nein, es fällt ihm nicht schwer, sich von der Erde zu trennen. Sie ist ein millionengesichtiges Phantom, ein Gespenst, ein Irrenhaus. Flüchte vor ihr, laufe, so schnell du kannst, stürze dich in Abgründe aus ihr. Schneide dir die Kehle durch, denn dein Blut und dein Tod sind deine Auferstehung!

Er schlüpft in die Stiefel, wäscht sich und zieht sich an. Dann geht er und öffnet die Lade der Kommode und holt eine kleine Schatulle heraus. Er setzt sich zum Tisch hin und schreibt sein Testament, während Marie vor dem Fenster Wäsche auswindet.

Das Haus vermacht er Marie. Er kann kaum schreiben, aber jeder kann es lesen. Er denkt, was er noch hinterlassen wird. Er wird einfach alles Marie vermachen, seiner Frau, die ihn liebt und haßt und die ihm kein Kind schenkt. Er wird ihr alles verschreiben, weil sie sich auch blutiggeschunden hat beim Hausbau und er sie geschlagen und sie ihm wieder verziehen hat. Beinahe kann er die Feder nicht mehr halten. Aber er nimmt sich zusammen und schreibt den Zettel zu Ende. Er malt seinen Namen darunter, faltet das Papier, steht auf, legt es obenauf in die Schatulle und stellt diese wiederum in die Kommode zurück.

Eine Weile bleibt er vor dem Fenster stehen und schaut hinaus. Marie bückt sich gerade über einen großen Korb, zieht Wäsche heraus und hängt sie dann auf den vom Apfelbaum zum Gartenzaun gespannten Strick. Am liebsten hätte er zu ihr etwas gesagt, aber hinter dem Apfelbaum breitet sich ein schwerer Himmel über das Land wie vor einem langen Regen. Die Berge rücken heran und stehen klar in der Föhnluft. Die Äcker schwitzen. Er dreht sich um, um für die Zerstückelung des Schweines alles herzurichten.

Während die Kirchenglocken läuten, schleift er das große Messer. Dann wischt er den Staub vom großen Eisenschlegel ab. Er holt die kleinen Messer aus der Küche und legt sie auf den Vorhaustisch. Die junge Frau stellt einen großen Kübel Wasser auf die heiße Herdplatte. Mitten auf den gekachelten Boden ziehen er und Marie den großen Waschtrog.

Sie freut sich, denkt er.

»Es ist zwei Jahre her, daß wir die letzte Sau geschlachtet haben«, sagt Marie. Er antwortet nicht.

Ruhig holt er die Eisenketten über der Tür herunter und spannt sie vom Boden aus über den Waschtrog.

»So schwer war noch keine«, sagt Marie, und sie denkt, daß sie gleich die Blutwürste abfüllen werde, wenn ihr Mann dem Schwein die Eingeweide herauszieht.

Als sie im Vorhaus alles, was nicht zur Schlachtung gebraucht wird, weggeräumt und die notwendigen Werkzeuge griffbereit haben, gehen sie beide vor die Tür und setzen sich auf die Bank.

»Mittwoch kannst du schon auf den Markt gehen«, sagt sie.

»Ja«, meint Korn, und er weiß ganz genau, daß der Mittwoch für ihn nichts mehr bedeutet.

Sie wischt sich die Finger an der Schürze ab.

»Am Ostersonntag geh' ich in die Kirche. Ob du willst oder nicht«, sagt sie und blickt zu Boden. »Das ganze Jahr gehe ich nicht.«

Sie erwartet, daß ihr Mann wütet, aber er blickt sie nur von der Seite an und sagt: »Geh nur!« Und sein Gehirn begreift nicht, wie man in die Kirche gehen kann, wo man weiß, das alles schiefgeht, daß man vernichtet wird von Gott. Marie hat zeit ihres Lebens ein tiefes Verhältnis zu Gott gehabt. Sonderbar. Er haßt Menschen, die Gott lieben. Darum will er sich töten.

Sie sitzen schweigend nebeneinander in Gedanken, doch plötzlich sagt Marie mit seltsamer Stimme: »Ich bin sehr glücklich.« Er spürt ihre Hand, wie sie seine ergreift, und ihren Atem, und mit einem Male beginnt alles in ihm zu wanken, und er hört seine Frau sprechen und Augenblicke kehren wieder, die er längst vergessen, tausend Erinnerungen, die Tage im Moor und die schönen Stunden im Wald, die Entenrufe und die Wasser, die an das Boot schlagen, und der blaue Himmel und der Geruch der Obstbäume in seinem Garten und das mannshohe Korn, in dem er als Kind gelegen ist in langen Träumen, und endlos scheinende Nächte, Sterne und Berggipfel.

»Komm«, sagt sie, und er fühlt ihre Liebe, und während sie singend ins Haus eilt, stürzt das ganze riesige Gebäude, das er sich vor zwei Tagen aufgerichtet hat, zusammen wie eine Lüge. Bewegungslos sitzt er auf der Bank. Dann steht er auf und läuft seiner Frau nach, und es ist, als fiele die grausige Welt Stück für Stück von seiner Schulter.

»Schau nach dem Schwein«, sagt sie zu ihm.

Sie ist beinahe fröhlich.

Korn geht hinaus, das Schwein in den Tod zu treiben. Zum erstenmal nach langer Zeit, kann er richtig atmen. Unsinn, denkt er, nichts als Unsinn. Warum töten? Warum sich vernichten? Warum? Ich werde nicht töten. Mich nicht! Ich werde mit dem Schwein auf den Markt fahren.

»Das Schwein wird mich retten!« heult er glücklich.

Er stößt den Schweinestall auf und pfeift ein paar Töne. Wie ein Gespenst fallen die Lasten von seinen Schultern. Aber als er den Knüppel vom Haken herunternimmt, fährt ein Schrecken durch seine Glieder. Er stürzt an den Koben. Das Schwein liegt reglos im Mist. Sein Körper ist aufgedunsen, fast noch einmal so dick wie bei der letzten Fütterung. Es hat die Beine von sich gestreckt. Auf seiner Schnauze glänzt ein großer gelber Schaumballen. Korn, der den Knüppel in den Schmutz geworfen hat, springt mit einem Satz über das Holzbrett und stößt seine Stiefel in den Schweinekadaver. Er trampelt auf dem aufgeblähten Tierleib herum und schreit wie ein von einem teuflischen Wahn Besessener: »Marie! Marie! Marie!«

Das Tier ist blutig und aus seiner Seite rinnt eine gelbe stinkende Flüssigkeit. Der wütende Mann weiß nicht mehr, was er tut. Er reißt den Schweinskopf in die Höhe und schüttelt ihn. Er versucht, den Kadaver auf die andere Seite zu drehen, aber das kalte fühllose Fleisch ist schwer, und Korn bleibt stehen und schaut in den Dreck, mit dem sich der gelbe, immer noch aus dem Schwein fließende Saft vermischt.

»Marie!« schreit Korn, und im selben Augenblick keucht die junge Frau in den Stall herein und beginnt zu heulen. Sie wirft sich an den Koben und starrt das Vieh an. Aber solange sie auch hinschaut, es lebt nicht mehr, die Lider zucken nicht, der Schwanz ist reglos.

Sie zerren an den Hinterbeinen und ziehen den Kadaver unter die Fensterluke. Marie wird vom Ekel geschüttelt. Sie läuft hinaus, und Korn hört sie noch lange Zeit schreien. Sie stürzt sich auf das Bett und zerreißt die Bettdecke, sie rennt wie eine Wilde im Zimmer hin und her, während Korn in der finsteren Ecke des Stalles steht und das Schwein nicht aus den Augen läßt. Er klammert sich an der Mauer fest und zerreißt sich die Nägel. Als er einmal einen Blick auf das geschlossene aufgeblasene Auge der Sau richtet, aus dem der stinkende Saft fließt, dreht es ihm den Magen um, und er bückt sich in die Ecke. Er wischt sich den Mund mit dem Arm ab und steigt, von einem plötzlichen Fieber geschüttelt, über das Holzbrett.

Später wirft er mit den Stiefeln den Tisch im Vorhaus um, auf dem die Messer liegen. Auch den großen Kübel schleudert er vom Ofen, und das siedend heiße Wasser ergießt sich in alle Winkel der Küche. Er zieht den Waschtrog hinaus aus dem Vorhaus, hebt ihn über die Schulter hoch und wirft ihn über den Damm hinunter, wo er zerbrochen liegenbleibt. Marie steht bleich, mit ans Gesicht gepreßten Fäusten im Zimmer und schaut dem Vernichtungswerk zu. Der tobende Mann ist nicht mehr zu beruhigen. Sie hat furchtbare Angst, er könne die Besinnung gänzlich verloren haben und nun auch vor ihr nicht zurückschrecken.

Er ruft ihren Namen. Wie gegen ihren Willen tastet sie sich ihm entgegen und tut, was er ihr befiehlt. Sie folgt ihm in den Schweinestall und lehnt sich an die feuchte, schmutzige Mauer, während Korn mit dem großen Eisenschlegel den Koben zertrümmert.

Später sagt er: »Pack an!«, und sie zerren das Schwein aus dem Stall und ziehen es schwitzend am Gartenzaun vorbei durch die nasse Erde. Marie stürzt zusammen. Dann erhebt sie sich wieder. Nicht weit vom Nußbaum lassen sie den Kadaver liegen. Sie tragen Reisig auf einen Haufen zusammen. Sie legen morsche Äste darauf. Dann rollen sie das Schwein hin und decken es mit Strohballen zu.

Marie setzt sich frierend ins Gras.

Korn geht mit großen Schritten ins Haus. Die junge Frau starrt auf das Schwein, das Glück und Segen hätte bringen sollen. Sie weiß nicht, wie lange sie dasitzt und weint. Sie kann das alles nicht fassen. Wie die Hölle selbst steigt das verwüstete Haus vor ihren Augen auf.

Als ihr Mann über die Wiese herüberkommt, fängt sie abermals an zu schreien. Aber plötzlich schämt sie sich vor dem schweigenden Menschen, der den Haufen in Brand steckt.

Die Flammen gehen auf, und ein großes Feuer verschlingt das Schwein. Der Rauch wird vom Wind über die Felder getrieben.

Die beiden Menschen gehen ins Haus. Korn sperrt sich ein. Marie sinkt auf die Knie nieder und betet. Sie schaut zum Fenster hinaus.

In der Dämmerung ist nur mehr ein Glutbrocken sichtbar. Auch der zerfällt in der hereinbrechenden Finsternis.

Die Wolkenschatten umhüllen das Haus, das wie ein letztes Zeichen der Menschheit vor dem Waldstück steht, während über dem See der in seiner Todesangst schweigende Mond aufgeht. Er verläßt die schwarzen Gebirge und wirft seine Strahlen auf den Rücken der Landschaft. Ein schwächliches Licht schwankt vom Hause fort in den Graben, bewegt sich unregelmäßig an den Geleisen der Eisenbahn. Es ist Korn, der vor seiner Behausung die Flucht ergreift. Seine Schritte werden rascher, es ist, als triebe ihn der Teufel über die nassen Felder dahin.

Korn jagt dahin wie ein Mensch, der sich fürchtet. Er hat nur einen Gedanken: sich rasch umzubringen. In der Hand schleppt er einen Strick. Er läuft zwischen den Brombeerbüschen, überquert den Bach, bleibt einen Augenblick keuchend stehen, nimmt einen Anlauf und taucht im Wald unter.

Im Hohlweg stürzt er über die Wurzeln eines mächtigen Baumes. Er reißt sich die Handflächen auf und stößt sich die Stirn wund. Aber er heult nicht. Schweigend richtet er sich auf, packt den Strick und eilt weiter. Er hat keinen bestimmten Baum im Auge. Er soll jedoch so weit von zu Hause weg sein, daß man ihn lange nicht findet. Es schütteln ihn die ersten Todesängste der Kindheit.

Er spürt die grenzenlose Armut seines Geschlechts.

Mitten im Wald, den er mit den Tieren durchstreift hatte an vielen Sommertagen, in dem er sich von Beeren und Schwämmen nährte, wirft er sich ins Moos und preßt sein Gesicht auf die weiche Erde. Er reißt die Pflanzen aus, fühllos geworden für seinen Körper und für sein Blut. Nur ein paar Schritte waren es. Und mit einem Male tauchen vor seinen Augen die Gesichter derer auf, die ihm auf dem Weg über die Erde begegnet waren, die wässerigen Gesichter der Kaufleute, die Dirnen, mit denen er ganze Wochen verbracht hatte, die jungen Mädchen, der Fischer, Marie, ihre Mutter, Greise und Krüppel, alle ziehen vorüber und starren ihn an. Er richtet sich auf und blickt in die Finsternis.

Alles vernichten sie, denkt der Mensch, und er kann nicht aufstehen, sondern schaut mit weit geöffneten Augen in das große Geschehnis. Es sind riesige Schächte, die alles verschlingen. Jeder Baum wird von dem mitternächtlichen Tier gefressen, Haus und Hof, sie alle, mit denen er in der Tenne der Jugend herumgetollt ist, mit denen er den nassen Geruch des Heus und den Dampf der Schweine gerochen, die warme Milch aus den zitternden roten Eutern der Ställe getrunken hat, sie alle, die aufgestanden sind aus ihren feuchten Betten, alle die Krüppel, deren Augen die ganze unbegreifliche Schönheit der Erde aufgesaugt haben, Bruder und Schwester, die vor den Dreikönigsfenstern vorüberschwankten und die Herrlichkeit in ihren süchtigen Atem zwängten. Oh, wenn sie nur ein Beil schwingen können und auf des andern Rücken herumtrampeln! Aber Mensch und Tier verenden vor Sonnenaufgang! Das ist das Leben der Erde, sagt Korn, und er erhebt sich, packt seinen Strick und geht auf die Suche nach einem Baum. Jetzt weiß er, daß es keinen Rückweg mehr gibt, und das Ende ist ihm aufgetan wie ein Himmel, und die Abgründe eröffnen sich ihm wie neue Übergänge in eine friedliche Landschaft.

Er geht schweigend durch den Wald, und die Gerüche des Mooses fließen in ihn und erfüllen ihn mit stechender Kraft. Er hat nur einen einzigen Frieden im Auge. Dieser liegt jenseits der Grenze. Er liegt jenseits der Bahnen und Häuser, jenseits aller Kirchen und Gotteshäuser, jenseits allen Betruges und aller Habgier.

Dann ist er bei den Fichten, an dem Ort, an dem er seinen letzten Atemzug machen wird. Er geht zu jedem Baum hin und schaut ihn genau an. Aber die meisten sind zu schwach, und Korn hat Angst, er könne sich auf einen Ast hängen, der dann abbricht und ihn mit qualvollen Schmerzen liegenläßt. Er will sicher sterben. Rasch soll es gehen. Dazu ist ein kräftiger Ast notwendig. Doch muß er ihn gut erklettern können. Wenn er oben ist, wird er sich die Schlinge um den Hals legen und abspringen. Einen Augenblick denkt er, wie entsetzlich er aussehen wird mit heraushängender Zunge. Aber er tötet jedes Gefühl. Er lacht, daß es aus der Tiefe des Waldes widerhallt. Dieser Widerhall läßt abermals Angst in ihm aufkommen, aber er verzerrt sein Gesicht und lacht wieder, so lange, bis er sicher ist, daß er keine Gefühle mehr haben kann.

Endlich hat er den geeigneten Baum gefunden. Er schaut um sich. Es sieht ihn niemand. Die Tiere kümmern ihn nicht. Er schlüpft aus den Stiefeln, klammert sich an der Baumrinde fest und zieht sich empor. Es geht alles, wie er es sich vorgestellt hat. Jetzt macht er den Strick am Ast fest und bereitet die Schlinge. Er ist stark. Doch als er sich den Strick um den Hals legt, schüttelt ihn der mitternächtliche Frost, und er sieht mit weit offenen Augen die große Kugel des Mondes aus der Wolkendecke über dem Gipfel hervorbrechen. Und plötzlich sehen seine Augen heißes kreisendes Blut, und als er in die Finsternis hineinschaut, erschrickt er vor dem fürchterlichsten Anblick seines Lebens. Er sieht zwischen zwei Bäumen ein großes Kreuz, darauf ein lebendiger Mensch festgenagelt ist: es ist Jesus Christus, der Gottessohn, der qualvoll versucht, seine Hände vom Pfahl zu reißen. Korn starrt auf das Kreuz. Er hört den Gottessohn schreien. Plötzlich hört er Millionen Stimmen, und alle schreien um den Gottessohn, und keiner wird sichtbar, keiner kommt, dem sterbenden Menschen zu helfen, der die blutigen Augen aufreißt und zusammensinkt.

»Jesus! Jesus!«

Dann wirft er den Strick weg und springt vom Baum auf die Erde. Und er läuft dem Gekreuzigten nach, immer tiefer in die Nacht hinein.

Von allen Seiten hört er die Osterglocken.

Sie läuten, läuten, läuten!

Neun Psalmen
(»Gottes Seele ist in den Fischern«)

I
Ich will zornig sein,
ich will alles vergessen,
ich will das Maul der Fische vergessen,
denn das Maul der Fische ist finster.
Ich will meinen Kampf beten,
den großen Kampf um meine Seele.
Denn ich bin arm.
In der Nacht bin ich bettelarm.
Alle haben mich vergessen,
aber ich sehe den Tisch
und den Wein, den ich trinken werde.
Es ist der Wein Gottes,
der schwarze Wein für mein rotes Hirn,
den ich trinken werde in der Nacht,
in der Nacht, die meine Füße verbrennt,
die mein Land und die Meere verschüttet,
die Nacht der Betrogenen,
die Nacht der glühenden Apfelbäume,
die Nacht der Brunnen,
die Nacht der Bänkelsänger,
die Nacht, die meine Schlangenköpfe zerstampft,
die Nacht der Gescheiterten,
die Nacht der Fische.
Ich werde ihn trinken.
Ich will ihn zornig trinken
in der Nacht meiner völligen Armut.

II

Jede Nacht führt mein Weg in die Schottergrube,
in die Schottergrube meiner Verzweiflungen,
in das Geröll,
in die Bitternis,
die meine Augen ohnmächtig macht.
Ich höre in den Steinen
die Wut der Winde,
die meine armseligen Kinder zerstäubt.
Herr,
mein verwunschener Name,
der verwunschene Name meiner Kinder
stöhnt in den Steinen!
Du aber bist der unaufhörliche Regen der Trauer,
der unaufhörliche Regen der Verlassenheit,
der Regen der Sterne.
Der Regen der Schwachen,
der meine Augen ohnmächtig macht.

III

Was ich tue, ist schlecht getan,
was ich singe, ist schlecht gesungen,
darum hast Du ein Recht
auf meine Hände
und auf meine Stimme.
Ich werde arbeiten nach meinen Kräften.
Ich verspreche Dir die Ernte.
Ich werde singen den Gesang der untergegangenen Völker.
Ich werde mein Volk singen.
Ich werde lieben.
Auch die Verbrecher!
Mit den Verbrechern und mit den Unbeschützten

werde ich eine neue Heimat gründen –
Trotzdem ist, was ich tue, schlecht getan,
was ich singe, schlecht gesungen.
Darum hast du ein Recht
auf meine Hände
und auf meine Stimme.

IV
Ich werde an den Rand gehn,
an den Rand der Erde
und die Ewigkeit schmecken.
Ich werde die Hände anfüllen mit Erde
und meine Wörter sprechen,
die Wörter, die zu Stein werden auf meiner Zunge,
um Gott wieder aufzubauen,
den großen Gott,
den alleinigen Gott,
den Vater meiner Kinder,
am Rand der Erde,
den uralten Vater,
am Rand der Erde,
im Namen meiner Kinder.

V
Alle Fische des Meeres
und alle Kinder der Erde
laß mich erkennen
und den Geruch des Morgens schmecken
und den Geruch des Abends.
Ich will die Sprache der Fische hören
und die Sprache des Windes,
die der Sprache der Engel gleicht.

Ich will die Stimme
der Vergängnis hören!
Alle Stimmen sind die Stimmen der Vergängnis.
Alle Stimmen, die jemals vernommen wurden.
Alle singen Vergängnis.
Auch Du singst Vergängnis.

VI
Der Abend schickt mir das Korn der Gräber,
den samtenen Geschmack der Ruhe
und den Tau der Bettelschaften.
O, diese Bettelschaften der Erde!
Ich sehe sie übers Gras gehen
in die Weihnacht der Tümpel,
in den Frühling der Gebete.
Laß mich diesen Frühling sehen,
die Millionen Bettelschaften der Erde,
ehe es zu spät ist!

VII
Könnte ich sagen, was gesagt werden muß,
wie mein Körper zur größten Falle meines Lebens wird,
meine Unschuld zur größten Schuld!
Könnte ich sagen, wer ich bin –
hinter den verlöteten Türen,
hinter meinem stolzen Gedächtnis,
könnte ich sagen, wie der Kampf gegen die Gesetze
(gegen die niedrigen Gesetze)
in mir vor sich geht,
wie das Feuer meines Fleisches meine Seele verbrennt,
könnte ich sagen, was ich zu sagen bestimmt bin,
die Hölle meines Blutes,

die Finsternis meiner Augen,
die Unfruchtbarkeit meiner Lieder,
zu sagen die Armut!
Die große Armut, die mich erniedrigt.
Die große Armut, die mich vollendet.
Die Armut, die mich zerspaltet
für die Vollendung!

VIII
Schwarz ist das Gras, Vater,
schwarz ist die Erde,
schwarz sind meine Gedanken,
weil ich ein armer Mensch bin.
Schwarz ist die Erde,
schwarz ist der Sonnenuntergang,
schwarz ist meine Botschaft.
Schwarz ist der Rock, der mich nicht mehr verlassen wird,
schwarz sind die Sterne meiner Überfahrt,
schwarz ist der Gedanke an mein Sterben.
Wo habe ich dieses Schwarz, dieses zungenfeindliche
                                        Schwarz entdeckt?

IX
Ich fürchte mich nicht mehr.
Ich fürchte nicht mehr,
was kommen wird.
Mein Hunger ist ausgelöscht,
meine Qual ist ausgetrunken,
mein Sterben macht mich glücklich.
Ich trage meine Fische
auf den Berg.
In den Fischen ist alles,

was ich zurücklasse.
In den Fischen ist meine Traurigkeit, –
und mein Scheitern ist in den Fischen.
Ich werde sagen,
wie herrlich die Erde ist, wenn ich ankomme,
wie herrlich die Erde ist ...
Ohne mich furchten zu müssen ...
Ich erwarte,
daß mich der Herr erwartet.

Ereignisse

DER VIERZIGJÄHRIGE befährt seit zwölf Jahren die Autobuslinie. Als er jetzt nach Hause geht, denkt er, daß die Schuld an seinem Unglück ein anderer trägt. Nicht er. Wenn er auch nicht mit Sicherheit weiß, wer ihn in die zwölfjährige Tortur hineingetrieben hat, so stößt er doch ein Schimpfwort gegen den Betreffenden aus. Er biegt um die Ecke, wo der Holunderbusch die Blätter abwirft. Natürlich sieht er das gar nicht. Er hat eine abgewetzte Aktentasche unter den Arm geklemmt, in welcher er die zwölf Jahre täglich, außer Sonntag, die Urlaube abgerechnet, seine Jause verwahrt hat. Meistens ißt er sie gar nicht. Sie wird von den Kindern gegessen, wenn er nach Hause kommt. An der Stelle, wo der Weg den Blick auf das Haus öffnet, in dem er mit seiner Familie wohnt, blickt er zum erstenmal auf. Er stellt sich vor, daß seine Frau das Essen auf den Tisch stellt und daß sie die Kinder zu Bett bringt. Er sieht plötzlich, wie seine Frau die Bluse auszieht und sie über die Sessellehne legt. Sie nimmt vom Herd eine Schale Kaffee, bröckelt Weißbrot hinein und löffelt sie aus. Jetzt friert ihn und er macht kehrt und geht den Weg, den er gerade gekommen ist, zurück. Er geht durch den Wald und legt sich mit seiner Geliebten, die ein einstöckiges Haus mit einem Gemüsegarten besitzt, ins Bett. Seine Frau sagt zu diesem Zeitpunkt zu den Kindern: still sein, sonst bringt das Christkind keine Geschenke.

DER KASSIER in einem Eisenwerk hat eine acht oder neun Jahre ältere Frau geheiratet. Kurz nach der Hochzeit beginnen die Streitigkeiten. Es ist eine grenzenlose Abneigung, mit welcher die beiden einschlafen und aufwachen. Schließlich wird die Frau schwerkrank, was wohl mit ihrer Kinderlosigkeit zusammenhängt, ist immer wieder geheilt, verliert aber plötzlich die Sprache, sie kann sich nur mit ihren Händen verständigen, zu Hause schreibt sie alles auf Kalenderblätter: »Ich will fortgehen« zum Beispiel, oder »Es ist schön draußen«. Sie haßt es, wenn man Mitleid mit ihr hat. Schließlich bekommt sie Schmerzen in den Beinen und wird ganz steif. Sie muß in einem Rollstuhl gefahren werden. Sie lauert am Fenster. Wenn ihr Mann heimkommt, muß er sie hinausfahren. Immer dieselbe Strecke. Immer weiter. Sie droht ihm mit geballten Fäusten. Sie ist immer hungriger nach neuen Häusern, neuen Bäumen, neuen Menschen. Aus ihrem Winterkotzen schaut sie heraus, zwischen den Alleebäumen durch. Eines Abends, als er sie nahe am Straßenrand vor sich her schiebt, dreht er den Wagen herum und kippt ihn in den Abgrund. Sie kann nicht schreien. Der Metallwagen zersplittert. Diesen Vorgang träumt er. Aber er wird so etwas mit ihr machen, denkt er.

DIE CELLISTIN weiß, zwischen ihr und dem Operettenkapellmeister ist nur der Ekel. Trotzdem schlüpft sie jeden Tag zur gleichen Stunde durch die Tür seines Zimmers und in sein Bett. Das Übel der Dreißigjährigen hat von ihr Besitz ergriffen und so sehr sie sich dagegen wehrt, der Prozeß ihrer Zerstörung schreitet unaufhaltsam fort. Unter dem Dach des Konservatoriums spielt sie die unaufhörlichen Sonatensätze, in die sie wie ein Tier hineinstürzt, um sie zu zerreißen. Mit unglaublicher Rücksichtslosigkeit hungert sie, tagelang liegt sie betrunken im Bett, um dann mit um so größerer Energie ihr Vernichtungswerk zu betreiben. Sie verkauft alles, steht plötzlich mit einem einzigen, schwarzen hochgeschlossenen Kleid da. Zerschlägt, es mit beiden Händen am Hals packend, das Instrument. Sie beschleunigt alles. Lacht. Ist schweigsam. Nach dem letzten Zusammensein mit dem Operettenkapellmeister sitzt sie im finsteren Gangloch auf einem Artistenkoffer und weint.

DER GROSSGRUNDBESITZER träumt, daß einer seiner Arbeiter viele Stellen seines Landstückes aufgräbt und überall kommt ein Leichnam zum Vorschein. Er läßt den Arbeiter das ganze Gebiet um das Haus umgraben. Aber es gibt keine Stelle, unter welcher nicht ein Toter begraben liegt. Jetzt läßt der Großgrundbesitzer von hunderten von Arbeitern sein ganzes Land umgraben, aber tatsächlich ist es, ohne Ausnahme, unter einer dünnen Erdschicht dicht von Leichen bedeckt. Jede zum Vorschein kommende Leiche, es sind Körper verschiedenen Alters und beiderlei Geschlechtes, läßt er sich vorführen, und er erinnert sich, sie alle *eigenhändig* umgebracht zu haben. Die Angst jedoch, selbst getötet zu werden, läßt ihn seine Verbrechen nicht anzeigen. Er kommt auf die Idee, *den oder die Mörder* suchen zu lassen. Zu diesem Zwecke organisiert er einen Apparat von Beamten, die er hoch bezahlt. Schon wenige Tage später ist ein *Mörder* gefunden. Obwohl der Großgrundbesitzer weiß, daß es sich bei dem Mann, der völlig unbekannt ist, nicht um den *Mörder* handeln kann, läßt er ihn einem Gericht ausliefern, das ihn zum Tode verurteilt. Der *Mörder* wird hingerichtet. Auf diese Weise finden die Beamten noch viele *Mörder*. Sie finden schließlich genauso viele *Mörder* als es Ermordete gibt. Sie alle werden hingerichtet und auf dem Grundstück des Großgrundbesitzers eingegraben. Jetzt erwacht der Großgrundbesitzer und steht auf. Er geht in den Wald, um festzustellen, wieviel und welche Bäume er noch diesen Herbst schlagen lassen wird. Diese Frage beschäftigt ihn schon tagelang.

In der Höhe, Rettungsversuch Unsinn

ich schreibe eine Zeile, seit wie vielen Wochen habe ich keine Zeile mehr geschrieben?, es ist unwichtig, ob ein Mensch schreibt, *was* er schreibt, ich sage mir immer wieder vor, wie unwichtig es ist, erbärmlich, unanständig, aber diese Zeile ließe sich fortsetzen, entwickeln, zu einem Gedicht machen, zu einem Fetzen, einem niederträchtigen Fetzen *Wind und Fäulnis,*
ich stöbere in den Manuskripten, in diesem Haufen, in den Papierstößen, ich reiße da eine Seite heraus, dort eine Seite, zehn Seiten, zwanzig Seiten, hundert Seiten und schmeiße sie in den Ofen,
mich ekelt, ich finde nichts, nichts, keinen Beistrich, ich werde alles verbrennen,
aber wo ist denn das Zündholz?, ohne Zündholz kann ich es nicht anzünden, ich liege auf meinem Papierhaufen und verbrenne, alles in mir verbrennt, auf diesem Misthaufen verbrenne ich, auf diesem übelriechenden Misthaufen der Gemeinheit,

eines Tages wird man abgeschnitten, ganz am Anfang wird man abgeschnitten und kann nicht mehr zurück, die Sprache, die man lernt und die ganzen Gehkünste und das Ganze überhaupt, sind nur für den einen Gedanken, *wie man wieder zurückkommt,*
sie füllen sich ihre Bäuche mit Bier und mit Brat an und erbrechen es wieder,
Zustandsstumpfsinn,
ich ziehe mich aus, binde meine Kleider auf meinen Kopf, binde meinen rasierten Schädel zu und schwimme ans an-

dere Ufer; ein Fisch, der Angst hat; das Wasser ist eiskalt, es erschreckt mich, wie eiskalt das Wasser ist, das Frösteln wirft mir das Genick hin und her, ich laufe, mein Hund erwartet mich, er hat seinen Beschützer, seinen schlechten Beschützer, wieder,

ich bin für das Bordell, hat der Studienrat gesagt, es ist nicht gegen die Natur, ich bin gegen alles, das gegen die Natur ist, denn die Natur bin ich, was ich nicht leiden kann: *Ethik, Religion,*

auf dem Markt esse ich Karotten und Pferdefleischwurst, ein kleiner Schmerz in der linken unteren Bauchhälfte, aber das ist zur Gewohnheit geworden: in den Höfen, auf dem Dach, im Kindersandkasten, im *Ab*ort, durch die Kirche, ducke mich, wieder zurück, das sind die Gymnasiastinnen: ich strecke meinen Kopf, steige auf den Denkmalsockel, da ist es wieder, das Gefühl, *krank zu sein, zurückgeblieben*, die Köpfe, die auftauchen, die hunderterlei Köpfe, die aus Stumpfsinn zusammengekneteten Köpfe, ich hüpfe auf die Bank, hinter mir her die Raubvogelblicke, Menschenkrankheiten, hineinverpflanzt in die Kuhbäuche, toten Kälber, Pferdegelenke, Ochsenschwänze, meine eigene Stimme aus allen diesen Brustkörben, *die Körperfunktion eines Schwachsinnigen,* es könnte sein, nächste Woche, es könnte sein, morgen, es könnte sein, es könnte mich zur Rechenschaft ziehen, Freundschaft mit dem Schausteller, ich forsche nicht, ich bin heute mit dem Schausteller am Fluß, morgen bin ich in seinem Wohnwagen, übermorgen erdrückt er mich, *ermöglicht Studien über die Zusammensetzung des Alters, wenn,* dann töte ich meinen Hund *eigenmächtig,* oft genügt einem Menschen, Anteil zu haben, gleich, an was, um existieren zu können, trostlos wache ich auf, trostlos schlafe ich ein, es ist immer dasselbe,

der Studienrat kommt, bleibt eine Stunde lang sitzen, sagt zum Schluß: das Bettzeug des Wirts riecht jede Woche zweimal nach einer Bauernmagd, aber ich will ihn nicht weiter anhören, ich lege mich hin, notiere: alle leben mindestens drei Leben, ein tatsächliches, ein eingebildetes und ein *nicht wahrgenommenes*,
es gibt Tage, da reden sie nur über Kartoffelkäferschwärme, andere Tage, da reden sie über Fabriksarbeiter, wieder andere, da reden sie nur über die Regierung, wenn sie gestürzt ist oder frisch angelobt: Eiffelturm, Holler, Mottenpulver, eine Theatervorstellung, schöne Frauen: was bleibt, ist oft nur der Gedanke an das Kino, der Gedanke an das Verbrechen, das man hinter sich hat,
hinter den Kastanienbäumen: der Studienrat: ich muß ihn ja nicht anreden, aber ich bin so einsam wie er, auf seinen Stock gestützt, sagt er: was mich betrifft, so nimmt meine Teilnahme an der Welt ständig ab, die Menschen interessieren mich nicht mehr, die Natur interessiert mich nicht mehr, das alles hat mich bis zu einem gewissen Grad niemals interessiert, dasselbe beobachte ich mit häuslichen Vertrautheiten, wie gesagt, im Umgang und in Bezug auf alles: die Welt setzt sich mehr und mehr aus Häßlichkeiten zusammen, das erschreckt mich aber nicht: Teilnahmslosigkeit und Häßlichkeit zusammen erzeugen in mir einen Zustand, in dem alles dieselbe Bedeutung hat,
ich drücke den Klingelknopf fest hinein, der rasierte Schädel eines Mönchs erscheint, fragt nichts, endlich, *was wollen Sie denn, junger Mann?*, wieder nichts, sagt, *haben Sie denn nicht geläutet?*, endlich: *jetzt ist keine Besuchszeit, das*

Kloster ist geschlossen, jetzt, gerade während unserer Abendan-
dachtsvorbereitungen!,
dieser glattrasierte Schädel auf dem braunen Filzring,
also doch wieder: *keine Reportage*,
die Kapuzinerglocke läutet,
ich drehe mich um und verschwinde,
wenn ich tausendmal weinen möchte, oja,

Die Erzählungen

Ist es eine Komödie? Ist es eine Tragödie?

Nachdem ich wochenlang nicht mehr in das Theater gegangen bin, habe ich gestern in das Theater gehen wollen, aber schon zwei Stunden vor Beginn der Vorstellung habe ich, noch während meiner wissenschaftlichen Arbeit und also in meinem Zimmer, mir ist nicht ganz klargeworden, im Vorder- oder Hintergrund des Medizinischen, das ich endlich zum Abschluß bringen muß, weniger meinen Eltern als meinem überanstrengten Kopf zuliebe, gedacht, ob ich nicht doch auf den Theaterbesuch verzichten soll.

Ich bin acht oder zehn Wochen nicht mehr ins Theater gegangen, sagte ich mir, und ich weiß, warum ich nicht mehr ins Theater gegangen bin, ich verachte das Theater, ich hasse die Schauspieler, das Theater ist eine einzige perfide Ungezogenheit, eine ungezogene Perfidie, und plötzlich soll ich wieder ins Theater gehen? In ein Schauspiel? Was heißt das?

Du weißt, daß das Theater eine Schweinerei ist, habe ich mir gesagt, und du wirst deine Studie über das Theater, die du im Kopf hast, schreiben, diese Theaterstudie, die dem Theater ein für allemal ins Gesicht schlägt! Was das Theater *ist*, was die Schauspieler *sind*, die Stückeschreiber, die Intendanten usf. ...

Mehr und mehr war ich vom Theater beherrscht, immer weniger von der Pathologie, gescheitert in dem Versuch, das Theater zu ignorieren, die Pathologie zu forcieren.

Gescheitert! Gescheitert!

Ich zog mich an und ging auf die Straße.

Zum Theater habe ich nur eine halbe Stunde zu gehen. In dieser halben Stunde ist mir klargeworden, daß ich nicht ins Theater gehen *kann*, daß sich mir der Besuch eines Theaters, einer Theatervorstellung, ein für allemal verbietet. Wenn du deine Theaterstudie geschrieben hast, dachte ich, dann ist es Zeit, dann ist es dir wieder erlaubt, ins Theater zu gehen, damit du siehst, daß dein Traktat *stimmt!*

Mir war nur peinlich, daß es überhaupt soweit hat kommen können, daß ich mir eine Theaterkarte gekauft habe – ich habe die Theaterkarte *gekauft*, nicht *geschenkt* bekommen – und daß ich mich zwei Tage lang in dem Glauben malträtiert habe, ins Theater zu gehen, mir eine Theatervorstellung anzuschauen, Schauspieler, und hinter allen diesen Schauspielern einen miserablen und stinkenden Regisseur (Herrn T. H.!) zu wittern usf. ... vor allem aber, daß ich mich für das Theater *umgezogen* hatte. Für das Theater hast du dich *umgezogen*, dachte ich.

Die Theaterstudie, eines Tages die Theaterstudie! Man beschreibt gut, was man haßt, dachte ich.

In fünf, möglicherweise sieben Abschnitten unter dem Titel THEATER – THEATER? ist meine Studie in kurzer Zeit fertig. (Ist sie fertig, verbrennst du sie, weil es sinnlos ist, sie zu veröffentlichen, du liest sie durch und verbrennst sie. Veröffentlichung ist lächerlich, *verfehlter Zweck!*) Erster Abschnitt DIE SCHAUSPIELER, zweiter Abschnitt DIE SCHAUSPIELER IN DEN SCHAUSPIELERN, dritter Abschnitt DIE SCHAUSPIELER IN DEN SCHAUSPIELERN DER SCHAUSPIELER usf. ... vierter Abschnitt BÜHNENEXZESSE usf. ... letzter Abschnitt: ALSO, WAS IST DAS THEATER?

In diesem Gedanken bin ich bis in den Volksgarten gekommen.

Ich setze mich auf die Bank neben der Meierei, obwohl sich in dieser Jahreszeit auf eine Volksgartenbank zu setzen *töd-*

lich sein kann, und beobachte, angestrengt, mit Vergnügen, ungeheuer konzentriert, *wer und wie* man in das Theater hineingeht.

Es befriedigt mich, *nicht* hineinzugehen.

Du solltest aber, denke ich, hingehn und mit Rücksicht auf deine Armut, deine Karte verkaufen, *geh hin*, sage ich mir, und während ich das denke, habe ich den größten Genuß daran, meine Theaterkarte zwischen Daumen und Zeigefinger der rechten Hand zu zerreiben, das Theater zu zerreiben.

Zuerst sind es, sage ich mir, immer mehr Menschen, die in das Theater hineingehen, dann immer weniger. Schließlich geht niemand mehr in das Theater hinein.

Die Vorstellung hat angefangen, denke ich, und ich stehe auf und gehe ein Stück in Richtung Innere Stadt, mich friert, ich habe nichts gegessen und, fällt mir ein, über eine Woche lang mit keinem Menschen mehr gesprochen, als ich plötzlich angesprochen bin: ein Mann hat mich angesprochen, ich höre, daß mich ein Mann fragt, wie spät es sei, und ich höre mich »Acht Uhr« rufen.

»Es ist acht Uhr«, sage ich, »das Theater hat angefangen.«

Jetzt drehe ich mich um und sehe den Mann.

Der Mann ist groß und mager.

Außer diesem Mann ist niemand im Volksgarten, denke ich.

Sofort denke ich, daß ich nichts zu verlieren habe.

Aber den Satz: »*Ich habe nichts zu verlieren!*« auszusprechen, *laut* auszusprechen, erscheint mir unsinnig, und ich spreche den Satz nicht aus, obwohl ich die größte Lust habe, den Satz auszusprechen.

Er habe seine Uhr verloren, sagte der Mann.

»Seit ich meine Uhr verloren habe, bin ich gezwungen, von Zeit zu Zeit Menschen anzusprechen.«

Er lachte.

»Hätte ich nicht meine Uhr verloren, hätte ich Sie nicht angesprochen«, sagte er, »*niemanden* angesprochen.«

Ihm sei die Beobachtung an sich selber höchst interessant, sagte der Mann, daß er, wie er, nachdem ich ihm gesagt hatte, daß es acht Uhr ist, jetzt weiß, daß es acht Uhr *ist* und daß er am heutigen Tag elf Stunden ununterbrochen – »ohne Unterbrechung«, sagte er – in einem einzigen Gedanken gegangen sei, »nicht auf und ab« sagte er, sondern »immer geradeaus, und wie ich jetzt sehe«, sagte er, »doch immer im Kreis. Verrückt, nicht wahr?«

Ich sah, daß der Mann Frauenhalbschuhe anhatte, und der Mann sah, daß ich gesehen hatte, daß er Frauenhalbschuhe anhatte.

»Ja«, sagte er, »jetzt mögen Sie sich Gedanken machen.«

»Ich habe«, sagte ich rasch, um den Mann und mich von seinen Frauenhalbschuhen abzulenken, »einen Theaterbesuch machen wollen, aber unmittelbar vor dem Theater habe ich kehrtgemacht und bin nicht in das Theater hineingegangen.«

»Ich bin sehr oft in diesem Theater gewesen«, sagte der Mann, er hatte sich vorgestellt, ich hatte aber seinen Namen sofort vergessen, ich merke mir Namen nicht, »eines Tages zum letzten Mal, wie jeder Mensch eines Tages zum letzten Mal in ein Theater geht, lachen Sie nicht!« sagte der Mann, »alles ist einmal zum letzten Mal, lachen Sie nicht!« »Ach«, sagte er, »was wird denn heute gespielt? Neinnein«, sagte er rasch, »sagen Sie mir nicht, was heute gespielt wird ...«

Er ginge jeden Tag in den Volksgarten, sagte der Mann, »seit Saisonbeginn gehe ich immer um diese Zeit in den Volksgarten, um hier, von dieser Ecke aus, von der Meierei-

mauer aus, sehen Sie, die Theaterbesucher beobachten zu
können. Merkwürdige Leute«, sagte er.

»Freilich, man müßte wissen, was heute gespielt wird«, sagte er, »aber sagen *Sie* mir nicht, was heute gespielt wird. Für
mich ist das äußerst interessant, einmal *nicht* zu wissen, was
gespielt wird. Ist es eine Komödie? Ist es eine Tragödie?«
fragte er und sagte sofort: »Neinnein, sagen Sie nicht, *was es
ist*. Sagen Sie es nicht!«

Der Mann ist fünfzig, oder er ist fünfundfünfzig, denke
ich.

Er macht den Vorschlag, in Richtung zum Parlament zu
gehen.

»Gehen wir bis vor das Parlament«, sagt er, »und wieder
zurück. Merkwürdig still ist es immer, wenn die Vorstellung angefangen hat. *Ich liebe* dieses Theater ...«

Er ging sehr rasch, und es war mir fast unerträglich, ihm
dabei zuzuschauen, der Gedanke, daß der Mann Frauenhalbschuhe anhat, verursachte mir Übelkeit.

»Hier gehe ich jeden Tag die gleiche Anzahl von Schritten,
das heißt«, sagte er, »mit diesen Schuhen gehe ich von der
Meierei bis zum Parlament, bis zum Gartenzaun, genau
dreihundertachtundzwanzig Schritte. In den *Spangen*schuhen gehe ich dreihundertzehn. Und zum Schweizertrakt –
er meinte den Schweizertrakt der Hofburg – gehe ich genau
vierhundertvierzehn Schritte mit *diesen* Schuhen, dreihun-
dertneunundzwanzig mit den *Spangen*schuhen! Frauen-
schuhe, mögen Sie denken und es mag Ihnen widerwärtig
sein, ich weiß«, sagt der Mann.

»Aber ich gehe auch nur in der Dunkelheit auf die Straße.
Daß ich jeden Abend um diese Zeit, immer eine halbe
Stunde vor Vorstellungsbeginn, in den Volksgarten gehe,
beruht, wie Sie sich denken können, auf einer Erschütte-

rung. Diese Erschütterung liegt jetzt schon zweiundzwanzig Jahre zurück. Und sie hängt ganz eng mit den Frauenhalbschuhen zusammen. Zwischenfall«, sagt er, »ein Zwischenfall. Es ist ganz die Stimmung von damals: der gerade aufgegangene Vorhang im Theater, die Schauspieler fangen zu spielen an, die Menschenleere heraußen ... Gehen wir jetzt«, sagt der Mann, nachdem wir wieder bei der Meierei sind, »zum Schweizertrakt.«

Ein Verrückter? dachte ich, wie wir zum Schweizertrakt gingen, nebeneinander, der Mann sagte: »Die Welt ist eine ganz und gar, durch und durch juristische, wie Sie vielleicht nicht wissen. Die Welt ist eine einzige ungeheuere Jurisprudenz. Die Welt ist ein Zuchthaus!«

Er sagte: »Es ist genau achtundvierzig Tage her, daß ich hier im Volksgarten um diese Zeit zum letzten Mal einen Menschen angetroffen habe. Auch *diesen* Menschen habe ich gefragt, wie spät es ist. Auch dieser Mensch hat mir gesagt, daß es acht Uhr ist. Merkwürdigerweise frage ich immer um acht Uhr, wie spät es ist. Auch dieser Mensch ist mit mir bis vor das Parlament gegangen und bis vor den Schweizertrakt. Übrigens«, sagte der Mann, »habe ich, das ist die Wahrheit, meine Uhr nicht verloren, ich verliere meine Uhr nicht. Hier, sehen Sie, ist meine Uhr«, sagte er und hielt mir sein Handgelenk vors Gesicht, so daß ich seine Uhr sehen konnte.

»Ein Trick!«, sagte er, »aber weiter: dieser Mensch, den ich vor achtundvierzig Tagen angetroffen habe, war ein Mensch Ihres Alters. Wie Sie, schweigsam, wie Sie, zuerst *un*schlüssig, dann entschlossen, mit mir zu gehn. Ein Naturwissenschaftsstudent«, sagte der Mann. »Auch *ihm* habe ich gesagt, daß eine Erschütterung, ein Zwischenfall, der lange Zeit zurückliegt, die Ursache dafür ist, daß ich mich jeden

Abend hier im Volksgarten aufhalte. In Frauenhalbschuhen. Reaktionsgleichheit«, sagte der Mann, und:
»Übrigens habe ich da noch niemals einen Polizisten gesehen. Seit mehreren Tagen meidet die Polizei den Volksgarten und konzentriert sich auf den Stadtpark, und ich weiß, warum ...«

»Nun wäre es tatsächlich interessant«, sagte er, »zu wissen, ob in dem Augenblick, in welchem wir auf den Schweizertrakt zugehen, im Theater eine Komödie oder eine Tragödie gespielt wird ... Das ist das erste Mal, daß ich nicht weiß, was gespielt wird. Aber *Sie* dürfen es mir nicht sagen ... Nein, sagen Sie es nicht! Es müßte nicht schwer sein«, sagte er, »indem ich *Sie* studiere, mich ganz auf *Sie* konzentriere, mich ausschließlich nur *mit Ihnen* beschäftige, darauf zu kommen, ob in dem Theater augenblicklich eine Komödie oder eine Tragödie gespielt wird. Ja«, sagte er, »nach und nach würde mir das Studium Ihrer Person über alles, was in dem Theater vorgeht und über alles, was außerhalb des Theaters vorgeht, über alles in der Welt, das doch jederzeit vollkommen mit Ihnen zusammenhängt, Aufschluß geben. Schließlich könnte einmal tatsächlich der Zeitpunkt eintreten, in welchem ich dadurch, daß ich Sie auf das intensivste studiere, alles über Sie weiß ...«

Als wir vor der Mauer des Schweizertraktes angekommen waren, sagte er: »Hier, an dieser Stelle, hat sich der junge Mann, den ich vor achtundvierzig Tagen getroffen habe, von mir verabschiedet. *Auf welche Weise* wollen Sie wissen? Vorsicht! Ah!«, sagte er, »*Sie* verabschieden sich also nicht? Sie sagen *nicht* Gute Nacht? Ja«, sagte er, »dann gehen wir vom Schweizertrakt wieder zurück, dorthin, von wo wir gekommen sind. Wo sind wir denn hergekommen? Achja, von der Meierei. Das Merkwürdige an den Menschen ist, daß sie sich selber andauernd mit anderen Menschen verwechseln. Also«, sagte er, »Sie haben die heutige Vorstellung besuchen wollen. Obwohl Sie, wie Sie sagen, das Theater hassen. Das Theater *hassen?* Ich *liebe* es ...«

Jetzt fiel mir auf, daß der Mann auch einen Frauenhut auf dem Kopf hatte, die ganze Zeit hatte ich das nicht bemerkt. Auch der Mantel, den er anhatte, war ein Frauenmantel, ein Frauenwintermantel.

Er hat tatsächlich lauter Frauenkleider an, dachte ich.

»Im Sommer«, sagte er, »gehe ich nicht in den Volksgarten, da wird auch kein Theater gespielt, aber immer, *wenn* im Theater gespielt wird, gehe ich in den Volksgarten, dann, wenn Theater gespielt wird, geht außer mir niemand mehr in den Volksgarten, weil der Volksgarten dann viel zu kalt ist. Vereinzelt kommen junge Männer in den Volksgarten herein, die ich, wie Sie wissen, sofort anspreche und auffordere, mitzugehn, einmal vor das Parlament, einmal vor den Schweizertrakt ... und vom Schweizertrakt und von der Meierei immer wieder zurück ... Aber kein Mensch ist bis jetzt mit mir, und das fällt mir auf«, sagte er, »*zweimal* bis vor das Parlament gegangen und *zweimal* bis zum Schweizertrakt und also *viermal* zur Meierei zurück. Jetzt sind wir *zweimal* zum Parlament und *zweimal* zum Schweizertrakt und wieder zurück gegangen«, sagte er, »das genügt. Wenn Sie wollen«, sagte er, »begleiten Sie mich ein Stück nach Hause. Noch nie hat mich auch nur ein einziger Mensch von hier ein Stück nach Hause begleitet.«

Er logiere im Zwanzigsten Bezirk.

Er *hause* in der Wohnung seiner Eltern, die vor sechs Wochen (»Selbstmord, junger Mann, Selbstmord!«) gestorben seien.

»Wir müssen über den Donaukanal«, sagte er.

Mich interessierte der Mensch, und ich hatte Lust, ihn solange wie möglich zu begleiten.

»Am Donaukanal müssen Sie zurückgehen«, sagte er, »Sie dürfen mich nicht weiter als bis zum Donaukanal begleiten. Fragen Sie, bis wir beim Donaukanal angekommen sind, nicht *warum!*«

Hinter der Rossauerkaserne, hundert Meter vor der Brücke, die in den Zwanzigsten Bezirk hinüber führt, sagte der Mann plötzlich, stehengeblieben, in das Kanalwasser hineinschauend: »Da, an dieser Stelle.«

Er drehte sich nach mir um und wiederholte: »An dieser Stelle.«

Und er sagte: »Ich stieß sie blitzschnell hinein. Die Kleider, die ich anhabe, sind *ihre* Kleider.«

Dann gab er mir ein Zeichen, das hieß: *verschwinde!*

Er wollte allein sein.

»Gehen Sie!« kommandierte er.

Ich ging nicht sofort.

Ich ließ ihn aussprechen: »Vor zweiundzwanzig Jahren und acht Monaten«, sagte er.

»Und wenn Sie glauben, daß es in den Strafanstalten ein Vergnügen ist, so irren Sie sich! Die ganze Welt ist eine einzige Jurisprudenz. Die ganze Welt ist ein Zuchthaus. Und heute abend, das sage ich Ihnen, wird in dem Theater da drüben, ob Sie es glauben oder nicht, eine Komödie gespielt. *Tatsächlich* eine Komödie.«

Das Verbrechen eines
Innsbrucker Kaufmannssohns

Schon nach kurzer Bekanntschaft seiner Person hatte ich höchst aufschlußreiche Einblicke in seine Entwicklung, in seine Kindheit vor allem: Geräusche, Gerüche in seinem ihm nun schon jahrelang fernen Elternhaus beschrieb er mir immer wieder, die Unheimlichkeit eines düsteren Kaufmannshauses; die Mutter und die Gemischtwarenstille und die im Finstern der hohen Gewölbe gefangenen Vögel; das Auftreten seines Vaters, der in dem Kaufmannshaus in der Anichstraße dauernd die Befehle eines rücksichtslosen Realitäten- und Menschenbeherrschers gab. Georg sprach immer von Lügen und Verleumdungen seiner Schwestern, mit was für teuflischen Schlichen oft Geschwister gegen Geschwister vorgehen können; eine verbrecherische Vernichtungssucht haben Schwestern gegen Brüder, Brüder gegen Schwestern, Brüder gegen Brüder, Schwestern gegen Schwestern. Sein Elternhaus war niemals ein Haus der Kinder gewesen, wie es die meisten anderen Häuser, Elternhäuser, vornehmlich in den besseren Gegenden, besseren Luftverhältnissen sind, sondern ein furchtbares, noch dazu feuchtes und riesiges Erwachsenenhaus, in welchem niemals Kinder, sondern immer gleich grauenhafte Rechner auf die Welt gekommen sind, Großmaulsäuglinge mit dem Riecher für das Geschäft und für Unterdrückung der Nächstenliebe.

Georg war eine Ausnahme. Er war der Mittelpunkt, aber seiner Unbrauchbarkeit, der Schande wegen, die er für die ganze dauernd an ihm erschrockene und verbitterte Familie immer und immer dort, wo sie es zu verwischen trachtete, darstellte, ein entsetzlich verkrümmter und verkrüppelter Mittelpunkt, den sie unter allen Umständen aus dem Haus haben wollte. Er war so und auf die infamste Weise von der Natur verunstaltet, daß sie ihn immer verstecken mußten. Nachdem sie von der ärztlichen Kunst und von der medizinischen Wissenschaft überhaupt bis in die Tiefe ihrer fäkalischen und viktualischen Verabscheuungswürdigkeit hinein enttäuscht worden waren, erflehten sie sich in perfider Gemeinsamkeit eine Todeserkrankung für Georg, welche ihn möglichst schnell aus der Welt schaffen sollte; sie waren zu allem bereit gewesen, wenn er nur stürbe; aber er starb nicht, und er ist, obwohl sie alle zusammen alles getan haben, um ihn tödlich erkranken zu lassen, nicht ein einziges Mal (weder in Innsbruck, wo er ein paar hundert Meter neben mir, durch den Innfluß von mir getrennt – keiner hatte vom anderen gewußt –, aufgewachsen war, noch später, während unserer Wiener Studien in unserem im dritten Stock eines Zirkusgassenhauses gelegenen Zimmer) *todkrank* geworden; er war unter ihnen nur immer größer und größer und immer häßlicher und hinfälliger, immer unbrauchbarer und hilfsbedürftiger geworden, aber ohne die Mitleidenschaft seiner Organe, die besser funktionierten als ihre eigenen ... Diese Entwicklung Georgs verbitterte sie, vor allem, weil sie schon in dem Augenblick, in dem er von seiner brüllenden Mutter auf einen Eckstein des Waschküchenbodens geworfen worden war, den Entschluß gefaßt hatten, sich für die entsetzliche Überraschung der Geburt eines zuerst riesigen, feuchten und fetten, dann aber, wenn auch immer größeren, so doch immer zarteren und gesünderen unansehnlichen »Krüppelsohnes« (so rief ihn sein Vater) auf ihre Weise zu rächen, sich zu entschädigen für ein zum Himmel schreiendes Unrecht; einer Verschwörung gleich, hatten sie beschlossen, sich seiner, Georgs, noch bevor er, wie sie grübelten, ihnen einen möglicherweise tödlichen Schaden durch seine bloße Existenz zufügen konnte, und ohne mit dem Gesetz in Konflikt zu kommen, zu entledigen; jahrelang glaubten sie, der Zeitpunkt, da sie ihn ausgestanden haben werden, sei nah, sie hatten sich aber getäuscht, durch sich selbst täuschen lassen, seine Gesundheit, seine Krankheitslosigkeit, was Georgs Lungen, sein Herz, alle anderen wichtigen Organe betrifft, waren stärker als ihr Wille und ihre Klugheit.

Zum einen Teil entsetzt, zum andern größenwahnsinnig, konstatierten sie mit seinem rapiden Größer- und Gesünder- und Zarter- und Intelligenter- und Häßlicherwerden, daß er, das glaubten sie in der Wirklichkeit, nicht aus ihrer jahrhundertealten Kaufmannssubstanz hinausgekommen und unter ihnen hocken geblieben war; sie hätten wohl nach mehreren Totgeburten einen der Ihren verdient gehabt, einen geraden, keinen krummen Balken von Kaufmannsgeblüt, der sie alle zusammen vom ersten Augenblick an schon stützen sollte, später dann tragen, noch höher heben, alle zusammen, Eltern und Schwestern noch höher *hinauf*heben, als sie schon oben waren; und bekommen haben sie, von woher, war ihnen unheimlich, weil letzten Endes doch vom Vater aus der Mutter heraus, ein Geschöpf, das, von ihnen aus gesehen, so ein nutzloses, immer noch tiefer und tiefer denkendes Tier gewesen ist, das Anspruch auch noch auf Kleidung und auf Vergnügen erhob und das man, anstatt daß es einen stützt, stützen mußte, anstatt daß es einen nährt, nähren mußte und das man hätte verhätscheln sollen und nicht verhätschelte; im Gegenteil, Georg war und blieb ihnen ein aus lauter Nutzlosigkeit ständig im Weg und im Magen liegender Fleischklumpen, der auch noch Gedichte schrieb. Alles an ihm war anders; sie empfanden ihn als die größte Schande ihrer sonst nur aus Wirklichkeit und nicht im geringsten aus Einbildung zusammengesetzten Familie. Er sprach in dem Wiener Zirkusgassenzimmer, das wir, nachdem wir uns in einem Gasthaus in der Leopoldstadt getroffen und zusammengetan hatten, gemietet hatten, oft und oft von seinem »Kinderkerker zu Innsbruck«, und er zuckte, wenn er das für ihn immer schwierige Hauptwort »Ochsenziemerhieb« glaubte sagen zu müssen, vor seinem Zuhörer, vor mir, der ich jahrelang, acht Semester lang, sein einziger Zuhörer gewesen bin. Ihm viel zu große, ihm viel zu riesige Keller- und Vorhaus- und Stockgewölbe, ihm viel zu hohe Steinstufen, zu schwere Falltüren, zu weite Röcke und Hosen und Hemden (seines Vaters abgetragene Röcke und Hosen und Hemden), zu schrille Vaterpfiffe, Mutterschreie, das Kichern der Schwestern, Sprünge von Ratten, Hundsgekläff, Kälte und Hunger, borniert Einsamkeit, ihm viel zu schwere Schultaschen, Brotlaibe, Kukuruzsäcke, Mehlsäcke, Zuckersäcke, Kartoffelsäcke, Schaufeln und stählerne Radelböcke, unverständliche Anordnungen, Aufgaben, Drohungen und Befehle, Strafen und Züchtigungen, Hiebe und Schläge bildeten seine Kindheit. Er war, nachdem er schon jahrelang von zu Hause fort gewesen war, noch immer gepeinigt von den von ihm in den Keller hinunter und wieder aus dem Keller heraufgeschleppten (und von ihm unter was für Schmerzen geschleppten) geselchten Schweinehälften. Nach Jahren noch und in siebenhundert Kilometern Entfernung, in Wien, überquerte er, wenn es finster war, immer noch ängstlich und mit eingezogenem Kopf den elterlichen Innsbrucker Kaufmannshof, stieg er, von Fieber geschüttelt, in den elterlichen Innsbrucker Kaufmannskeller.

Wenn er sich, tagtäglich in das elterliche Kaufmannsrechnen hineingeohrfeigt, verrechnete, wurde er (noch nicht sechsjährig das erste Mal) vom Vater oder von der Mutter oder von einer seiner Schwestern in das Kellergewölbe hinuntergesperrt und dann eine Zeitlang immer nur noch »Verbrecher« gerufen; zuerst hatte ihn nur sein Vater einen Verbrecher gerufen, später aber stimmten, wie er sich erinnerte, auch seine Schwestern, dann gar seine Mutter in den »Verbrecher«-Ruf ein. Völlig »erziehungsunfähig« habe sie, die er jetzt, nach Jahren, weil er durch viele Gebirge von ihr getrennt war, in seiner Wiener Studienzeit in einem milderen Lichte zu sehen sich einbildete, sich immer gänzlich, was Georg betraf, dem stärkeren Teil der Familie, also dem Vater und den Schwestern, gefügt. Vater und Mutter hatten ihn mit einer entsetzlichen Regelmäßigkeit wöchentlich mehrere Male mit dem Ochsenziemer geschlagen.

In den Innsbrucker Kaufmannshäusern heulten in seiner Kindheit, wie in den Innsbrucker Metzgerhäusern die Schweine, die Söhne. Bei ihm war wohl alles am schlimmsten gewesen. Seine Geburt, so versicherten sie ihm bei jeder Gelegenheit, habe ihren Ruin herbeigeführt. Vom Vater war er ständig als »verfassungswidrig« bezeichnet worden, mit dem Wort »verfassungswidrig« stach sein Vater immerfort auf ihn ein. Die Schwestern nützten ihn für ihre Intrigen aus, mit ihrer Verstandesschärfung mit einer immer noch größeren Perfektion. Er war aller Opfer. Wenn ich in seine Kindheit und in sein Innsbruck hineinschaute, schaute ich in meine Kindheit und in mein Innsbruck hinein, mit wieviel Erschrecken gleichzeitig in das meinige, das nicht von derselben Fürchterlichkeit, aber von einer noch viel größeren Infamie beherrscht gewesen war, denn meine Eltern handelten nicht aus der tierischen, wie die Seinigen, sondern aus der radikal philosophischen, aus der vom Kopfe und von nichts als vom Kopfe und von den Köpfen ausgehenden Gewalt.

Eine uns tiefer, als von Natur aus statthaft, traurig machende Verbitterung stieß jeden Tag in aller Frühe unsere qualvollen untüchtigen Köpfe zu einem einzigen heillosen dumpfen Vermutungszustand zusammen: alles in uns und an uns und um uns deutete darauf hin, daß wir verloren waren, ich genauso wie er, was wir anschauen und was wir durchdenken mußten, was wir gehen und stehen und schlafen und träumen mußten, um was immer es sich handelte. Georg war oft tagelang in der entferntesten von ihm so bezeichneten Höheren Phantasie, und er ging, wie ich fortwährend beobachten mußte, gleichzeitig immer in seinen Verzweiflungen hin und her, was auch mich verfinsterte, die Gesetze und ihre Errichter und die tagtäglichen rüden Vernichter aller Gesetze, beide gingen wir von einem bestimmten Zeitpunkt an auf einmal gemeinsam und wie für immer gemeinsam und durch das ganze große krankhafte Schema der Farben, in welchem sich die Natur in einem jeden von uns als der schmerzhafteste aller Menschenschmerzen ausdrücken mußte. Wir hausten jahrelang, wenn auch auf der Oberfläche der Hauptstadt, so doch in einem von uns für uns geschaffenen System von nur für uns sichtbaren, uns schützenden Kanälen; in diesen Kanälen aber atmeten wir auch ununterbrochen eine tödliche Luft ein; wir gingen und wir krochen fast immer nur in diesen Kanälen unserer Jugendverzweiflung und Jugendphilosophie und Jugendwissenschaft auf uns zu ... diese Kanäle führten uns aus unserem Zirkusgassenzimmer, in welchem wir meistens betroffen von der Urteilskraft und von dem ungeheuren Überfluß der Geschichte, von uns selber be-

troffen auf unseren Sesseln am Tisch saßen, über unseren
Büchern, fürchterlichen Verhunzungen, Verhimmelungen
und Verspottungen unserer und der ganzen geologischen
Genealogie, in den alten uralten Körper der Stadt hinein
und aus diesem wieder hinaus in unser Zimmer zurück ...
Acht entsetzliche Semester haben wir, Georg und ich, auf
diese von mir nur angedeutete Weise in dem Zirkusgassenzimmer zusammen verbracht, zusammen verbringen müssen; keinerlei Unterbrechung war uns gestattet gewesen;
wir waren die ganzen acht Semester, in welchen ich mir die
Jurisprudenz verekelt hatte, Georg sich nicht weniger seine
Pharmazie, nicht fähig gewesen, uns aus unserer gebückten
Haltung, aus unser beider Verkrüppelung (auch ich war bereits verkrüppelt gewesen), weil wir uns ja, wie angedeutet,
in allem und jedem immer in unsern Kanälen und also ge-
bückt bewegen mußten, aus dieser Notwendigkeit in eine
wenn auch noch so wenig höhere zu erheben; wir hatten die
ganzen acht Semester nicht ein einziges Mal die Kraft gehabt, aufzustehen und davonzugehen ... Wir hatten ja nicht
einmal die Kraft, weil keine Lust dazu gehabt, unser Zir-
kusgassenzimmerfenster aufzumachen und frische Luft her-
einzulassen ... geschweige denn hatten wir auch nur eine
einzige der *unsichtbaren Kräfte* gehabt ... Unser Gemüt war,
wie unser Geist, so fest verschlossen gewesen, daß wir nach
menschlichem Ermessen einmal, wir waren nicht mehr gar
zu weit davon, in uns ersticken mußten, wenn nicht etwas,
das nicht von uns, auch nicht *aus einem von uns* kommen
konnte, ein solcher metaphysikalischer Eingriff von außen
in uns oder von innen in uns, eine Änderung unseres Zu-
standes aus zwei gleichen Zuständen, Georgs und meines,
herbeiführte ... Unter einem ungeheuer komplizierten Ver-
fahren gegen uns schrumpften in der für uns immer noch

mehr atonischen Atmosphäre der Hauptstadt auch unsere Seelen zusammen. Wie so viele unseres Alters waren wir, rückhaltlos, in der Vorstellung tief vergraben und tief verscharrt gewesen, die besagt, daß es nirgends, weder innen noch außen, eine Möglichkeit für frische Luft und was sie hervorrufen, *auslösen* oder *auslöschen* kann, gibt, und tatsächlich gab es damals in dem Zirkusgassenzimmer für uns keine frische Luft; acht Semester lang keine frische Luft.

Wir hatten jeder für sich einen vor vielen, was ihn betrifft, vor unzähligen Generationen im Gebirge entstandenen Namen, der, einmal links, einmal rechts des Inn, immer größer geworden war, jetzt aber, als ein Zerstörer von uns, am Ende von elterlichen Verfluchungen und Rechenkunststücken in die schamlos, wie wir mit ansehen mußten, wehleidig verkümmernde Hauptstadt hereinversetzt worden war. Jeder von uns war in seinem vielsagenden Namen eingeschlossen und konnte nicht mehr hinaus. Keiner kannte den Kerker des anderen, die Schuld, das Verbrechen des anderen, aber jeder *vermutete*, daß der Kerker des anderen und die Schuld und das Verbrechen des anderen die eigenen waren. Unser Mißtrauen füreinander und gegeneinander hatte sich im Laufe der Zeit in dem Maße verstärkt, in welchem wir mehr und mehr zusammengehörten, uns nicht mehr verlassen wollten. Dabei haßten wir uns, und wir waren auch die entgegengesetztesten Geschöpfe, die man sich denken kann; alles des einen schien vom anderen, ja *aus dem anderen*, wir beide glichen uns aber doch in nichts und in keiner Sache, in gar keiner Empfindung, in nichts. Und doch hätte jeder von uns der andere sein können, alles des einen hätte vom anderen kommen können ... ich sagte mir oft, daß ich Georg sein *könnte*, alles, was Georg war, das bedeutete aber, daß nichts von Georg *aus* mir war ... Wie andere Studenten sich, wenn sie in die Hauptstadt geschickt sind, mit viel Schwung an deren Zerstreuungsmöglichkeiten erfreuen und erfrischen, blieb uns doch rätselhaft, uns beide begeisterte nichts, wir fanden an nichts Gefallen, der Geist der Hauptstadt war doch ein toter, ihre Vergnügungsapparatur uns zu primitiv.

Wir operierten von Anfang an, er wie ich, mit dem Scharfsinn, alles unterwarfen wir unserer in fast allen Fällen tödlichen Kritik; schließlich mißglückten unsere Ausbruchversuche, alles bedrückte uns, wir erkrankten, wir errichteten unser Kanalsystem. Wir hatten uns schon in den ersten Wochen aus dem schweigenden Größenwahn Wiens zurückgezogen, aus der Stadt, in der nun keine Geschichte, keine Kunst, keine Wissenschaft mehr war, in der nichts mehr war. Aber schon vor meiner Ankunft in Wien, noch in der Eisenbahn, war ich (wie auch er), waren wir beide, unabhängig voneinander, von einem uns nach und nach traurig machenden Fieber, einer Krankheit angegriffen gewesen, ich von einer in meinem Unterbewußtsein genauso wie im vollen Bewußtsein sich folgerichtig von allem Außen in mich herein vollziehenden *Verstörung zur Todesreizbarkeit* und, in einem der vielen finsteren unserer Schnellzugsabteile, die mit hoher Geschwindigkeit durch das Land gezogen werden, sitzend, in Wahrnehmung meiner selbst und in Wahrnehmung dessen, was mit mir auf immer zusammenhing, von dem ersten Selbstmordgedanken, Selbstmordgedankenansatz nach langer Zeit überrascht. Mit was für einer grauen und gegen mich ungemein strengen Trübsinnigkeit hatte ich auf einmal zwischen den Melker Hügeln vorliebnehmen müssen! Auf dieser Fahrt, die ich gegen meinen Willen zu fahren gezwungen gewesen war, hatte ich mir des öfteren meinen Tod gewünscht, diesen raschen, plötzlichen, schmerzlosen, von dem nur ein Bild der Ruhe zurückbleibt; vornehmlich in den gefährlichen Kurven, wie dort knapp an der Donau bei Ybbs. Die Anreise junger Menschen aus der Provinz in die Hauptstadt, um ein gefürchtetes Studium anzufangen, um ein Studium, das die meisten nicht wollen, geht fast immer unter den entsetzlichsten Umständen in Gehirn und Verstand und Gefühl des Betroffenen und Betrogenen und auf solche Weise Gefolterten vor sich. Das Selbstmorddenken der sich in der Dämmerung im Zug einer Höheren oder Hochschule oder Universität in der Hauptstadt furchtsam und in allen Fällen immer weniger kühn als vermutet Nähernden ist das Selbstverständlichste. Wie viele und nicht wenige, die ich gekannt habe und mit welchen ich aufgewachsen bin und die mir genannt worden sind, haben sich schon kurz nach der Verabschiedung von den Eltern auf dem heimatlichen Bahnhof aus dem fahrenden Zug gestürzt ... Was mich und was Georg betrifft, so haben wir uns gegenseitig niemals unsere Selbstmordperspektiven enthüllt, wir wußten nur voneinander, daß wir in ihnen zu Hause waren. Wir waren wie in unserem Zimmer und in unserem Kanalsystem, in unseren Selbstmordgedanken wie in einem höhern Spiel, einem der höheren Mathematik vergleichbaren, eingeschlossen. In diesem Höheren Selbstmordspiel ließen wir uns oft wochenlang völlig in Ruhe. Wir studierten und dachten an Selbstmord; wir lasen und dachten an Selbstmord; wir verkrochen uns und schliefen und träumten und dachten an Selbstmord. Wir fühlten uns in unserem Selbstmorddenken alleingelassen, ungestört, niemand kümmerte sich um uns. Es stand uns jederzeit frei, uns umzubringen, wir brachten uns aber nicht um. So fremd wir uns immer gewesen waren, es gab keine der vielen Hunderttausende von geruchlosen Menschengeheimnissen zwischen uns, nur das Naturgeheimnis *an sich*, von welchem wir wußten. Wie Strophen eines unendlichen gleichmäßig schwarzen Liedes waren uns Tage und Nächte.

Einerseits hatten die Seinigen schon von Anfang an gewußt, daß er für den väterlichen Kaufmannsberuf und also für die Übernahme des Geschäftes in der Anichstraße, das einen wie sie erforderte, nicht in Frage kam, andererseits hatten sie aber lange die Hoffnung nicht aufgegeben, es könnte aus Georg, dem Krüppel, doch noch über Nacht, möglicherweise von einem Ochsenziemerhieb auf den anderen, das werden, was sie von Anfang an in ihm haben wollten: der Nachfolger des jetzt schon in den Sechzigern stehenden Gemischtwarenhändlers! Schließlich aber hatten sie sich, wie auf Verabredung, hinter seinem, Georgs, Rükken, schon über Nacht, für immer, für seine ältere Schwester entschieden, und sie stopften von diesem Augenblick an, wie sie nur konnten, alles, was sie nur konnten, ihre ganzen Kaufmannskräfte und ihr ganzes Kaufmannswissen in die auf dicken Beinen den ganzen Tag wie ein schweres Vieh durch das Kaufmannshaus gehende Person hinein, in die dicke, blutunterlaufene, rustikale Irma; Sommer wie Winter in Puffärmeln, wuchs sie, die erst zwanzig und mit einem Metzgergehilfen aus Natters verlobt war, sich zu einer an den Waden ständig Eiter lassenden Säule des Kaufmannsgeschäfts aus. Im gleichen Augenblick, in welchem sie die Schwester zur Nachfolgerin ihres Vaters bestimmt hatten (wohl auch im Hinblick auf ihren Verlobten!), gestatteten sie Georg ein Studium. Sie hatten Angst gehabt, ihr Gesicht zu verlieren. Sie erlaubten ihm aber nicht, wie er es sich gewünscht hatte, in Innsbruck, wo er neben der Kaufmannslehre auch das Gymnasium besucht und mit gutem Erfolg absolviert hatte, oder im nahen München die Pharmazie zu studieren, sondern nur in dem von ihm und von ihnen allen immer schon gehaßten, weit im Osten liegenden Wien. Sie wollten ihn möglichst weit von sich weg haben, weg *wissen*, und die Hauptstadt lag wirklich am Ende der Welt, jeder junge Mensch heute weiß, was eine Verbannung dorthin bedeutet! Es hatte nichts genützt, daß er ihnen klarzumachen versucht hatte, daß Wien, die Hauptstadt, schon seit Jahrzehnten die rückständigste aller europäischen Universitätsstädte war; es gab nichts, das in Wien zu studieren zu empfehlen gewesen wäre; er mußte nach Wien, und er mußte, wollte er nicht um den niedrigsten aller mir bekannten Wechsel kommen, in Wien, der fürchterlichsten aller alten Städte Europas, bleiben. Eine *wie* alte und leblose Stadt, ein *wie* großer, von ganz Europa und von der ganzen Welt allein- und liegengelassener Friedhof ist Wien, dachten wir, was für ein riesiger Friedhof zerbröckelnder und vermodernder Kuriositäten!

Als ob er ich gewesen wäre, war mir immer in der letzten Zeit unseres Zusammenseins, besonders eindringlich gegen Jahresende, wenn er vor dem Einschlafen all das andeutete, von welchem wir gar nichts wußten ... Seine Unmöglichkeit, sich auch nur ein einziges Mal in seinem Leben verständlich zu machen, war auch die meinige ... Seine Kindheit, die ihm als eine unendliche, nicht tausendjährige, wie die des Dichters von *Moby Dick* erschienen war: der ununterbrochene vergebliche Versuch, das Vertrauen seiner Eltern und der anderen Menschen seiner Umgebung, wenigstens der unmittelbarsten, zu gewinnen. Er hatte niemals einen wirklichen Freund gehabt, aber wer weiß, was das ist, nur Menschen, die ihn verspotteten, insgeheim fürchteten, er war immer einer, der eines anderen oder mehrerer anderer Harmonie auf seine Weise, durch seine Verkrüppelung, störte, fortwährend störte er ... Wo er hinkam, wo er sich auch aufhalten mochte, er war ein häßlicher Farbflecken auf dem schönen beruhigenden Hintergrund ... Die Menschen waren (für ihn) nur dazu da, ihm Fallen zu stellen, gleich was oder wer sie waren, was sie darstellten, sich darzustellen getrauten, alles stellte ihm Fallen, es gab nichts, das ihm nicht eine Falle stellte, auch die Religion; schließlich war er auf einmal durch sein eigenes Gefühl verfinstert ... Sein Aufwachen war wohl auch ein solches in den Wahnsinn der Ausweglosigkeit hinein gewesen ... Er hatte mir auf einmal, der ich mich schon sicher gefühlt hatte, die Tür in meine Kinderzeit aufgerissen, mit der Brutalität der Kranken, Unterdrückten, Verzweifelten ... Jeden Morgen wachte er in der festverschlossenen Zelle eines neuen uralten Tages auf.

Während mir vor die düstere Szenerie meiner Kinderzeit immer wieder Gestalten, die durchaus als lustig, ja gar als übermütig erkennbar sind, liefen, geschah meinem Freund so etwas nie; es seien ihm immer furchteinflößende Geschehnisse sichtbar gewesen, wenn er in die Vergangenheit schaute, und was da gespielt worden sei und noch gespielt werde, sei noch furchteinflößender; er wolle deshalb, sagte er immer wieder, so wenig oft wie möglich in die Vergangenheit, die wie die Gegenwart und die Zukunft sei, die Gegenwart und Zukunft *sei*, schauen, überhaupt nicht schauen; aber das ging nicht; eine riesige eiskalte Bühne war seine Kindheit, war seine Jugend, war sein ganzes Leben gewesen, nur dazu da, um ihn zu erschrecken, und die Hauptrollen auf dieser Bühne spielten immer nur seine Eltern und seine Schwestern; sie erfanden immer wieder etwas Neues, das ihn verstören mußte. Manchmal weinte er, und wenn ich ihn fragte, warum, dann antwortete er: weil er den Vorhang der Bühne nicht zuziehen könne; er sei zu kraftlos dazu; immer weniger oft könne er den Vorhang der Bühne zuziehen, er fürchte sich davor, ihn eines Tages überhaupt nicht mehr zuziehen zu können; wo er hingehe, wo er sich befinde, in welchem Zustand immer, er müsse sein Schauspiel anschauen; die fürchterlichsten Szenen spielten immer wieder in seinem Innsbrucker Elternhaus, in dem Kaufmannshaus; Vater und Mutter als Triebkräfte seiner tödlichen Szenerie, er sehe und höre sie immer. Oft sagte er aus dem Schlaf heraus die Wörter »Vater« und »Mutter« und die Wörter »Ochsenziemer« und »Keller« oder ein von seinen Verfolgern schließlich zu Tode gejagtes »Nicht-nicht!«, das mit seinen vielen Züchtigungen zusammenhing. In der Frühe war sein Körper, sein bis in die der Natur verbotenen Keuschheit hinein verfeinerter, wenn auch verkrüppelter Körper (er hatte die Haut von todkranken Mädchen), naß, ein Fieber, das sich nicht messen ließ, schwächte ihn schon, bevor er noch aufgestanden war. Wir frühstückten meistens nicht, weil uns vor Essen und Trinken ekelte. Vor den Vorlesungen ekelte uns. Vor den Büchern ekelte uns. Die Welt war uns eine aus perverser tierischer und perverser philosophischer Pest und aus widerwärtiger Operette. Den letzten Februar war Georg gleichmäßig traurig und in seiner Traurigkeit immer allein gewesen. Er, der um ein Jahr Jüngere, mußte am Abend unter den uns beiden bekannten Voraussetzungen, unterstützt von Handbewegungen, Bewegungen seines Kopfes, unter allen von ihm gefürchteten Namen von verstorbenen oder von noch lebenden Geschöpfen und Gegenständen erschrocken sein. Die an ihn adressierten Briefe, wenige, enthielten wie die an mich nur Aufforderungen zur Besserung, nichts an Gutmütigkeit. Einmal hatte er das Wort »taktlos« ausgesprochen, er hatte gemeint, die Welt sei wenigstens taktlos. Wie anders hätten wir beide sein müssen, diesem Friedhof, der die Hauptstadt gewesen ist, der die Hauptstadt *ist*, den Rücken zu kehren. Wir waren zu schwach dazu. In der Hauptstadt ist jeder zu schwach dazu, sie zu verlassen. Als Letztes hatte er »Ein aussterbender Friedhof ist diese Stadt!« gesagt; nach dieser Äußerung, die mich nicht nachdenklich gemacht hat, zuerst, wie alle die andern von ihm in letzter Zeit, die sämtlich den gleichen Stellenwert hatten, war ich, es war der Vierzehnte, abends, halb elf, zu Bett gegangen. Als ich wach wurde, kurz vor zwei durch ein Geräusch, denn Georg hatte sich völlig ruhig verhalten, wohl aus dem einen Grund schon, mich unter keinen Umständen aufzuwecken (und jetzt weiß ich, wie qualvoll das für ihn gewesen sein muß), habe ich die entsetzliche Entdeckung gemacht, die Georgs Eltern jetzt als Verbrechen ihres Sohnes gegen sich selbst und als Verbrechen an seiner Familie bezeichnen. Schon um zehn des nächsten Vormittags war Georgs Vater aus Innsbruck in Wien angekommen und hatte von mir Aufklärung über den Vorfall verlangt. Als ich aus der Klinik, in welche Georg gebracht worden war, zurückgekommen war, befand sich Georgs Vater schon in unserem Zimmer, und ich wußte, auch wenn es wegen des schlechten Wetters noch finster gewesen war, es wurde an diesem Tag auch nicht mehr anders, daß der Mann, der da Georgs Sachen zusammenpackte, sein Vater war. Obwohl auch aus Innsbruck, hatte ich ihn noch niemals vorher gesehen. Wie sich aber meine Augen an die Finsternis gewöhnt hatten und auch die Finsternis auszunützen verstanden, und diese Schärfe meiner Augen werde ich niemals vergessen, sah ich, daß dieser Mensch, der einen schwarzen Überrock mit einem ausgeschlagenen Schafspelz anhatte, daß dieser Mensch, der den Eindruck erweckte, in Eile zu sein und alles von Georg auf einen Haufen zusammenwarf, um es fortzuschaffen, daß dieser Mensch und daß alles, was mit diesem Manne in Zusammenhang stand, an dem Unglück Georgs, an der Katastrophe die Schuld trug.

Am Ortler
Nachricht aus Gomagoi

Mitte Oktober machten wir uns von Gomagoi aus auf den
Weg zu der uns schon vor fünfunddreißig Jahren von unseren Eltern hinterlassenen Sennhütte, einer kleinen Weidewirtschaft aus Mauerwerk auf dem Scheibenboden unter
dem Ortlermassiv, unsere Absicht war gewesen, auf dem
Scheibenboden oben zwei, drei Jahre gemeinsam zu verbringen, ungestört und gänzlich allein mit unseren Erfahrungen und Ideen und mit den Gedanken an eine uns jetzt,
was mich betrifft, im achtundvierzigsten, was meinen Bruder betrifft, im einundfünfzigsten Jahre nichts mehr ange-
hende Welt beschäftigt. Die achtzehnhundert Meter hoch
gelegene Weidewirtschaft erschien uns in allem, was wir
über sie in Erfahrung gebracht oder noch in Erinnerung
hatten, als für unsere Zwecke, über die wir uns keinem
Menschen gegenüber äußerten, weil wir unser Vorhaben
absolut geheim und durch keinerlei Angaben darüber oder
durch vorlautes unüberlegtes Geschwätz in Gefahr bringen
und weil wir nicht für Narren gehalten werden wollten, am
allergeeignetsten. Ein, nicht der letzte Grund, geehrter
Herr, die Weidewirtschaft auf dem Scheibenboden zu reak-
tivieren, war der Gedanke an die außerordentliche Billig-
keit einer Existenz im menschen- und dadurch ablenkungs-
losen Hochgebirge gewesen. Gut ausgerüstet und mit für
wenigstens acht oder zehn Tage Proviant in unseren Rucksäcken (unsere Absicht war gewesen, den Besitz auf dem
Scheibenboden zuerst einmal im Hinblick auf unser Vorhaben: Einzug in die Sennhütte Anfang November, in rea-
listische Inspektion, auf seine Bewohnbarkeit hin in gründ-

lichen Augenschein zu nehmen) ließen wir gegen vier Uhr früh Gomagoi hinter uns, die Nacht war klar, wir brauchten die englischen Lampen nicht und kamen durch Schweigsamkeit und in dem einzigen fortgesetzten und faszinierenden und absolut fesselnden Gedanken, keine Engagements, keine Wissenschaft einerseits, unsere phantastische Unternehmung andererseits, rasch vorwärts. Es zeigte sich aber bald, geehrter Herr, daß wir, obwohl ausschließlich mit unserer Unternehmung beschäftigt, mit der Sennhütte auf dem Scheibenboden als Ziel, doch für doppelte Schweigsamkeit ungeeignet, plötzlich mit mehreren Bemerkungen betreffend ganz anderes, unsere Schweigsamkeit unterbrechen mußten und wir waren aufeinmal in eine merkwürdige, uns zuerst irritierende, uns dann aber bald vollkommen geläufige und uns nicht zuletzt ein verabscheuungswürdiges Vergnügen machende Unterhaltung hineingekommen über unseren Lebensgegenstand oder besser, Existenzgegenstand, geehrter Herr, die wegen ihres ganz eng mit der offensichtlich sich verschlimmernden Krankheit meines Bruders und mit der durch die Verschlimmerung der Krankheit meines Bruders hervorgerufenen Veränderung auch meiner Person zusammenhängenden bruchstückehaften Charakters, die wohl einer Analyse einer ganz andern als der meinigen Person bedarf, auch Ihr Interesse beanspruchen wird, waren Sie doch zeitlebens und nicht nur in Ihrer Eigenschaft als Agent, wie kein anderer Mensch mit meinem Bruder in Kontakt. Wir unterhielten uns, schon weit außerhalb Gomagoi plötzlich auf die folgende Weise: wenn du dein Kunststück gemacht hast, sagte ich zu meinem Bruder, der, wie Sie wissen, zeitlebens nichts anderes als Kunststücke gemacht hat, habe ich immer denken müssen, daß dein Kunststück ein lebensgefährliches Kunststück ist, umge-

kehrt hast du, wenn ich meine Arbeit (über die Luftschichten) gemacht habe, denken müssen, meine Arbeit sei le-
bensgefährlich. So hatten wir beide uns zeitlebens, während
du deine Kunststücke gemacht hast und während ich meine Arbeit (über die Luftschichten) gemacht habe, ständig
in Lebensgefahr befunden, sagte ich. Wir fragen uns aber
nicht, sagte er, wie wir zu unseren Kunststücken, wie wir zu
unserer Arbeit (über die Luftschichten) gekommen sind
und wie ich zu meinen Kunststücken (die auf dem Boden
und die auf dem Seil) und wie du zu deiner Arbeit (über die
Luftschichten) usf. Und wie wir unsere Kunststücke und
wie wir unsere Arbeit vervollkommnet haben usf., sagte er.
Zuerst habe er geglaubt, sein Kunststück werde ihm nicht
gelingen, überhaupt kein Kunststück, aber dann ist ihm das
Kunststück gelungen, wie ich geglaubt habe, meine Arbeit
(über die Luftschichten) werde mir nicht gelingen und die
mir dann doch gelungen ist. Immer: *ein anderes, ein komplizierteres Kunststück!* habe er denken müssen und es ist ihm
auch immer ein anderes, ein komplizierteres Kunststück
gelungen, wie mir immer wieder eine andere (und doch die
gleiche) und immer kompliziertere und immer wieder eine
noch viel kompliziertere Arbeit (und doch immer wieder
die gleiche über die Luftschichten) gelungen ist. Zuerst das
erste Kunststück, dann das zweite Kunststück, dann das
dritte, das vierte, das fünfte usf. Verdoppelung der Anstrengung auf das Kunststück habe ich immer wieder gedacht,
sagte er, Verdoppelung der Anstrengung auf die Arbeit
(über die Luftschichten) habe ich mir immer wieder gesagt,
dachte ich. Wir überquerten jetzt den Trafoier Bach. Ich
habe ganz einfach die Anstrengung verdoppelt und das
Kunststück ist mir gelungen, sagte er. Schließlich das komplizierteste Kunststück. Du hast gesehen, wie meine Kunst-

stücke immer komplizierter geworden sind, aber du hast mir das nicht gesagt, ihn nicht darauf aufmerksam machen, hast du gedacht, ihm meine Beobachtung vorenthalten, nichts verraten, wie ich dir nicht gesagt habe, daß ich beobachte, wie sich deine Arbeit über die Luftschichten kompliziert, und immer mit noch größerem Interesse, mit allergrößter Aufmerksamkeit, größter Angst usf., sagte er. Zuerst habe ich mir gedacht: *ein Kunststück!* und dann: *ein komplizierteres Kunststück!* und dann: *ein noch komplizierteres Kunststück!* und dann: *jetzt das komplizierteste Kunststück!* Vom Kopf aus, sagte er. Deine Arbeit, sagte er, hat sich mehr und mehr kompliziert, die Tausende, die Hunderttausende von Ziffern und Zahlen, sagte er, dadurch habe ich immer kompliziertere Kunststücke gemacht. Der Zusammenhang zwischen meiner Arbeit (über die Luftschichten) und seinen Kunststücken sei der größte. Das zu analysieren, sagte er, sei eines Tages eine Notwendigkeit und gerade die Zeit in der Sennhütte dafür die nützlichste. Wie wir ja in der Sennhütte nicht nur in Meditation und in nichts als immer nur in Meditation aufgehen könnten, sagte er, er wünsche doch sehr, daß wir in der Sennhütte verschiedene uns wichtig erscheinende Punkte unseres Denkens auf dem Papier konkretisierten. Wenn wir auch beschlossen haben, die Sennhütte auf dem Scheibenboden nicht für Schreibarbeit zu mißbrauchen, sagte er, ich habe doch Schreibpapier mitgenommen, selbstverständlich, sagte er. Durch das Studium, durch die ununterbrochene Beobachtung deiner Arbeit über die Luftschichten, sagte er, erreichte ich nach und nach und vor allem in meiner Zürcher Zeit, sagte er, gleichzeitig mit dir in dem Ausmaße, in welchem du dich in deiner Arbeit über die Luftschichten vervollkommnet hast, in meinen Kunststücken Vollkommenheit. Eine *gewisse* Vollkommenheit, sagte er, gleich darauf sagte er: rascher, gehen wir rascher, der Weg auf die Sennhütte ist der weiteste, der Aufstieg auf den Scheibenboden der schwierigste, beschwerlichste, ich erinnere mich. Durch bestimmte Arm- wie auch Bein- wie auch Kopfbewegungen und deren Kontrolle, durch diesen bestimmten vorwärtsschnellenden Körperrhythmus, sagte er, ist es möglich, noch rascher zu gehen, noch rascher vorwärts zu kommen, kommen wir noch schneller vorwärts. Diesen Satz hatte er ganz im Tonfall unseres Vaters gesagt, der den Satz alle Augenblicke während unserer frühen Ortleraufstiege zu uns, die wir diese Ortleraufstiege gehaßt haben, immer gesagt hatte, um uns anzutreiben. Wenn du mich nur eindringlich beobachtest, unablässig und eindringlich, sagte mein Bruder, habe ich immer gedacht und wenn ich dich immer genauso unablässig und eindringlich beobachte, wenn wir uns gegenseitig immer unablässig und eindringlich meine Kunststücke und deine Arbeit betreffend, der eine den andern unablässig und mit einer immer noch größeren, immer noch rücksichtsloseren Eindringlichkeit, beobachten, *was* er tut und *wie* er es tut, immerfort *was* und *wie*, bis an die Grenze der Verrücktheit, sagte er, dadurch schulten wir uns zeitlebens gegenseitig. Alles sei eine Frage der Beobachtungskunst und in der Beobachtungskunst eine Frage der Rücksichtslosigkeit der Beobachtungskunst und in der Rücksichtslosigkeit der Beobachtungskunst eine Frage der absoluten Geisteskonstitution. Weil wir schließlich an nichts als an unseren Kunststücken und an unserer Arbeit Interesse gehabt haben, sagte er, wodurch es uns in fürchterlicher Weise unmöglich gemacht worden ist, mit unserer Umwelt auszukommen, die uns dafür mit ihrem totalen Desinteresse bestrafte. Die Umwelt ignorierte uns einfach in dem Augenblick, in welchem wir an ihr keinerlei Interesse mehr hatten, sagte er, selbstverständlich. Diesen Zustand aushalten allerdings, meinte er, grenze an absolute Unerträglichkeit, andauernder Versuch oder die andauernde Versuchung oder der andauernde Wunsch zum Tode hin, sagte er, uns wie nichts vertraut. Wie gleichmäßig du immer *vor* und *nach* deinem Kunststück geatmet hast, sagte ich. Atmung ist das wichtigste, er. Wenn man die Atmung beherrscht, beherrscht man alles. In diese Schule gegangen zu sein, bereue er nicht, in die Atmungsschule, in die einzige von ihm anerkannte Schule, in die Atmungsschule. Kopf, Denken, Körper durch die Atmung beherrschen, sagte er und allein die Beherrschung der Atmung zu der schönsten aller Künste entwickeln. Zuerst hast du geglaubt, sagte ich, du beherrschst dein Kunststück nicht, weil du die Atmung nicht beherrscht hast, zuerst, du kannst dein Kunststück nicht, weil du nicht in dem Kunststück entsprechender Weise atmen kannst, wie man ja immer dem Kunststück, das man vorhat, entsprechend atmen können muß, der Arbeit, Geistesarbeit, die man vorhat, die man macht, entsprechend atmen können muß, sagte er, die Atmung ist alles, nichts ist so wichtig wie die Atmung, Körper und Gehirn allein aus der Atmung heraus, sagte er, zuerst, du kannst dein Kunststück nicht, weil du nicht dem Kunststück entsprechend atmen kannst, ich, dann, du kannst dem Kunststück entsprechend atmen, er, aber du kannst dein Kunststück nicht, das alles ein jahrelanger, ein jahrzehntelanger Prozeß, sagte er, und dann kannst du, weil du dem Kunststück entsprechend atmen kannst, dein Kunststück und kannst es nicht *vortragen!* Denn die Vortragskunst ist, alle Künste in allem, die allerschwierigste Kunst. Du beherrschst dein Kunststück, aber du kannst es nicht vortragen, nichts Deprimierenderes, keine größere Deprimation, kein grauenhafterer Zustand, sagte er. Daraus erklärt sich auch der Titel meiner kleinen Schrift *Kunststück und Vortragskunst*, ein Thema, das mich zeitlebens beschäftigt hat, wie du weißt und ein Thema, das nicht aufgehört hat, mich zu beschäftigen und ein Thema, das mich immer beschäftigen wird. Das allerheikelste Thema allerdings, sagte er, vor welchem sich nicht nur die sogenannte künstlerische Welt fürchtet. Und was für ein Thema sonst solle man angehen, sagte er, wenn nicht ein Thema, vor welchem sich die ganze Welt fürchtet. Er scheue nicht davor zurück, zu behaupten, das Thema der Vortragskunst in allen seinen Brechungen, sei das wichtigste Thema überhaupt. Denn was wäre beispielsweise mein Kunststück ohne meine Vortragskunst und was wäre beispielsweise die ganze Philosophie und was wäre die ganze Mathematik und die ganze Naturwissenschaft und die ganze Wissenschaft überhaupt und die ganze Menschlichkeit und die ganze Menschheit überhaupt ohne die Vortragskunst? sagte er. Immer setzte ich mit dieser Schrift an, an einem bestimmten, mich fesselnden Punkt, sagte er, setzte an und entwickelte sie und entwickelte sie bis zu dem Grade ihrer Vollkommenheit, welcher gleichzeitig der Grad ihrer Auflösung, ihres Zerfalls gewesen ist, sagte er. Auf diese Weise sind an die hundert Schriften zu diesem Thema entstanden, die erstaunlichsten, die merkwürdigsten, die unerhörtesten Folgerungen, sagte er. Freilich, ein paar Zettel existieren noch, ein paar Zettel, ein paar Themapartikel. Schriften, sagte er, sind ja im Grunde nur dazu da, vernichtet zu werden, selbst eine Schrift über die Vortragskunst, sagte er. Ursache aller Schriften, Zweifel über ihr Thema, du verstehst, alles anzweifeln, alles aus der Finsternis herausrecherchieren und anzweifeln und vernichten. Alles. Ohne Ausnahme. Schriften sind zu vernichtende Schriften. Die Schwierigkeit ist die, sagte er: alles immer *vom gleichen Kopf* aus, alles in dem Gedanken, *von einem Kopf* aus, *von einem Kopf* aus, *von einem Hirn* aus, dann auch: *mit einem einzigen, immer dem gleichen einzigen Körper*. Die Schwierigkeit, das Geistesprodukt oder das Körperprodukt, also mein Kunststück oder deine Arbeit, meine Körperkunst oder deine Geisteskunst (die meinige auf dem Boden und auf dem Seil) und die deinige über die Luftschichten, das Geistesprodukt oder das Körperprodukt, zu zeigen oder zu veröffentlichen, ohne augenblicklich Selbstmord machen zu müssen, diesen fürchterlichen Beschämungsprozeß durchzumachen, ohne sich umzubringen, etwas zu zeigen, das man ist, etwas zu veröffentlichen, das man ist, sagte er, durch die Hölle des Vortragens und durch die Hölle der Veröffentlichung durchzugehen, durch diese Hölle durchgehen zu können, durch diese Hölle des Vortragens und durch diese Hölle der Veröffentlichung gehen zu müssen, rücksichtslos durchzugehen durch diese fürchterlichsten aller Höllen. Wir erblickten die Payerhütte und mein Bruder sagte, obwohl er jetzt vollkommen erschöpft gewesen war: *nicht langsamer, nicht, weil wir aufwärts gehen, langsamer*. Dieser Vatersatz war von ihm immer beispiellos gut kopiert. *Nicht langsamer, weil wir aufwärts gehen, nicht langsamer, weil wir aufsteigen*. Dann auch noch: *scharfe Luft! scharfe Luft!* wie mein Vater. Du hast immer Angst vor deinem Kunststück gehabt, sagte ich. Angst *vor* dem Kunststück, Angst *nach* dem Kunststück. Keine Angst *während* des Kunststücks. Deine Kunststückeangst, sagte ich. Und du Angst vor deiner Arbeit, vor deinen Forschungsergebnissen. Immer Angst, sagte er. Deine Wissenschaftsangst und meine Kunststückeangst, sagte er. An dieser Äußerung hatte er Gefallen und er wiederholte sie zwei, drei Male, während wir wieder ruhiger atmeten und dadurch tatsächlich noch rascher vorwärts kamen, jetzt schon längere Zeit bergauf. Nicht *im* Kunststück, sagte er, nicht *im* Kunststück, Angst nicht *im* Kunststück. Aber deine Angst immer, deine Angst als ununterbrochene Angst, sagte er. Und ich: dafür hatte ich immer auch noch für dich Angst. Während deiner Kunststücke, sagte ich. Während ich mein Kunststück machte, sagte er, hatte ich nicht Angst, es plötzlich nicht zu beherrschen, weil ich nicht daran dachte, weil ich nicht daran denken konnte, ich machte mein Kunststück, während des Kunststückes hatte ich auch niemals Angst, aber *du* hattest immer Angst, wenn ich mein Kunststück machte. Daß es ihm aufeinmal nicht mehr möglich gewesen war, etwas anderes als seine Kunststücke zu machen, davon sprach er im Wald, wie ich darüber, von einem Augenblick auf den andern mit nichts anderem als mit meiner Arbeit völlig allein gewesen zu sein, mit den Luftschichten, sagte ich, mit nichts sonst. Und was das bedeutete, wozu ich den Ansatz zu einer längeren Studie zwar im Kopf, aber doch nicht *so* im Kopf hatte, daß ich die Studie hätte vortragen können, aus diesem Grund blieb es bei der Andeutung: und was das bedeutete. Augenblicklich war ich mir wieder der Tatsache bewußt gewesen, daß man nicht nur fortwährend üben muß, Gedanken zu haben und ganz einfach diese Gedanken üben muß, man muß auch fortwährend üben, diese Gedanken jederzeit aussprechen zu können, denn unausgesprochene Gedanken sind nichts. Für ihn zweifellos aus dem Zusammenhang, sagte ich plötzlich: unausgesprochene Gedanken sind nichts. Darauf sagte er, daß gerade die unausgesprochenen Gedanken die wichtigsten Gedanken

seien, die Geschichte beweise das. Denn die ausgesproche-
nen Gedanken seien in jedem Falle verwässerte Gedanken,
die unausgesprochenen, die wirkungsvollsten. Zugegeben
die verheerendsten, sagte er, aber darauf näher eingehen,
wolle er nicht, eine solche Thematik verbiete sich ihm. Der
Grund? Von hier aus, gab er zur Antwort, die keine Antwort war, sieht man die Königsspitze, wenn man sie sieht,
heute sieht man aber die Königsspitze nicht. Eine solche
Reaktion und ein solcher Satz von ihm charakterisieren ihn
besser als anderes. Weil sich aufeinmal alles in mir auf die
Kunststücke konzentrierte, wodurch ich den Großteil meines Lebens der verzweifeltste Mensch gewesen bin, sagte er.
Du existierst nur für deine Kunststücke und bist, genau genommen, deine Kunststücke, habe ich mir immer wieder
gesagt. Alles Kunststücke. Alles Kunststück. Die ganze Welt
Kunststück. Ich sagte: immer habe ich gedacht, wenn er
nur nicht abstürzt, wenn er nur nicht tödlich verunglückt
und wie viele Jahre habe ich das denken müssen, sagte ich
und du bist nicht abgestürzt, du bist nicht tödlich verunglückt. Jetzt gehen wir auf den Scheibenboden, sagte ich
und gehen zu der Sennhütte hinauf. Der Endpunkt, der
Augenblick ist immer der lächerlichste, sagte er. Daß wir
beschlossen haben, auf den Scheibenboden zu gehen, daß
wir beschlossen haben, die Sennhütte aufzusuchen, daß wir
überhaupt wieder nach Gomagoi zurückgegangen sind!,
sagte er. Wir telegrafierten, wir trafen uns in Gomagoi, wir
beschlossen eine Unterbrechung meiner Kunststücke, eine
Unterbrechung deiner Arbeit (über die Luftschichten), wir
hatten aufeinmal einen verrückten Plan und sind an die
Ausführung dieses verrückten Plans herangegangen und gehen an die Ausführung unseres Plans heran, wir steigen höher und höher, auf den Scheibenboden, hinauf zur Senn-

hütte, sagte er. Plötzliche Zustandsveränderung, sagte er. Das Bedürfnis, aufeinmal wieder, wie wenn darin alles zu beantworten wäre, in Abgeschiedenheit und Abgeschlossenheit zusammen zu sein, weil wir mehrere Jahrzehnte in unserem Zusammensein gestört gewesen waren, der Wille zu vollkommener Störungsfreiheit, noch dazu in frischer Luft, sagte ich, in höchster Höhe. Aufgegebene Wohnungen, aufgegebene Menschen, aufgegebene Städte, aufgegebene Vorhaben, alles aufgegeben. Das Kunststück war vorbei, wenn ich aufatmete, sagte ich. Und er: keine Angst, davor fürchte ich mich. Wenn du über die Luftschichten arbeitetest und ich dachte, er arbeitet über die Luftschichten und wenn ich mein Kunststück probierte und machte und du hast gedacht, er probiert, er macht sein Kunststück, sagte er, sind wir ruhig gewesen. Und wenn wir in ein Gasthaus hinein gingen, wie zum Pinggera, sagte er, aber jetzt gehen wir nicht zum Pinggera, jetzt nicht zum Pinggera, keinesfalls zum Pinggera und wir gingen am Pinggera vorbei, einerseits wäre ich gern zum Pinggera hinein gegangen, andererseits hätte ein so früher Gasthausbesuch auf mich und auf uns beide eine verheerende Wirkung gehabt, ein paar Gläser Schnaps, eine verheerende Wirkung in der Frühe, und wenn wir in ein Gasthaus wie zum Beispiel zum Pinggera hinein gingen, sagte mein Bruder, während wir am Pinggera vorbei gingen, und uns ist nach und nach warm geworden, hast du gesagt, *in die Ecke*, gleich: *in die Ecke*, deine Gewohnheit, sagte er, *keine Menschen im Rükken*, dein Wunsch. Erinnerst du dich? sagte er und der Pinggera war schon hinter uns, in den Wald hinein, in die Finsternis hinein, aufwärts, höher, höher. Einmal kurz stehen geblieben, sagte er: dein Experiment mit der Universität! Und ich: dein Experiment mit der Akademie! Dann weiter, noch rascher weiter, hatten sie uns anfangs behindert, jetzt behinderten uns unsere Rucksäcke nicht mehr. Und wenn du dir Schuhe kauftest, sagte er, fragtest du mich, ob du die Schuhe kaufen sollst. Sind es die richtigen Schuhe? fragtest du. Wenn du dir einen Rock kauftest, ist es der richtige Rock? Was für ein Wahnsinn, sagte er, auf die Universität zu gehn, er und ich: Unsinn, Zeitverschwendung, die Akademie. Unter den Krankheiten, die gefährlichsten, langwierigsten. Fortwährend Infektionen, sagte er. Fortwährende Körperanfälligkeit. Infektionen, sagte er. Einerseits die Krankheiten unserer Mutter, andererseits die Krankheiten unseres Vaters. Und dann Krankheiten, die Krankheiten unserer Mutter *und* unseres Vaters sind. Ganz neue, unerforschte Krankheiten. Immer von größtem Interesse für alle Ärzte. Monotonie. Antipathie. Sehr früh alleingelassen, zugrundegegangen, sagte ich. Kein Widerspruch. Und dann die Kunststücke und dann deine Wissenschaft und abwechselnd mehr Interesse an den Kunststücken und mehr Interesse an der Wissenschaft, aber immer intensiveres Interesse. Beispiellosigkeit. Wie wir aus unserem Alleingelassensein und aus unserer Angst unsere Kunststücke und unsere Wissenschaft gemacht haben. Keine Hilfe. Kein Zuspruch. Keine zufälligen Ovationen, sagte er. Unsere Bedürfnislosigkeit, die uns zuhilfe gekommen ist. Sonst nichts, sagte er. Und die Kunst, nicht daran zu denken. Deine Wörter, sagte er: Genauigkeit, mehr und mehr Genauigkeit, Unbestechlichkeit, Geistesschärfe. Meine Wörter: Effekte, Verfeinerungsmöglichkeiten, Zurschaustellung. Unser beider fortwährende Verachtung gegen die Umwelt. Abwehren, abweisen, schlußmachen, sagte er. Immer wieder: unter allen Umständen, bei jedem Wetter, unter allen Umständen. Erinnerst du dich? In Basel hatte ich

Angst, es gelingt nicht, in Wien hatte ich Angst, in Zürich, in Sankt Valentin. Angst, es gelingt nicht. Zuviel Menschen einmal, dann wieder zuwenig Menschen. Zuviel Aufmerksamkeit einmal, dann wieder: zuwenig Aufmerksamkeit. Zuviel Aufhebens, zuwenig Aufhebens, zuviel Ungeduld, zuviel Erfahrung. *Rascher, Kinder*, sagte er, *über den Suldenbach, rascher, Kinder, über den Suldenbach.* Ich höre noch unseren Vater. Wenn wir sagen, was wir denken, er war der rücksichtsloseste, es war etwas anderes. Warum hat er dich gerade immer im Pinggera geohrfeigt? sagte ich. *Rascher, Kinder, über den Suldenbach, rascher, Kinder, über den Suldenbach.* Ich höre noch meinen Vater. Der Vorzug, anstatt von ihm, von der Mutter geohrfeigt zu werden. Mein Bruder sagte: erst als sie beide tot waren, entwickelten wir uns nach unseren Fähigkeiten und nach unseren Bedürfnissen. Nach ihrem Tod getrauten wir uns aus eigener Willenskraft unsere eigene Existenz zu existieren, ohne Eltern waren wir frei. Keine Nachsichtigkeit, sagte er, keine Nachsichtigkeit. Keine Unwahrheit. Wie ich kränkelnd war und wie nach und nach nichts als nur noch Kräfteverfall in mir gewesen ist, sagte er. Unter dem Elterneinfluß, sagte er. Hörst du noch, sagte er, wie er sagt: *rascher, Kinder, über den Suldenbach, rascher, Kinder, über den Suldenbach?* Keine Unwahrheit. Keine Freisprechung. Ihrer beider Rücksichtslosigkeit und unser beider Verletzbarkeit, sagte er. Keine Freisprechung. Ihrer beider Niederträchtigkeit, sagte er. *Rascher, Kinder, über den Suldenbach.* Keine Nachsichtigkeit. Zur Strafe auf den Scheibenboden, sagte mein Bruder jetzt, zur Strafe zum Scheibenboden hinauf und zur Strafe vom Scheibenboden herunter und zur Strafe durchs Suldental und zur Strafe nach Gomagoi und zur Strafe nach Hause, alles zur Strafe. Unser Leben, zur Strafe. Unsere Kindheit, zur Strafe. Alles zur Strafe. Plötzlich der Tabarettakamm. Und dann weiter durch Wald. Erinnerst du dich? Bücher. Schriften. *Nieder*schriften. Eltern. Kindheit und alles weitere. Der Isolierungsprozeß. Verzweiflungsbruchstücke. Wie wir in Berlin in Hubertusmänteln auftraten. Erinnerst du dich? Zwanzig Jahre eine zu kleine Schuhgröße und einen zu großen Kopf. Das Problem ist immer ein unlösbares Problem gewesen. Aber weiter, vorwärts. Alles immer vor den Kopf gestoßen, wo wir hinkamen. Ich frage, niemand antwortet. Das falsche Instrument gelernt, die falsche Schrittkombination, eine vollkommen falsche Choreografie, sagte er. Zwei Jahre mit den gleichen ausgefransten Hosenfüßen in Dortmund auf der Straße. Wir erhofften uns Unterstützung. Keine Unterstützung. Wir erhofften uns Antwort. Keine Antwort. Keine Briefe. Nichts. Wuppertal, der Schmutz! sagte er. Zwei Jahre sagst du nichts, zwei Jahre. Zwei Jahre nebeneinander und kein Wort. Erinnerst du dich? Plötzlich sagst du das Wort KOPF. Totale Verfinsterung. *Die Katastrophe wird kommen*, sagst du, immer wieder, *die Katastrophe wird kommen*, fortwährend, *die Katastrophe muß kommen*. Erinnerst du dich? Liebschaften, aber nicht ungeduldig, gleich vorüber, nichts. Zuerst gehen die Schuhe aus dem Leim, dann geht der Kopf aus dem Leim, fällt auseinander, bricht dir ruckweise. Du hörst zuerst nicht, wie dir der Kopf auseinander bricht, sagte er, ruckweise bricht dir der Kopf auseinander, du hörst es nicht. Schlaflosigkeit und Übelkeit wechseln ab. Verschiedene sinnlose Reisen, zwecklose Eingaben, mehrere Ausbruchsversuche. An Rückkehr nicht zu denken. An Gomagoi nicht. Unbefugnis, sagte er. Erinnerst du dich? Dein Rednertalent, meine politische Schwindsucht, dein Fanatismus, meine politische Unbrauchbarkeit. Erinnerst du dich? Mehrere Male sagte er jetzt: erinnerst du dich? Aufkommen revolutionärer Umtriebe. Unsere Meinungsverschiedenheit. Dann, zurückgezogen in die mauracchersche Villa bei Schruns nichts als Zeitungen, nurmehr noch Zeitungen. Alles nurmehr noch aus den Zeitungen, das ganze Leben, alles nurmehr noch aus Zeitungen, tagtäglich Haufen von Zeitungen. Erinnerst du dich? Plötzlich weißt du dein Geburtsdatum wieder. Bildung, *Ein*bildung, verstehst du, sagte er. Wenn wir kein Absolutes Gehör hätten! sagte er. Jeden Tag sage ich mir, ich habe ein Absolutes Gehör, jeden Tag, ich habe ein Absolutes Gehör, ich habe ein Absolutes Gehör, ich habe ein Absolutes Gehör! Meine Kunststücke nichts als musikalische Kunststücke. Musik. Aber dann auch: unser Absolutes Gehör hat uns *umgebracht*. Dann Straßenkehre *Unter*thurn, nicht *Ober*thurn, nicht, wie mit den Eltern, Straßenkehre *Ober*thurn, sondern Straßenkehre *Unter*thurn. Zuerst ist es das auseinandergebrochene Instrument, sagte mein Bruder, dann ist es der auseinandergebrochene Kopf. Erinnerst du dich? Wenn wir nicht so viel Geduld hätten! Das sagte ich oft: wenn wir nicht so viel Geduld hätten! Und diese hohe Kunst, das zu sagen, sagte er. Erinnerst du dich? Vor Einbrechern Angst, vor Zeitungen, Menschenansammlungen. Ertrinken zu müssen, abzustürzen. Wenn ich dich an der Hand über den Suldenbach geführt habe, sagte ich, deine ununterbrochene Lebensüberdrüssigkeit. In deinem ganzen Körper. Ununterbrochen das Wort *Anachronismus* auf weißes Papier, das Wort *Komplott*. Erinnerst du dich? Den Satz: *wir gehen gern mit unseren Eltern auf den Ortler* eintausendmal auf weißes Papier. Erinnerst du dich? Das Wort *Gehorsam* zweitausendmal. Weil wir die Menschen fürchteten, so viele Menschen. Weil wir die Eltern fürchteten, immer mit den Eltern zusammen. Weil wir die Städte haßten, in die Städte.

Weil wir den Ortler haßten, auf den Ortler. Weil ich Kunststücke haßte, Kunststücke, weil du die Wissenschaft haßt, Wissenschaft. Über die Luftschichten, sagte er, weil du alles, was mit den Luftschichten zusammenhängt, haßt. Geschriebenes, sagte er. Müdigkeit schließlich, nichts als Müdigkeit und die Angst vor fahrplanmäßigen Zügen. Geistesangst. Und äußerste Schonungslosigkeit, äußerste Schonungslosigkeit, sagte er. Aufeinmal nurmehr noch kaltes Wasser, Ursache deiner Rückenschmerzen. Deine angezogenen Beine im Bett, sagte er, krampfhaft angezogen. *Wenn meine Existenz über mein Interesse an meiner Existenz hinaus dauert, bin ich in der Differenz nichts als tot.* Immer wieder: einen Brief! Nein, keinen Brief! Einen Brief! Nein, keinen Brief! Erinnerst du dich? Äußere Ruhe, innere Unruhe, innere Ruhe nie. In gleichen Kleidungsstücken auch nach dem Tod unserer Eltern, weil wir das immer gehaßt haben, in unseren gleichen, schwarzen Hosen, gleichen schwarzen Röcken, mit unseren gleichen schwarzen Hüten auf dem Kopf. Mit unseren *Schlapp*hüten, sagte er. Und in den gleichen Schuhen immer. Wenn ich an mein Kunststück denke, sagte er, kein Gedanke an Essen. Wenn du arbeitest, kein Gedanke an Essen. Dann, bei dem Gasthaus Laganda: die Natur einatmen, plötzlich wieder die Natur einatmen in vollen Zügen und die Wissenschaft ausatmen, alles ausatmen, alles. Den Unrat ausatmen. Alle Vorfälle immer wieder klassische Vorfälle. Erinnerst du dich? Das Leben mit den Jahren und mit der Zuverlässigkeit der Wissenschaft in den Jahren zur Sterbensgewohnheit machen. Erinnerst du dich? Denken ist der Tod, sagte er, dann: aus Verlassenheit geglaubt, unter Menschen gehen zu müssen, Kunststücke machen zu müssen, Wissenschaft treiben zu müssen. Aus Verlassenheit Sprichwörter. Aus Verlassenheit

Unzurechnungsfähigkeit. Und immer wieder aus Verlassenheit in Verlassenheit. Aus Überdruß an Komplizierung Vereinfachung, aus Überdruß an Vereinfachung Komplizierung. Verfeinerung, weil wir Vergröberung hassen; Vergröberung, weil wir Verfeinerung hassen. *Exaktheit*, sagte er. Naturgemäß immer der Verdacht auf Verrücktheit, sagte er. Mit ihrer Methode der Vereinfachung glaubten sie, an uns heranzukommen, aber nichts! Dadurch, durch alles, entfernten sie sich von uns mit den Jahren mehr und mehr, *wir* hatten uns ja nicht zurückgezogen, sagte er, *wir* nicht, *sie* entfernten sich, das ist ein Unterschied, das ist die Tatsache, die sie uns jetzt vorwerfen. Aber wir liefern uns nicht mehr aus, wir geben nicht mehr Anlaß zur Auslieferung unserer Person, unseres Kopfes, unserer Existenz. Wir lassen sie nicht mehr an uns herankommen. Leben als Gewohnheit, Wachsamkeit als Gewohnheit, nichts weiter. In Wahrheit haben mich meine Kunststücke längst umgebracht, wie dich deine Arbeit (über die Luftschichten) längst umgebracht hat, sagte mein Bruder. *Eines* dieser Kunststücke, das schwierigste, sagte er. *Einer* deiner Wissenschaftspunkte, wer weiß, welcher. Weil man aus Interesse an Kunststücken nicht damit aufhören kann, sagte er. Weil man nicht schlußmachen kann. Es ist das vollkommenste, das *mich* umgebracht hat, es ist der konzentrierteste Gedanke, der *dich* umgebracht hat, sagte er. Das Kunststück lebt, der es macht, ist tot, sagte er. Sie kennen seine Redeweise und ich brauche Sie nicht auf ihre Besonderheiten aufmerksam machen. Und Sie sind mit meiner Redeweise vertraut und das heißt, wie ich zuhöre. Wie ich mich an die Redeweise meines Bruders gewöhnt habe, weil ich mich an die Krankheit meines Bruders gewöhnt habe, weil mir seine Krankheit bis in die unscheinbarsten Einzelheiten hinein vertraut ist.

Und wie Sie wissen, bin ich zeitlebens auf die Krankheit meines Bruders konzentriert gewesen, habe mich größtenteils, über die längsten Strecken meiner Existenz im Hinblick auf die Krankheit meines Bruders aufgegeben, alles zurückgestellt, was mich betrifft, alles immer im Vordergrund, was ihn betrifft. Alles immer nur aus unserem Zusammenleben, nichts aus mir, nichts durch mich, alles aus uns, durch uns. Wahrscheinlich wird mein Bruder nicht mehr auftreten, ich wünsche, er tritt nicht mehr auf, er bleibt in Gomagoi. Alles deutet darauf hin, daß er nicht mehr auftreten wird, wahrscheinlich haben Sie in letzter Zeit, ohne daß ich Sie darauf hinweisen muß, feststellen können, daß mein Bruder in der Kunst, seine Kunststücke vorzutragen, nachgelassen hat, es sind ja schon längst nicht mehr die vollkommenen Kunststücke, die er früher gezeigt hat. Es sind längst nicht mehr die Kunststücke, die uns verblüfft haben. Seine Kunststücke sind nicht fehlerhaft, aber sie sind nicht mehr die Kunststücke, die vollkommen sind. Das vollkommene Kunststück ist ihm schon lange Zeit nicht mehr möglich, Fortschreiten seiner Krankheit, denke ich, Zweifel, nicht nur an seiner Kunst, müssen Sie denken. Und die Unmöglichkeit, diese ungeheure Anstrengung, die wir an ihm gewohnt sind, fortzusetzen. Über so lange Zeit hat mein Bruder die allerhöchste Anstrengung, eine noch viel höhere Anstrengung, als für seine Kunst erforderlich gewesen wäre, gemacht, aber jetzt hat er in dieser Anstrengung nachgelassen. Er gibt nicht auf, denke ich, aber er hat in seiner Kunst nachgelassen. Und so wünsche ich, in seinem eigenen, wie in meinem, wie in Ihrem, wie im allgemeinen Interesse, daß er nicht mehr auftreten wird, daß wir eine Zeitlang, ich denke nicht, zwei, drei Jahre, daß er ganz einfach einige Zeit in Gomagoi bleiben wird, warum nicht in der Sennhütte auf dem Scheibenboden, davon später. Unser Aufstieg verlangsamte sich dann doch. Tatsächlich beherrschten wir ja die Ökonomie solcher Aufstiege wie auf den Scheibenboden, die die höchste und die sorgfältigste Ökonomie erforderten, nicht. Wir waren für Aufstiege wie auf den Ortler, wie auf den Scheibenboden, wie überhaupt Unternehmungen suldentalaufwärts, nicht geeignet. Unsere Schritte verlangsamten sich, wahrscheinlich Ursache auch unseres Gesprächs, das kein Gespräch gewesen ist. Aber niemals sentimentalistisch, muß ich sagen, wenn es auch den Anschein hat, dadurch unterschieden wir uns von allen andern uns bekannten ähnlichen Charakteren ähnlichen Alters, daß wir das sentimentalistische ablehnten, nur, manchmal erscheint, was wir andeuteten sentimentalistisch, ist es aber nicht, das war es nicht. Das Wort *Kindheit*, wie andere immer schon weit zurückliegende Wörter bewirkt diese Vorstellung. Wieviel Landschaft! Wieviel Geisteskrankheit!, sagte er plötzlich. Wenn ich glaube, es ist genug, kommt wieder Landschaft zum Vorschein. Das ist das fürchterliche, daß immer wieder Landschaft zum Vorschein kommt. Wieder: wieviel Landschaft! Dann: es nützt nichts, zu behaupten, man sei tot. *Weiter! Weiter!* sagte er im Vatertonfall. Und: *höher! Höher!* im Vatertonfall. Sie kennen seine Nachmachkunst, Stimmen betreffend. Bei dem Gasthaus Laganda sagte er: wir gehen aber nicht in das Laganda, in das Laganda nicht. Zuviel Erinnerung, sagte er. Warum Kunststücke? fragte er plötzlich. Warum Kunststücke? Keine Frage, sagte er. Zuerst genügt es, die Zunge herauszustrecken, sagte er. Einen Kopfstand machen. Aufeinmal genügt es nicht mehr, die Zunge herauszustrecken und einen Kopfstand zu machen. Unaufhörliche Geistesarbeit und unaufhörliche Körperarbeit, sagte er. Das Problem ist das fürchterliche. Die verkehrt aufgesetzte Haube, sie genügt nicht mehr, der linke Schuh am rechten Fuß, umgekehrt der rechte Schuh am linken Fuß. Zweifel. Unerträglichkeit. *Ein anderes* Kunststück, *ein komplizierteres* Kunststück, sagte er. Das Problem ist, immer die gleichen und doch immer andere Kunststücke, immer die gleiche und doch immer eine andere Arbeit. Mit der Verfeinerung Verfeinerung der Verzweiflung, sagte er. Unerfüllbare Forderungen. Unerfüllbare Verträge. Die Schwierigkeit ist, in der sich mehr und mehr verfinsternden Finsternis immer noch mehr zu sehen, besser zu sehen, mehr zu sehen, alles zu sehen. Unerträglichen Schmerz nicht als unerträglichen Schmerz empfinden. Vordenkopfstoßen nicht als Vordenkopfstoßen. Nicht in das Laganda hinein, sagte er, weil er glaubte, ich wolle in das Laganda hinein, tatsächlich sind wir mit unseren Eltern immer in das Laganda hinein gegangen. Wir gingen aber vor allem aus der Vermutung, das Laganda habe sich in der Zwischenzeit zweier oder gar dreier Jahrzehnte nicht geändert, nicht in das Laganda hinein. *Höher! Höher!* sagte mein Bruder, Sie kennen seine Stimme, Sie kennen die Art und Weise, wie er spricht. Obwohl die Luft dünner wird, die immer dünner werdende Luft nicht als immer dünner werdende Luft empfinden, sagte er. Die Methode ist denkbar einfach: es ist alles anders. Und wenn wir unsere Kragen aufschlagen, sagte er plötzlich, friert uns nicht mehr so in den Hinterköpfen. Es war uns aber überhaupt nicht kalt, im Gegenteil, beide waren wir durch den raschen Aufstieg erhitzt. Keine Mitgliedschaft. Nichts. Keine Kirche. Nichts, sagte er. Aber zu lange Abgeschlossenheit, sagte er plötzlich, ist tödlich. Zu lange menschenlos, tödlich, sagte er. Die Sennhütte tödlich, sagte er. Immer wieder Übungen, nichts als Übungen. Über dem Rosimbach sagte er: an dieser Stelle wollte ich nicht mehr weiter. Erinnerst du dich? Wir waren beide erschöpft. Nasse Schuhe, nasse Füße, Erschöpfungszustand. Die Angst vor dem Scheibenboden, sagte er, erinnerst du dich? Aber die Eltern waren die unbarmherzigsten. Keine Lüge, sagte er, keine Lüge, keine Rücksicht. *Weiter! Weiter!* sagte er im Vatertonfall, dann: *weiter! Weiter!* im Tonfall der Mutter. *Weiter Buben! Weiter!* Hörst du? sagte er, die Eltern kommandieren uns, die Eltern kommandieren uns wieder zutode. Wie wir uns fürchteten, nicht mehr weiter zu kommen, sagte er. Erinnerst du dich? Aus Angst vor Strafe weiter. *Hinauf auf die Felsbrocken!* kommandierten sie. *Hinauf auf den Scheibenboden! Zur Sennhütte hinauf!* Erinnerst du dich? Der Vater drehte sich um und kontrollierte uns. Wir wußten, was das bedeutete, mehr als hundert Schritte hinter unserem Vater zurückzubleiben. Die Dreitageeinsperrung. Erinnerst du dich? sagte mein Bruder. Die Kopfstücke. Erinnerst du dich? Bei Razoi war uns alles bekannt, Baum, Bach, alles. Auch unter veränderten Luftverhältnissen und dadurch Bodenverhältnissen, geehrter Herr, mehr und mehr Einzelheiten, die uns bekannt waren, unauffällige Gegenstände, Wurzeln, Gestein, unverändert. Und mit diesen Gegenständen, mit diesem Wurzelwerk, Gestein zusammenhängende Züchtigungsandrohungen unserer Eltern. Gehorsam, sagte mein Bruder. Schon wenn wir durch Gampenhofen gingen, Angst vor plötzlicher Schwäche, Furcht vor Züchtigung. Unsere Schwächeanfälle, sagte er, unter dem Ortler, Geistesschädigungen als Folge der Ortleraufstiege. Der Vater, berggeübt, rücksichtslos, in die Berge vernarrt. Die Mutter untertänig. Aber schon damals Kunststücke, Schliche, sagte mein Bruder. Durch das Suldental bedeutete Schlimmeres als Unterdrückung. Ihre große Gehgeschwindigkeit, sagte er und unsere Hinfälligkeit. Erinnerst du dich? Und auf immer höhere Berge, auf immer unzugänglichere Gipfel. Erinnerst du dich? *Alles eine Frage der richtigen Atemzüge*, so unser Vater. Anmarsch und Aufmarsch und Abmarsch in die Erschöpfung. Unser Haß gegen Rucksäcke und gegen alles *in* den Rucksäcken. Unser Bergschuhehaß, sagte er. Wir hassen Rucksäcke und gehen mit Rucksäcken auf den Scheibenboden, sagte er. Wir hassen den Ortler und gehen auf den Ortler. Wir hassen was wir tun, sagte er. Der Grund, warum plötzlich, noch dazu in der finstersten Jahreszeit, auf den Ortler, war uns aufeinmal doch wieder *un*klar. Unsere Eltern hatten uns die Sennhütte auf dem Scheibenboden hinterlassen, aber aus Haß gegen den Ortler und gegen den Scheibenboden und aus Haß gegen die Sennhütte und aus Haß gegen alles, was mit dem Ortler und mit dem Scheibenboden und mit der Sennhütte zusammenhängt, waren wir über zwei, wenn nicht gar drei Jahrzehnte nicht mehr durchs Suldental und hatten wir, weil wir jahrzehntelang in der Welt, nicht mehr in Gomagoi gewesen waren, überhaupt nicht mehr an die Sennhütte gedacht gehabt, waren wir nicht auf den Scheibenboden zur Sennhütte hinauf. Und jetzt stiegen wir auf den Scheibenboden. Aus einem *uns selber immer zweifelhafter* erscheinenden Grund aufeinmal, wie wir am Ende des Suldentals waren, war der Grund, weshalb auf den Scheibenboden, zweifelhaft. Wir redeten aber nicht darüber. Wir stiegen höher und höher und redeten nicht darüber. Wir dachten, wir zweifeln, aber wir sprachen nicht aus, daß wir zweifelten. Wir mochten beide gedacht haben: plötzlich hatten wir, in Gomagoi unten, wo wir uns aus Erschöpfung durch unsere, wie Sie wissen, sehr verschiedenen Professionen im Gasthaus Martell nur ein paar Tage aufhalten wollten, *nur ein paar Tage, dann wieder zurück, nur ein paar Tage, dann wieder weg aus Gomagoi*, tatsächlich, geehrter Herr, glaubten wir noch zwei Tage vorher, nur auf ein paar Tage in Gomagoi zu sein, dann plötzlich: *längere Zeit auf dem Scheibenboden, zwei, drei Jahre in der Sennhütte*, während aufeinmal wieder alles in Zweifel gezogen war, also, geehrter Herr, glaubten wir am Vorabend an die Dauerhaftigkeit unseres Entschlusses, daß wir auf zwei, drei Jahre in die Sennhütte auf dem Scheibenboden gehn werden, so plötzlich alles anders, am Vorabend noch der Einfall, sofort in der Frühe durchs Suldental in die Höhe, zu Inspektionszwecken hinauf zur Sennhütte in der Absicht, zwei, drei Jahre auf dem Scheibenboden oben zu bleiben, wir waren dieser plötzlichen Idee völlig verfallen gewesen, nicht, wie Sie denken werden, allein mein Bruder, wir beide, wir hatten nicht schlafen können und hatten nur an den Ortler gedacht, was wir vorhatten und dem Einfall am Abend war der Aufstieg am frühen Morgen gefolgt, eine mehr als zweifelhafte Skizzierung, werden Sie denken, und wie lächerlich muß Ihnen erscheinen, was Sie möglicherweise schon übermorgen durch die Post zugestellt bekommen, aber die Wahrheit ist folgende: plötzlich hatten wir, nach einem mehrere Stunden dauernden Hinundhergehen durch Gomagoi, die Vorstellung gehabt, die Sennhütte auf dem Scheibenboden unter dem Ortler könnte für unsere Zwekke nützlich sein: *für einige Zeit*, ich wiederhole, *für zwei, drei Jahre* nützlich. Und dann waren uns aufeinmal in Zweidrittelhöhe, Zweifel gekommen. Wir dachten aber aufeinmal, daß diese Zweifel mit unserer Aufstiegserschöpfung zusammenhängen und hatten plötzlich wieder *keinerlei* Zweifel. Und mit noch viel größerer Intensität stiegen wir höher. Wir hatten nurmehr noch eine gute Stunde. In dieser Zeit sagte mein Bruder folgendes, von mir jetzt, wenn auch nicht wörtlich, so *beinahe wörtlich* protokolliert: wir gehen nicht zum Laganda (zu dem schon erwähnten Gasthaus) hinunter, weil wir nicht daran denken, zum Laganda hinunter zu gehn, wie wir nicht nach Sulden hinein gehn, weil wir nicht daran denken, nach Sulden hinein zu gehn, oder, wir denken, wir gehn zum Laganda hinunter und gehn nicht zum Laganda hinunter und denken, wir gehen nach Sulden hinein usf. und gehn nicht nach Sulden hinein, wir sagen nicht, gehn wir zum Laganda hinunter, obwohl wir denken, wir gehn zum Laganda hinunter, sagen wir nicht, gehn wir nach Sulden hinein usf., wir hören, wir denken, wir gehen nach Sulden hinein, wir wissen, wir gehen nicht zum Laganda hinunter, weil wir wissen, daß wir nicht zum Laganda hinunter gehn usf., daß wir zum Laganda hinunter gehn, ist uns möglich, wie uns möglich ist, nach Sulden hinein zu gehn, aber wir gehn nicht zum Laganda hinunter, wir gehn nicht nach Sulden hinein usf. Wir denken an unser Gehen wie an unser Denken, während wir denken, wir gehen zum Laganda hinunter, wir gehen nicht nach Sulden hinein, weil wir wünschen, nicht nach Sulden hinein zu gehn, nicht zum Laganda hinunter usf., obwohl wir nicht zum Laganda hinunter und nicht nach Sulden hinein gehn, gleichzeitig, wir gehn nicht zum Laganda hinunter, gehen nicht nach Sulden hinein usf., während wir gehen, während wir denken, während wir denken, wir gehen nicht zum Langanda hinunter, nicht nach Sulden hinein. Wir gehn mit unseren Beinen und denken mit unseren Köpfen, während wir nicht nach Sulden hinein und nicht zum Laganda hinunter gehn usf., wenn wir plötzlich keine Beine, aufeinmal keinen Kopf mehr hätten, sagte er, und plötzlich nicht mehr gehen könnten, weil wir keine Beine mehr haben, aber beide haben wir noch unseren Kopf usf. Wenn wir unsere Willensanstrengung verdoppeln, sagte er, noch einmal unsere Willensanstrengung verdoppeln und noch einmal zur äußersten Willensanstrengung machen, usf. Ich wünschte, wir wären schon auf dem Scheibenboden! in der Sennhütte!, geehrter Herr. Mein Bruder sagte in der auch Ihnen vertrauten Redeweise, nur mit noch viel größerer Atemlosigkeit dann: vielleicht ist uns, auch unter diesen Umständen, in dieser Höhe, möglich, unsere Schritte zu vergrößern, dadurch kommen wir noch rascher vorwärts, unsere Schritte zu vergrößern, ohne unsere Geschwindigkeit zu vergrößern zuerst, oder die Geschwindigkeit zu vergrößern, ohne die Schritte zu vergrößern usf.; entweder wir vergrößern die Schritte, oder wir vergrößern die Geschwindigkeit. Entweder du vergrößerst deine Schritte, sagte er und nicht die Geschwindigkeit, während ich die Geschwindigkeit, nicht aber meine Schritte vergrößere, oder umgekehrt oder umgekehrt, damit wir zusammen bleiben, nebeneinander, sagte er. Es ist die Überlegung, sagte er, zuerst die Schritte zu vergrößern, nicht aber die Geschwindigkeit, oder zuerst die Geschwindigkeit zu vergrößern, nicht aber die Schritte. Oder beide *gleichzeitig* die Schritte oder beide *gleichzeitig* die Geschwindigkeit oder beide *gleichzeitig* Geschwindigkeit *und* Schritte. Von dem Zeitpunkt, in welchem uns klar gewesen ist: alles vom Kopf aus!, immer größere Abgeschlossenheit, immer größere Kälte. Erinnerst du dich? fragte er. Ich erinnere mich nicht, sagte ich. Immer eine andere Methode, immer andere Menschen, immer andere Schauplätze, immer andere Verhältnisse. Erinnerst du dich? Ich erinnere mich nicht, sagte ich. Die Schule schwänzen. Geschichtsabscheu, sagte er. Wenn uns die großen Zusammenhänge klar gewesen sind und nicht das einzelne und nicht der einzelne und das einzelne und der einzelne und nicht die großen Zusammenhänge. Aus der Kälte keine Wärme machen, sagte er. Die Geistesanstrengung verdoppeln. Die Schritte vergrößern und die Geistesanstrengung verdoppeln. Keine Zuneigung, nichts. Keine Fragen, nichts. Keine Papiere, nichts. Keine Geldsummen, keine Verträge, nichts. Und dann: wenn wir noch weiter gehen, als bis jetzt, wo wir glauben, am weitesten gegangen zu sein und unsere Anstrengung noch einmal zur alleräußersten Anstrengung machen und wieder, wie wir das schon so oft gemacht haben, mindestens eine Verdoppelung unserer Willenskraft herbeiführen, worunter wir, wie wir wissen, zuerst eine Verdoppelung unseres unmittelbaren Geistesvermögens und also eine Verdoppelung der Ursachenenergien unseres Kopfes verstehen usf., können wir damit rechnen, weiter zu kommen usf. und dadurch gleichzeitig eine Verdoppelung unserer Willenskraft herbeiführen, worunter wir usf. Fähigkeiten, die wir schon früh als unsere Fähigkeiten erkannt haben usf., ohne ununterbrochen in der Unterdrückung unserer Fähigkeiten existieren zu müssen usf. Angst haben allein davor, Angst zu haben usf., dadurch, daß wir mit immer größerer Willensanstrengung gehen und mit immer noch größerer Willensanstrengung denken und während des Gehens uns nicht fragen, warum und wie und wohin *in Wirklichkeit* und während des Denkens nicht *warum*, weil wir einfach gehen und einfach denken usf., gehen und denken, was, wie wir wissen, im Laufe unseres Lebens unsere Gewohnheit geworden ist usf. Plötzlich, geehrter Herr: daß wir Angst haben vor der Leere unseres Kopfes und vor der durch die Leere unseres Kopfes hervorgerufenen Leere der Landschaft, vor der Überempfindlichkeit unseres Kopfes, daß wir nicht wissen, wodurch wir denken und wodurch wir gehen, ob wir die Geschwindigkeit unseres Gehens und unseres Denkens vergrößern oder verlangsamen sollen, abbrechen, sagte er. Plötzlich sagte er mehrere Male *abbrechen, abbrechen, abbrechen*. Weil wir nicht wissen, *wie*, wenn wir gehen, wir über das Gehen denken, *wie*, wenn wir denken, über das Denken, wie, wenn wir denken, über das Gehen usf.; wie wir über die Beherrschung unserer Kunst überhaupt nichts wissen. Wovon wir uns aber nicht zu reden getrauen. Darauf, geehrter Herr, nichts. Wir waren jetzt bei der Sennhütte angelangt, geehrter Herr, aber von der Sennhütte war nichts als ein Haufen ungeordneter Steine übrig. Kein Schutzmittel, nichts. Steine und unter den Steinen das Fundament der Sennhütte. Alles zerfallen, alles. Notdürftig richtete ich uns einen Platz aus Mauersteinen und Holztrümmern her, denn ich wollte nicht, daß wir umkommen. Den gleichen Tag wieder abzusteigen, waren wir zu erschöpft gewesen, aber den andern Tag gelang uns, das Suldental zu erreichen. Im Gasthaus Laganda konnte ich für meinen Bruder eine Bettstelle finden, während ich zuerst nach Sulden, dann nach Gomagoi gehen mußte, um Hilfe zu holen. Seit heute früh befindet sich mein Bruder in dem Innsbrucker Vorort Büchsenhausen in einer Anstalt. Ich glaube nicht, daß er jemals wieder auftreten wird.

Die Romane: Die Orte

Frost

Weng ist der düsterste Ort, den ich jemals gesehen habe. Viel düsterer als in der Beschreibung des Assistenten. Der ·Doktor Strauch hatte ihn angedeutet, wie man ein gefährliches Wegstück andeutet, das ein Freund zu gehen hat. Alles, was der Assistent gesagt hat, waren Andeutungen. Unsichtbare Stricke, mit denen er mich von Sekunde zu Sekunde fester an den Auftrag fesselte, den er mir gegeben hatte, erzeugten eine schier unerträgliche Spannung zwischen ihm und mir, der ich die Argumente, die er in mich hineintrieb, rücksichtslos, wie in mein Hirn hineingetriebene Nägel empfand. Er vermied es aber, mich zu irritieren. Beschränkte sich auf die von mir streng einzuhaltenden Punkte. Tatsächlich erschreckt mich diese Gegend, noch mehr die Ortschaft, die von ganz kleinen, ausgewachsenen Menschen bevölkert ist, die man ruhig schwachsinnig nennen kann. Nicht größer als ein Meter vierzig im Durchschnitt, torkeln sie zwischen Mauerritzen und Gängen, im Rausch erzeugt. Sie scheinen typisch zu sein für das Tal.

Weng liegt hoch oben, aber noch immer wie tief unten in einer Schlucht. Über die Felswände zu kommen ist unmöglich. Allein die Bahn unten schafft einen Ausweg. Es ist eine Landschaft, die, weil von solcher Häßlichkeit, Charakter hat, mehr als schöne Landschaften, die keinen Charakter haben. Alle haben sie da versoffene, bis zum hohen C hinaufgeschliffene Kinderstimmen, mit denen sie, wenn man an ihnen vorbeigeht, in einen hineinstechen. Zustechen. Aus Schatten zustechen, muß ich sagen, denn in Wahrheit habe ich bis jetzt nur Schatten von Menschen gesehen, Menschenschatten, in Ärmlichkeit und in wie tobsüchtig zitternder Schwüle. Und diese Stimmen, die aus diesen Schatten zustechen, haben mich zuerst verwirrt, zum Weiterhetzen gezwungen. Diese Wahrnehmungen machte ich aber trotzdem ziemlich nüchtern, sie zersetzten mich nicht. Eigentlich war mir nur alles lästig, weil grenzenlos unbequem. Noch dazu mußte ich meinen Pappkoffer schleppen, in dem der Inhalt kreuz und quer durcheinanderpolterte. Den Weg von der Bahnstation unten, wo die Industrie ist und wo das große Kraftwerk gebaut wird, hinauf nach Weng kann man nur zu Fuß hinter sich bringen. Fünf Kilometer, die man nicht abkürzen kann, jedenfalls nicht in dieser Jahreszeit. Überall bellende, heulende Hunde. Ich kann mir vorstellen, daß auf die Dauer Menschen verrückt werden, die ununterbrochen Wahrnehmungen machen, wie ich sie bis jetzt auf dem Weg nach Weng herauf und in Weng gemacht habe, wenn sie sich nicht durch Arbeit oder Vergnügen oder andere dementsprechende Tätigkeiten ablenken, wie Huren oder Beten oder Saufen oder alle diese Tätigkeiten gleichzeitig. Was zieht einen Menschen wie den Maler Strauch in eine solche Gegend, und zu dieser Zeit in eine solche Gegend, die ihm ja fortwährend ins Gesicht schlagen muß?

Amras

Nach dem Selbstmord unserer Eltern waren wir zweiein-
halb Monate in dem Turm eingesperrt, in dem Wahrzei-
chen unseres Vorortes Amras, das nur durch den großen, in
südlicher Richtung hinauf an das Urgestein führenden Apfelgarten, vor Jahren noch ein Besitztum unseres Vaters,
zugänglich ist.

Der unserem Onkel gehörende Turm ist uns in diesen zwei-
einhalb Monaten eine vor dem Zugriff der Menschen
schützende, vor den Blicken der immer nur aus dem Bösen
handelnden und begreifenden Welt bewahrende und ver-
bergende Zuflucht gewesen.

Nur dem Einfluß unseres Onkels, des Bruders unserer
Mutter, verdankten wir, daß wir, gegen die grobe Tiroler
Gesundheitsvorschrift, die im Selbstmord Entdeckten, zu
qualvollem Weiterleben Verurteilten und dadurch Entstell-
ten betreffend, nicht in die Irrenanstalt hineindirigiert und
nicht wie so viele das Schicksal der *in ihr erst* Zerrütteten
und Zerschlagenen aus dem Oberinntal und vom Karwen-
del und aus den Brennerdörfern auf die mir bekannte entsetzliche Weise zu teilen hatten.

Unsere Familienverschwörung war von einem Imster Ge-
schäftsmann und Gläubiger unseres Vaters zwei Stunden zu
früh entdeckt und publik gemacht worden: wir waren, zum
Unterschied von den Eltern, noch immer nicht tot gewesen ...

... sofort und, wie unser Onkel uns nicht verschwiegen hat,
völlig nackt, in zwei Roßdecken und in ein Hundsfell ge-
wickelt, waren wir noch in der gleichen Nacht und *in noch
bewußtlosem Zustand*, um den Gesundheitsbehörden zu-

vorzukommen, in einem von unserem Onkel geschickten schnellen Wagen aus dem Innsbrucker Vaterhause nach Amras und dadurch in Sicherheit, in den Hintergrund von Beschuldigung und Geschwätz und Verleumdung und Infamie gebracht worden … Wir hatten, wie unsere Eltern, unseren Selbstmord gewünscht und ihn untereinander abgesprochen … und am Dritten von einer Verschiebung, wie wir sie im Laufe des Winters öfter im letzten Augenblick und jedesmal wieder durch Einwände unserer Mutter zu akzeptieren gezwungen waren, überhaupt nichts mehr wissen wollen …

Hinter unseren Eltern zurückgeblieben, von ihnen allein gelassen, lagen wir, Walter und ich, in den uns von allen Seiten nur in Bruchstücken schamvoll beschriebenen, dadurch so dunkel gebliebenen Tagen kurz auf die Selbstmordnacht, schon von den ersten Augenblicken im Turm an, die ganze Zeit auf den wohl für uns in aller Eile frisch überzogenen Strohsäcken auf dem mittleren Boden des Turms, zuerst besinnungslos, späterhin schweigend und horchend und danach, oft den Atem anhaltend, vom Ende der ersten Woche an, immer nur auf und ab gehend, mit nichts als mit unserer völlig verfinsterten, hintergangenen noch nicht zwanzigjährigen jungen Natur beschäftigt … Der Turm war uns aus der Kindheit wie kein andres Tiroler Gebäude vertraut, kein Kerker … auf der oberen wie auf der unteren Treppe gehorchten wir ständig, tappend und frierend, in unseren aus den Himmelsrichtungen bodenlos impulsiv zerstörten Gedanken, unserem heillosen, wenn auch höhern Geschwisterstumpfsinn … Unsere Wachsamkeit drückte auf unser Gemüt und beschränkte unseren Verstand … Wir schauten nicht aus den Fenstern hinaus, wir hörten aber genug Geräusche, um Angst zu haben …

Unsere Köpfe waren, streckten wir sie ins Freie, der Bösartigkeit der Föhnstürme ausgesetzt; in den Luftmassen konnten wir kaum mehr atmen … Es war Anfang März … Wir hörten viele Vögel und wußten nicht, *was* für Vögel … Das Sillwasser stürzte vor uns in die Tiefe und trennte uns lärmend von Innsbruck, der Vaterstadt, und dadurch von der uns so unerträglich gewordenen Welt … In den von unserem Onkel, noch während wir ohnmächtig, wahrscheinlich vollkommen weg und besinnungslos – tödlich gewesen waren, mit großem Bedacht ausgewählten, aus der Herrengasse nach Amras heraufgeschafften, uns beiden gehörenden Büchern und Schriften, meinen, Walter unverständlichen naturwissenschaftlichen, Walters mir unverständlichen musikalischen, blätternd, über die eigene und über die fremde, die allgemeine, uns wahnsinnig machende *große* Geschichte, sinnierend, über die Millionen von Schneestürmen von Entwicklungen – schon immer liebten wir, was uns schwer-, verabscheuten wir, was uns leichtfiel – immer tiefer in unsere tobenden Köpfe zurückgezogen, stopften wir unseren Turm mit Trauer aus.

Das Kalkwerk

Während er selbst das Sickinger Kalkwerk als den einzigen ihm noch möglichen Ort bezeichnete, sagt Wieser, sei ihm, Konrad, Sicking in Wahrheit nach und nach und in den letzten beiden Jahren, so Fro, mit geradezu bösartiger Schnelligkeit zum Verhängnis, im Grunde ihm selber auf das tödlichste bewußt zu einer einzigen deprimierenden Niederlage geworden, Wieser sagt auf seine Art ganz pathetisch: zur Tragödie. Während er, Konrad, schon sehr früh alles versucht habe und auch alles getan habe, in den Besitz des Kalkwerks zu kommen, das zwar immer schon in der Familie der Konrad, aber durch Erbschliche, wie Konrad einmal Fro anvertraut haben soll, zwischen den beiden Weltkriegen in die Hände von Konrads Neffen Hörhager gespielt worden sei, das Kalkwerk käuflich zu erwerben, war an die drei oder gar vier Jahrzehnte Konrads Wunschtraum gewesen, der sich, das muß gesagt werden, meinte Fro, immer schwieriger, aber dann auf einmal doch über Nacht, wie Wieser meint, verwirklichen habe lassen, Konrad habe schon in der Kindheit an der Vorstellung gearbeitet, sich einmal im Kalkwerk niederzulassen, meint Fro, von frühester Jugend an habe er den Plan, einmal in das Kalkwerk einziehen und in ihm hausen zu können, verfolgt, Besitz zu ergreifen von dem alten Mauerwerk, den Rest des Lebens in der, wie Konrad selbst einmal zu Fro gesagt haben soll, absoluten Isolierung von Sicking auf seine ihm mehr und mehr zur Notwendigkeit gewordene intensive Art und vor allem immer von seinem ihm tatsächlich noch immer vollkommen gehorchenden Kopfe aus zu verbrauchen, habe er sich schon früh vorgenommen, aber der unaufhörlich von seinem Neffen Hörhager in die Höhe getriebene Kaufpreis und das fortwährende Ja und Nein des Neffen, den Verkauf des Kalkwerks an Konrad betreffend, die ihn, Konrad, geradezu sadistisch anmutende fortwährende Willensänderung des Neffen, der alle Augenblicke einmal zusicherte, das Kalkwerk zu verkaufen, dann aber wieder plötzlich von einem Verkauf an Konrad nichts wissen wollte, der immer wieder drohte, er werde wohl das Kalkwerk verkaufen, aber nicht an Konrad, dann wieder versprach, das Kalkwerk nur an Konrad zu verkaufen, der an einem Tag Konrad die Zusicherung gab, das Kalkwerk zu verkaufen, am nächsten diese Zusicherung wieder zurückzog oder von einer solchen an Konrad gegebenen Zusicherung auf einmal immer wieder nichts mehr wissen wollte, dieses ständige Verkaufenwollen und Nichtverkaufenwollen, die unaufhörliche, in Wahrheit durch nichts gerechtfertigte Preishinauftreibung (Fro), von Tag zu Tag hatte das Kalkwerk einen höheren, immer einen immer noch höheren Preis, zermürbten Konrad, aber er wäre nicht er selbst gewesen, wenn er nicht gegen und vor allem gegen alle diese, wie er gesagt haben soll, unmenschlichen Widerstände schließlich doch in den Besitz des Kalkwerks gekommen und in das Kalkwerk eingezogen wäre. Während man aber also ruhig sagen kann, meint Wieser, daß Konrad jahrzehntelang alles getan habe, um schließlich und endlich in den Besitz des Kalkwerks zu kommen und mit immer rücksichtsloserer Schärfe diesen Plan vorangetrieben und verfolgt und eines Tages tatsächlich verwirklicht habe, habe seine Frau, die, und das hängt mit ihrer Verkrüppelung und Unbeweglichkeit zusammen, solange sie im Kalkwerk gelebt hat, außer dem Höller, dem Bäcker, dem Rauchfangkehrer, dem Friseur, dem Gemeindearzt und der Stör-

schneiderin kein Mensch je zu Gesicht bekommen hat, die
Konrad, von welcher gesagt wird, daß sie zwar verkrüppelt,
aber von großer Schönheit gewesen sei, habe also die Konrad alles versucht und auch alles getan, um nicht in das
Kalkwerk gehen zu müssen, er, ihr Mann, meint Wieser,
habe naturgemäß immer nur an seine Studie gedacht, für
die ihm immer das Kalkwerk als ein ideales erschienen war,
sie aber befürchtete schon zu der Zeit, in welcher ihr Mann
die ersten, damals von ihr kaum noch ernstgenommenen
Gedanken an das Kalkwerk, wie sie später immer wieder
gesagt habe, regelmäßig, ja mit einer in der Folge zuneh-
menden leidenschaftlichen Gewohnheit, gehabt habe, daß
ihr ja schon genug trauriges Leben mit der Verwirklichung
des Vorhabens ihres Mannes, ins Kalkwerk einzuziehen, in
eine mehr oder weniger fürchterliche Existenz einmünden
werde, was sich auch, wie man heute weiß, bewahrheitet
hat; sie hat nach Toblach, in ihren Elternort und in ihr Elternhaus, zurückgehen wollen, aber nach Toblach zurückgehen hätte für ihn nichts anderes als die endgültige Aufgabe seiner Studie und also auch seines Existenzzweckes und
in der Folge auch für seine Frau, in Wahrheit Konrads
Halbschwester, nichts anderes als die totale mutwillige Exi-
stenzvernichtung noch dazu im Ausland bedeutet, denn die
Abhängigkeit seiner Frau von ihm war die vollkommenste,
die man sich vorstellen kann, sagt Wieser, und es habe in
jedem Falle immer nur eine tödliche Wirkung, aus Verzweiflung und Ratlosigkeit und letzter Lebensanstrengung
und also aus doppelter Verzweiflung und doppelter Ratlosigkeit, weil man ganz einfach keinen anderen Ausweg
mehr weiß und weil man weiß, daß es ganz einfach keinen
Ausweg mehr gibt, keinen Ausweg mehr geben kann,
schließlich das Elternhaus im Elternort und in der Eltern-

landschaft wieder aufzusuchen, den sogenannten Rettungsort. Tatsächlich wäre seiner Frau immer Toblach als der alleridealste Rettungsort unter allen anderen Rettungsorten
im Gedächtnis gewesen, das alleridealste Toblach fortwährend im Gegensatz zu dem für sie furchtbaren Sicking, das
sie fürchtete. Aber gerade nach Sicking sind die beiden gegangen, er, sagt Fro, habe sich durchgesetzt, sie habe das
Kalkwerk immer gehaßt, sie habe immer alles versucht, ihn
von der Idee, in das Kalkwerk zu gehn, abzubringen, seinen
Neffen Hörhager habe sie zuerst zu überreden versucht, das
Kalkwerk nicht oder jedenfalls nicht an Konrad zu verkaufen, dann habe sie den Neffen Konrads zu bestechen versucht, habe dem Neffen, sagt Fro, sogar eine sechsstellige
Summe angeboten, für den Fall, daß er das Kalkwerk nicht
an Konrad, sondern an einen andern verkauft, schließlich
habe sie dem Hörhager gedroht, ihn abwechselnd erpreßt
und gewarnt und ihm gedroht, aber das alles habe nichts
genützt, sagt Fro, Konrad habe sich durchgesetzt, wie er
sich immer und in jedem Falle immer durchgesetzt habe,
wie Fro sagt. Und die fünfeinhalb Jahre, die die Konrad in
Sicking waren, hätten ihm, Konrad, nach Aussage Wiesers,
bewiesen, daß seine Entscheidung und seine Rücksichtslosigkeit, aus der für ihn schon jahrzehntelang nutzlosen und
reizlosen, wie ihm immer vorgekommen sei, ständig als eine völlig geschichtsfeindliche, auf der Stelle tretenden Welt
heraus, seiner Studie und dadurch ihrer beider Existenz zuliebe in das Kalkwerk zu gehen, und zwar in kein von ihnen
nur gemietetes, sondern von ihnen rechtmäßig gekauftes,
denn Hörhager habe Konrad ja angeboten, ihm das Kalkwerk, wie üblich, auf zwölf oder gar auf vierundzwanzig
Jahre zu vermieten, was Konrad immer strikt abgelehnt habe, wie Wieser sagt, weil das gänzlich seiner Natur entspre-

che, daß also seine Entscheidung und seine Rücksichtslosigkeit die richtige Entscheidung und die richtige Rücksichtslosigkeit gewesen wären. Ab und zu, habe Konrad zu Fro gesagt, wären in den ersten Sickinger Jahren im Kopf seiner Frau noch recht oft das Wort und der Begriff Toblach aufgetaucht, immer nur das Wort Toblach, sagt Fro, niemals Tobiacco, dieser Kindheitsbegriff sei ihr oft stundenlang durch den Kopf und schließlich durch ihr Zimmer und in der Folge immer auch durch das ganze Kalkwerk gegeistert, aber immer weniger oft, soll Konrad zu Fro gesagt haben. Auf dem sogenannten Kaltmarkt soll Konrad noch vor einem Jahr zu Wieser gesagt haben, daß es den Anschein habe, als tauchte Toblach jetzt auf einmal nicht mehr auf, der Begriff Toblach spiele auf einmal keine Rolle mehr, seine Frau habe Toblach aufgegeben, wie ihm scheine, indem sie Toblach aufgegeben habe, sich selber aufgegeben, er bemerke das. Sie sei immer gegen Sicking gewesen, habe Konrad zu Fro gesagt, immer gegen das Kalkwerk und also auch schon immer gegen ihn selbst, gegen seine Studie, also, konsequent zu Ende gedacht, auch gegen sich selbst. Toblach hätte sie von den allerersten Gedanken an Sicking gegen Sicking in die Debatte gebracht. Schließlich sei sie aus Gewohnheit gegen das Kalkwerk gewesen, aus Gewohnheit gegen seine Studie, von Natur aus also gegen seine Studie, gegen *Das Gehör*. Auf einmal existierte Toblach ganz einfach nicht mehr, soll Konrad gesagt haben, und: man muß das wissen, meine Frau hat ja nie etwas anderes außer Toblach gehabt, und sie habe im Grunde auch heute nichts außer Toblach. Natürlich sei Sicking ein Kerker, sagte Konrad zu Fro, und es mache ja auch von außen schon den Eindruck eines Kerkers, eines Arbeitshauses, einer Strafanstalt, eines Zuchthauses, dieser Eindruck sei durch

Jahrhunderte verdeckt gewesen, habe Konrad gesagt, von Geschmacklosigkeiten verdeckt gewesen, er aber habe diesen Eindruck wieder voll zum Vorschein kommen lassen, zu rücksichtslosem Vorschein. Diesen Eindruck verstärkten vor allem die Fenstergitter, die er sofort, wie er das Kalkwerk gekauft gehabt hat, in die dicken Mauern hineinmauern habe lassen, diese Zweckmäßigkeitsgitter, wie Konrad sich ausgedrückt haben soll, die Ziergitter habe ich herausgerissen und die Zweckmäßigkeitsgitter hineinmauern lassen, habe Konrad gesagt, die dicken Mauern und die in den dicken Mauern verankerten Gitter weisen sofort auf einen Kerker hin. Die Schnörkel, die, bevor er das Kalkwerk gekauft habe, da und dort am ganzen Kalkwerk gewesen wären, Kennzeichen zweier geschmackloser Jahrhunderte, habe er, so Konrad zu Wieser, entfernen lassen, alle Schnörkel sofort, zu einem Großteil habe er diese Schnörkel mit seinen eigenen Händen aus den Wänden heraus- und von den Wänden heruntergerissen, herausgebrochen und herausgeschlagen und herausgerissen und heruntergeschlagen und heruntergebrochen und heruntergerissen und er habe alle diese heraus- und heruntergeschlagenen und -gebrochenen und heraus- und heruntergerissenen Schnörkel durch keine neuen Schnörkel ersetzt. Das Kalkwerk sei vollkommen frei von Zierat, habe Konrad zu Fro gesagt. Und auch die Wege, habe er gesagt, die zum Kalkwerk führen, und tatsächlich führe ja, wie man gleich sehen könne, nur ein einziger steiniger Weg zum Kalkwerk, habe er grob aufgeschottert. Alles vereinfacht. Ihm sei es darum gegangen, den Urzustand des Kalkwerks wiederherzustellen, ohne Rücksicht auf Meinungen.

Korrektur
Die höllersche Dachkammer

Nach einer anfänglich leichten, durch Verschleppung und Verschlampung aber plötzlich zu einer schweren gewordenen Lungenentzündung, die meinen ganzen Körper in Mitleidenschaft gezogen und die mich nicht weniger als drei Monate in dem bei meinem Heimatort gelegenen, auf dem Gebiete der sogenannten Inneren Krankheiten berühmten Welser Spital festgehalten hatte, war ich, nicht *Ende Oktober*, wie mir von den Ärzten angeraten, sondern schon *Anfang Oktober*, wie ich unbedingt wollte und in sogenannter Eigenverantwortung, einer Einladung des sogenannten Tierpräparators Höller im Aurachtal Folge leistend, gleich in das Aurachtal und in das Höllerhaus, ohne Umweg nach Stocket zu meinen Eltern, *gleich* in die sogenannte höllersche Dachkammer, um den mir nach dem Selbstmord meines Freundes Roithamer, der auch mit dem Tierpräparator Höller befreundet gewesen war, durch eine sogenannte letztwillige Verfügung zugefallenen, aus Tausenden von Roithamer beschriebenen Zetteln, aber auch aus dem umfangreichen Manuskript mit dem Titel *Über Altensam und alles, das mit Altensam zusammenhängt, unter besonderer Berücksichtigung des Kegels*, zusammengesetzten Nachlaß zu sichten, möglicherweise auch gleich zu ordnen. Die Atmosphäre im Höllerhaus war noch ganz unter dem Eindruck vor allem der Umstände des Selbstmordes Roithamers gestanden und schien gleich bei meiner Ankunft meinem Vorhaben, mich im Höllerhaus, genauer, in der höllerschen Dachkammer mit den mir von Roithamer überlassenen Schriften zu beschäftigen, dieses Schriftmate-

rial zu sichten und zu ordnen, nützlich, ich hatte aufeinmal
den Gedanken gehabt, mich nicht nur mit dem Nachlaß
Roithamers zu beschäftigen, sondern auch gleich über diese
Beschäftigung zu schreiben, was hier angefangen ist, dazu
war mir der Umstand, daß ich ohne Vorbehalte des Höller
gleich in die höllersche Dachkammer einziehen habe können, günstig gewesen, ich sollte, obwohl sich im Höllerhaus
noch andere Räumlichkeiten für meinen Zweck angeboten
hatten, ganz bewußt in jene genau viermalfünf Meter große, von Roithamer immer geliebte und vor allem in seiner
letzten Lebenszeit ihm für seine Zwecke ideale höllersche
Dachkammer einziehen, auf wielange, sei dem Höller
gleich, in jene Dachkammer in dem von dem eigenwilligen
Höller gegen alle Regeln der Vernunft und der Baukunst
gerade an der Aurachengstelle gebauten Hause, die von
Höller wie für Roithamers Zwecke konstruiert und gebaut
worden war, in welcher sich Roithamer, der sechzehn Jahre
mit mir in England gewesen war, in den letzten Jahren beinahe ununterbrochen aufgehalten hatte und schon vorher,
vor allem während der Bauzeit des Kegels für seine Schwester im Kobernaußerwald, wenigstens immer zweckent-
sprechend genächtigt hatte, denn während der ganzen Bauzeit des Kegels hatte er nicht mehr in Altensam, wo er zuhause gewesen war, genächtigt, immer nur, weil diese für
ihn in jeder Beziehung die ideale gewesen war in den letzten Jahren, in der höllerschen Dachkammer, er, Roithamer,
war in den letzten Jahren nie von England aus direkt nach
Altensam, immer gleich in die höllersche Dachkammer gegangen, in dem Einfachen (Höllerhaus) sich zu stärken für
das Komplizierte (Kegel), hatte er nicht mehr von England
aus, wo wir beide, jeder in seiner Wissenschaft und für sich,
immer in Cambridge gewesen waren in den letzten Jahren,

direkt nach Altensam gehen dürfen, er mußte direkt in die höllersche Dachkammer gehen, befolgte er diese ihm zur liebsten Gewohnheit gewordene Regel nicht, war ihm der Besuch in Altensam gleich von Anfang der fürchterlichste, er konnte es sich gar nicht erlauben, von England aus gleich nach Altensam und in alles, das mit Altensam zusammenhängt, hineinzugehen, er hatte mehrere Male den Umweg über das Höllerhaus *nicht* gemacht, aus Zeitgründen, wie er selbst zugegeben hat, das war ein Fehler gewesen, die letzten Jahre experimentierte er nicht mehr in der Weise, daß er ohne das höllersche Haus und den Höller und die Höllerschen aufzusuchen, nach Altensam ging, er ging niemals mehr ohne zuerst den Höller und die Höllerschen im höllerschen Hause aufzusuchen, ohne vorher in der höllerschen Dachkammer Quartier zu nehmen, sich zwei oder drei Tage einer nur in der höllerschen Dachkammer möglichen, ihn nicht schädigenden, sondern stärkenden Lektüre zu widmen, in der höllerschen Dachkammer die Bücher und die Schriften zu lesen, die zu lesen ihm weder in England, noch in Altensam möglich gewesen war, das zu denken und zu schreiben, was zu denken und zu schreiben ihm weder in England, noch in Altensam möglich gewesen war, *hier hatte ich Hegel entdeckt*, sagte er immer wieder, hier hatte ich mich zum erstenmal wirklich mit Schopenhauer beschäftigt, hier hatte ich zum erstenmal die Wahlverwandtschaften und die Empfindsame Reise bei klarem Bewußtsein störungsfrei lesen können, hier, in der höllerschen Dachkammer hatte ich plötzlich Zugang zu jenen Gedanken gefunden, die mir die ganzen *Jahrzehnte vor der Dachkammer* versperrt gewesen waren und tatsächlich, wie er schreibt, zu den wesentlichsten Gedanken, zu den für mich wichtigsten, ja lebensnotwendigsten Gedanken, hier in der höllerschen Dachkammer, schreibt er, ist mir alles möglich gewesen, was mir außerhalb der höllerschen Dachkammer immer unmöglich gewesen war, meinen Geistesgaben nachzugeben und dadurch meine Geistesfähigkeiten zu entwickeln und meine Arbeit vorwärts zu bringen, denn war ich außerhalb der höllerschen Dachkammer immer gehindert gewesen, meine Geistesfähigkeiten zu entwickeln, so konnte ich sie in der folgerichtigsten Weise in der höllerschen Dachkammer entwickeln, alles in der höllerschen Dachkammer ist meinem Denken entgegengekommen, in der höllerschen Dachkammer durfte ich mir immer alle Möglichkeiten meines Geistesvermögens erlauben und ich war aufeinmal in der höllerschen Dachkammer immer von der Unterdrückung der Außenwelt gegen meinen Kopf und gegen mein Denken und also gegen meine ganze Konstitution ausgenommen, das Unglaublichste war in der höllerschen Dachkammer aufeinmal nicht mehr unglaublich, das Unmöglichste (Denken!) nicht mehr unmöglich. Es waren die für sein Denken notwendigen und ihm förderlichsten Verhältnisse, die er immer in der höllerschen Dachkammer vorgefunden hatte, um den Mechanismus seines Denkens ungeniert und vollkommen störungsfrei in Gang zu setzen, mußte er, von wo auch immer, nur in die höllersche Dachkammer gehen und dieser Mechanismus funktionierte. War ich in England, so er, dachte ich immerfort nur daran und immer und gleich in was für einer Geistesverfassung, wäre ich doch in der höllerschen Dachkammer, immer an den Endpunkten seines Denkens wie seines Fühlens, wenn ich nur in der höllerschen Dachkammer wäre, andererseits war ihm klar, daß die höllersche Dachkammer für immer aufzusuchen nicht gleichbedeutend war, für immer frei und ungestört denken zu können, tatsächlich hätte der, wie er sagt, unendliche Aufenthalt in der höllerschen Dachkammer, wenn ein solcher unendlicher Aufenthalt in der höllerschen Dachkammer überhaupt möglich gewesen wäre, zu nichts anderem geführt, als in seine vollkommene Vernichtung, bleibe ich länger als notwendig in der höllerschen Dachkammer, so er, gehe ich in der kürzesten Zeit zugrunde, dann höre ich ganz auf, war sein Gedanke gewesen, weshalb er sich immer *nur eine bestimmte, von ihm selbst nicht vorhersehbare, aber doch genau bemessene Zeit* in der höllerschen Dachkammer aufgehalten hatte, die ideale Zeit für den Aufenthalt in der höllerschen Dachkammer muß ihm die Zeit von vierzehn oder fünfzehn Tagen gewesen sein, wie aus seinen Aufzeichnungen hervorgeht, immer wieder nur vierzehn oder fünfzehn Tage, am vierzehnten oder fünfzehnten Tag, so Höller, habe Roithamer immer blitzartig zusammengepackt und sei nach Altensam, aber oft nicht, um dann längere Zeit in Altensam zu bleiben, sondern nur die kürzeste Zeit, wie er ja immer nur die kürzeste, die notwendigste Zeit in Altensam geblieben ist, er hielt es in Altensam nicht länger als die kürzeste oder die allerkürzeste Zeit aus und es war vorgekommen, daß er wohl in der Absicht in dem höllerschen Hause Quartier genommen hatte, dann nach vierzehn Tagen, nach Altensam zu gehn, nach vierzehn oder fünfzehn Tagen, anstatt nach Altensam, wo er angemeldet und erwartet gewesen war, direkt aus der höllerschen Behausung an der Aurachengstelle zurück nach England gefahren war, weil ihm der Aufenthalt im höllerschen Hause nicht nur genügt hatte, weil er im höllerschen Haus und in der höllerschen Gegenwart in seinem Denken bereits so weit gekommen war, um ohne Umweg über Altensam, wieder nach England, genauer nach Cambridge zurückzukehren, wo er *einerseits immer studierte, andere-*

seits gleichzeitig immer unterrichtete und, wie er selbst immer wieder sagte, ohne selbst immer genau zu wissen, ob er jetzt studierte oder unterrichtete, denn *unterrichtete ich, studierte ich im Grunde, studierte ich, unterrichtete ich im Grunde.* Tatsächlich ist die Atmosphäre, die ich im höllerschen Hause vorgefunden hatte, auch für mich die ideale gewesen, ich richtete mich sofort in der Dachkammer, die Roithamers Dachkammer gewesen ist und auch immer Roithamers Dachkammer bleiben wird, ein und ich hatte von Anfang an die Absicht, über mein Studium der Papiere Roithamers und über den ganzen damit zusammenhängenden Vorgang Notizen zu machen und mir ist bald klar gewesen, daß für Roithamer die höllersche Dachkammer die ideale gewesen ist, er lebte sich in der höllerschen Dachkammer, von welcher man gegen Westen und also gegen die Finsternis auf die reißende Aurach, gegen Norden und also auch gegen die Finsternis auf das ständig und immer laut auf die Felswand schlagende und klatschende Wasser und also auf nasses und glänzendes Gestein schaute, ein, »Einübung in Altensam im höllerschen Hause« nannte er diese Aufenthalte im höllerschen Hause und insbesondere in der höllerschen Dachkammer in rascher Aufeinanderfolge in den letzten Jahren, vor allem *in den letzten drei Jahren*, in welchen er wenigstens fünf- oder sechsmal auf vier oder fünf Monate von England nach Altensam und im Grunde doch nur in die höllersche Dachkammer gekommen war, es ist klar, daß ihn auch die Arbeit Höllers, seine sorgfältigen Tierpräparationen angezogen haben, überhaupt der ganze merkwürdige ganz eng mit den Lichtverhältnissen in dem Aurachtale zusammenhängende Zustand, dieser zwar einfache, aber doch ganz in der an dieser Stelle ununterbrochen fühlbaren und meistens sehr schmerzhaften Natur sich vollziehende Tagesablauf mit allen seinen an diesen Tagesablauf angebundenen Menschen, mit den Eltern und Schwiegereltern Höllers und mit seiner Frau und mit seinen noch schulpflichtigen Kindern, wo sich alles um geschossenes und ausgenommenes Wild und um geschossenes und ausgenommenes Geflügel und die damit zusammenhängenden Beschäftigungen und naturangebundenen Lebensumstände handelte, daß er, Roithamer, gerade hier an der Aurachengstelle die Ideale vor allem für sein Hauptwerk, den Bau des Kegels voranzutreiben, gefunden hatte, für jenes Bauwerk als Kunstwerk, welches er in drei Jahren ununterbrochener Geistesarbeit für seine Schwester entworfen und in den daraufgefolgten drei weiteren Jahren mit der größten, von ihm selbst einmal als beinahe unmenschliche Energie bezeichnet, und zwar in der Mitte des Kobernaußerwaldes, gebaut hat.

Holzfällen

Während alle auf den Schauspieler warteten, der ihnen versprochen hatte, nach der Aufführung der *Wildente* gegen halbzwölf zu ihrem Abendessen in die Gentzgasse zu kommen, beobachtete ich die Eheleute Auersberger genau von jenem Ohrensessel aus, in welchem ich in den frühen Fünfzigerjahren beinahe täglich gesessen war und dachte, daß es ein gravierender Fehler gewesen ist, die Einladung der Auersberger anzunehmen. Zwanzig Jahre hatte ich die Auersberger nicht mehr gesehen und ausgerechnet am Todestag unserer gemeinsamen Freundin *Joana* habe ich sie auf dem *Graben* getroffen und ohne Umschweife habe ich ihre Einladung zu ihrem *künstlerischen Abendessen*, so die auersbergerischen Eheleute über ihr Nachtmahl, angenommen. Zwanzig Jahre habe ich von den Eheleuten Auersberger nichts mehr wissen wollen und zwanzig Jahre habe ich die Eheleute Auersberger nicht mehr gesehen und in diesen zwanzig Jahren hatten mir die Eheleute Auersberger allein bei Nennung ihres Namens durch Dritte Übelkeit verursacht, dachte ich auf dem Ohrensessel, und jetzt konfrontieren mich die Eheleute Auersberger mit ihren und mit meinen Fünfzigerjahren. Zwanzig Jahre bin ich den Eheleuten Auersberger aus dem Weg gegangen, zwanzig Jahre habe ich sie nicht ein einziges Mal getroffen und ausgerechnet jetzt habe ich ihnen auf dem Graben begegnen müssen, dachte ich; daß es tatsächlich eine verheerende Dummheit gewesen ist, gerade an diesem Tag auf den Graben zu gehen und auch noch, wie es meine Gewohnheit geworden ist allerdings seit ich aus London nach Wien zurückgekommen bin, auf dem Graben mehrere Male hin und her zu gehen,

wo ich es mir hätte ausrechnen können, daß ich die Auersberger einmal treffen *muß*, und nicht nur die Auersberger,
sondern auch alle anderen von mir in den letzten Jahrzehnten gemiedenen Leute, mit welchen ich in den Fünfzigerjahren einen intensiven, wie die Auersberger zu sagen pfleg-
ten, intensiven *künstlerischen Verkehr* gehabt habe; den ich
aber schon vor einem Vierteljahrhundert aufgegeben habe,
also genau zu dem Zeitpunkt, in welchem ich von den Auersberger weg nach London gegangen bin, weil ich mit allen diesen Wiener Leuten von damals gebrochen habe, wie
gesagt wird, sie nicht mehr sehen und mit ihnen absolut
nichts mehr zu tun haben wollte. Auf den Graben gehen
heißt ja nichts anderes, als direkt in die Wiener Gesell-
schaftshölle zu gehen und gerade jene Leute zu treffen, die
ich nicht treffen will, deren Auftauchen mir auch heute
noch alle möglichen Körper- und Geisteskrämpfe verursacht, dachte ich auf dem Ohrensessel sitzend, und ich hatte aus diesem Grunde schon in den letzten Jahren meiner
Wienbesuche von London aus den Graben gemieden und
bin andere Wege gegangen, auch nicht auf den Kohlmarkt,
selbstverständlich auch nicht auf die Kärntnerstraße, die
Spiegelgasse habe ich gemieden genauso wie die Stallburg-
gasse und die Dorotheergasse und ebenso die von mir immer gefürchtete Wollzeile und die Operngasse, auf welcher
ich so oft in die Falle gerade jener Menschen gegangen bin,
die ich immer am meisten gehaßt habe. Aber in den letzten
Wochen, dachte ich auf dem Ohrensessel, hatte ich aufeinmal ein großes Bedürfnis gehabt, gerade auf den Graben
und auf die Kärntnerstraße zu gehen, wegen der guten Luft
und dem mir aufeinmal angenehmen vormittägigen Men-
schenwirbel gerade dort und gerade auch auf dem Graben
und auf der Kärntnerstraße, wahrscheinlich, weil ich end-

lich und entschieden dem monatelangen Alleinsein in meiner Währinger Wohnung, meiner mich ja schon stumpfsinnig machenden Isolation entkommen, entgehen wollte. Ich habe es in den letzten Wochen immer als Geistes- und Körperberuhigung empfunden, die Kärntnerstraße und den Graben entlang und also den Graben und die Kärntnerstraße hin und wieder zurück zu gehen; meinem Kopf hat dieses Hinundhergehen genauso gut getan, wie meinem Körper; als ob ich in letzter Zeit dieses Hinundhergehen auf dem Graben und auf der Kärntnerstraße wie nichts notwendig gehabt hätte, lief ich *tagtäglich* in den letzten Wochen die Kärntnerstraße und den Graben hinauf und wieder herunter; auf der Kärntnerstraße und auf dem Graben war ich aufeinmal, offen gesagt, nach monatelanger Geistes- und Körperschwäche, wieder in Gang und zu mir gekommen; es erfrischte mich, wenn ich die Kärntnerstraße hinauflief und den Graben und wieder zurück; *nur dieses Hinundherlaufen*, habe ich dabei immer gedacht, und es ist doch mehr gewesen; nur dieses Hinundherlaufen, sagte ich mir immer wieder, und es hat mich tatsächlich wieder denken und tatsächlich wieder philosophieren, mich wieder mit Philosophie und mit Literatur beschäftigen lassen, die in mir schon so lange Zeit unterdrückt, ja abgetötet gewesen waren. Gerade dieser lange krankmachende Winter, den ich unglücklicherweise, wie ich jetzt denke, in Wien und nicht, wie die vorausgegangenen, in London verbracht habe, hat in mir alles Literarische und alles Philosophische abgetötet gehabt, dachte ich auf dem Ohrensessel; durch dieses Hinundherlaufen auf dem Graben und auf der Kärntnerstraße habe ich es mir selbst wieder möglich gemacht, und ich führte tatsächlich diesen meinen Wiener Geisteszustand, den ich aufeinmal als einen sozusagen *geret-*

teten Geisteszustand bezeichnen durfte, auf diese Graben-Kärntnerstraßentherapie zurück, die ich mir verordnet hatte ab Mitte Jänner. Diese entsetzliche Stadt Wien, dachte ich, die mich tief in die Verzweiflung und tatsächlich wieder einmal in nichts als in Ausweglosigkeit gestürzt hat, ist plötzlich der Motor, der meinen Kopf wieder denken, der meinen Körper wieder wie einen lebendigen reagieren läßt; von Tag zu Tag beobachtete ich in Kopf und Körper diese fortschreitende Wiederbelebung alles dessen, das in mir den ganzen Winter über schon abgestorben gewesen war; hatte ich den ganzen Winter Wien die Schuld an meinem geistigen und körperlichen Absterben gegeben, so war es jetzt dasselbe Wien, dem ich meine Wiederbelebung verdankte. Ich saß auf dem Ohrensessel und lobte also die Kärntnerstraße und den Graben und führte meine geistige und körperliche Wiederherstellung auf diese meine Kärntnerstraßen- und Grabentherapie zurück, auf nichts sonst und ich sagte mir, daß ich naturgemäß für diese erfolgreiche Therapie einen Preis zu zahlen habe und dachte, daß die Eheleute Auersberger auf dem Graben getroffen zu haben, der Preis ist für diese gelungene Therapie und ich dachte, daß dieser Preis ein sehr hoher Preis ist, daß ich aber auch einen viel höheren Preis hätte zu bezahlen gehabt unter Umständen, denn ich hätte ja noch viel schlimmere Leute auf dem Graben treffen können, als die Auersbergerischen, denn, alles in allem betrachtet, sind die Auersbergerischen nicht die schlimmsten, wenigstens nicht die allerschlimmsten; aber schlimm genug ist es doch, gerade die Eheleute Auersberger auf dem Graben getroffen zu haben, dachte ich auf dem Ohrensessel.

Auslöschung

Meine Ankunft in Wolfsegg war die unauffällige gewesen, die überraschende, die sie mir nie verziehen haben, indem ich nicht gleich zu ihnen hinauf gefahren, sondern zuerst einmal im Ort ausgestiegen bin an der Stelle, auf welcher ich mir sicher gewesen war, völlig unbeobachtet zu sein; am Ortseingang, wo die Hauptstraße abzweigt zu den Bergwerken, in der Nähe der Schule, neben der sogenannten *Mariensäule*, bat ich den Chauffeur, stehenzubleiben, mich aussteigen zu lassen und es war mir möglich gewesen, über den ganzen Dorfplatz zu gehen, ohne einen Menschen zu treffen; als ob sich alle in ihre Häuser und Behausungen zurückgezogen hätten, war es mir vorgekommen, wie wenn sie sich nicht zeigen *wollten* jetzt, da meine Eltern, wie ich angenommen hatte, in Wolfsegg oben aufgebahrt sind mit meinem Bruder, als trauerte tatsächlich der ganze Ort, hatte ich gedacht, ohne zu bedenken, daß auch an ganz gewöhnlichen Wochentagen um die Mittagszeit der Ort leer ist. Ich hatte unter keinen Umständen nach Wolfsegg hinauffahren wollen, der Chauffeur hatte mich natürlich erkannt, schon auf der Bahnstation, schon in Attnang-Puchheim, wo ich den Zug verlassen und gleich über die Bahnsteige zum Taxi gegangen war, war mir vorgekommen, daß die Leute mich erkennen, ich habe mich ihren Blicken aber durch raschere Schritte als sonst, entzogen und bin gleich auf das Taxi zugegangen und habe gesagt, ich wolle so schnell wie möglich nach Wolfsegg. Während der Fahrt hatte ich aber nicht an Wolfsegg, auf das ich zufuhr, gedacht, sondern an Rom, das ich in der Frühe verlassen hatte, nur widerwillig fährst du diese Straße nach Wolfsegg hinauf, hatte ich gedacht, nur widerwillig bist du hier, die ganze Zeit, während ich doch in dem Taxi durch eine der schönsten Gegenden überhaupt fuhr, vom Voralpenland weg an den Hausruck, welcher für mich doch immer die angenehmste und die beruhigendste Landschaft gewesen ist, vielleicht sogar auch die schönste von allen, wenn ich sie jemals ohne die Meinigen und Wolfsegg hätte betrachten können. Ich fuhr im Grunde durch meine Lieblingslandschaft, durch die dichten Waldungen nahe Kien und Stocket auf Ottnang zu. Diese Menschen, sagte ich mir auf der Fahrt, hast du ja immer geliebt, die einfachen, die einfachsten, die Bauern und Bergleute, die Handwerker, die Gastwirtefamilien im Gegensatz zu den Deinigen in Wolfsegg oben, die dir immer entsetzlich gewesen sind schon als Kind, und ich fragte mich auf der Fahrt, warum ich die einen, die sogenannten unteren, weil sie in der unteren Landschaft leben zum Unterschied von den Meinigen in der oberen, immer geliebt habe, die andern nicht, die einen unteren, immer geachtet habe zum Unterschied von den Meinigen oben, die ich im Grunde immer *ver*achtet, wenn nicht gar immer gehaßt habe, bei den einen, unteren hast du dich zeitlebens wohl gefühlt, bei den andern, den Meinigen, oberen, immer entsetzlich, bei den einen unteren zuhause, bei den Meinigen oberen, niemals, um diesen Gedanken aber nicht weiter voranzutreiben. Ich sah, wie schön die Landschaft ist, durch welche ich fuhr und dachte, wie gern ich die Menschen habe, die in ihr leben, vor allem die Bergleute, sagte ich mir, hast du immer gern gehabt, ihre Art und Weise, dir gegenüberzutreten und wie sie untereinander immer gewesen sind, schließlich bist du mit ihnen auch aufgewachsen, sagte ich mir, du bist mit ihnen in die Schule gegangen, du hast mit ihnen Jahrzehnte geteilt. Da ich so mit diesen Gedanken, die Landschaft und ihre Bewohner betreffend, beschäftigt war, hatte ich, was mir aber erst, nachdem ich schon ausgestiegen war, zum Bewußtsein gekommen ist, die ganze Zeit nichts mit dem Fahrer gesprochen, der mir vom Sehen, wie gesagt wird, bekannt gewesen ist, aber ich habe nicht gewußt, wie er heißt und ihn auch nicht danach gefragt, während ich sonst immer alle Leute in der Gegend gleich zu Anfang frage, was für einen Namen sie tragen, wie sie heißen, eine Ange-wohnheit, die mir mein Onkel Georg beigebracht hat, der große Menschenkenner, und, wie ich sagen muß, Men-schenfreund. Niemand konnte so gut mit Menschen, vor allem mit den einfachen und ungekünstelten, umgehen, wie mein Onkel Georg. Von ihm allein habe ich erfahren, wie mit ihnen umgehen, wie mit ihnen sprechen, wie sich mit ihnen unterhalten, ein Gleichgewicht zwischen ihnen und meinesgleichen herzustellen, daß es für beide Teile das richtige ist. Mein Onkel Georg verstand sich mit den Ein-fachen am besten, er hatte sie geliebt, dasselbe kann ich ohne weiteres von mir selbst behaupten. Auf dem Dorfplatz war tatsächlich nicht ein einziges Lebewesen, selbst die sonst in der Mittagshitze auf ihm hockenden Katzen hatten sich verzogen, ich hatte also ungehindert, wie ich glaubte, *tatsächlich unbeobachtet* meinen Weg nach Wolfsegg hin-aufgehen können. Die Wirtshäuser hatten die Vorhänge zugezogen, die Bäckerauslage war leer, der Fleischer hatte sein Rouleau heruntergelassen, es machte alles genau den traurigen Eindruck, der zu diesem Unglück, das uns betrof-fen hat, paßte. In Rom hatte ich noch zu Zacchi, den ich tatsächlich telefonisch in Palermo erreicht habe, gesagt, daß es mir nicht leicht falle, *jetzt schon wieder nach Wolfsegg* fah-ren zu müssen, *drei Tage nach meiner Abreise schon wieder,* hatte ich gesagt, gerade in einem solchen unstatthaften Tonfall, wie ich dachte, den ich mir jetzt nicht hätte erlauben dürfen vor allem einer Person wie Zacchi gegenüber, die mir ja nicht so nahe steht wie beispielsweise Maria oder Gambetti und ich bereute es auf meinem Weg über den Dorfplatz, überhaupt mit Zacchi telefoniert zu haben, denn Zacchi war mir während des ganzen Telefonats ziemlich verständnislos, meine Lage betreffend, vorgekommen zum Unterschied von Maria, die mich ganz und gar verstanden hatte in jeder ihr gesagten Einzelheit, in allen meinen, wenn auch merkwürdigen Äußerungen, die aber doch, wie sie wahrscheinlich sofort gespürt hat, gerade die charakteristischen für mich gewesen sind, auch Gambetti hatte ich mehr gesagt, als notwendig und bin dabei auch gleich wieder in Anschuldigungen gegenüber den Meinigen verfallen, ohne sie gleich wieder aufheben zu können, ich hatte mich gleich ihm gegenüber in Anschuldigungen hineingeredet auf meine unbeherrschte Art und Weise, die ich selbst am meisten hasse, die ich mir aber nicht unterbinden kann, wenn sie verlangen, gesagt zu werden, *ich fahre in die Hölle zurück*, hatte ich zu Gambetti gesagt, noch morgen früh um fünf, *entsetzlich* hatte ich auch noch gesagt zu ihm und dabei nicht bedacht, beziehungsweise nicht darauf Rücksicht genommen, daß diese Bemerkungen vollkommen überflüssig und im Grunde gemein und wenigstens unstatthaft gewesen sind, unerhört den Meinigen gegenüber in einem Augenblick, in welchem sie wenigstens meinen Respekt hatten verlangen können, aber ich kann mich niemals verleugnen, ich muß mich geben, wie ich bin, wie ich angelegt worden bin eben von diesen meinen Eltern, habe ich mir auf dem Weg über den Dorfplatz gedacht. Wenn die Leute mich sehen, werden sie denken, dieser

Mensch ist immer schon merkwürdig gewesen, er geht zuerst und noch bevor er die Seinigen oben in Wolfsegg begrüßt hat, über den Dorfplatz, der Ungezogene, der Abtrünnige, der Ungeliebte. Gleich darauf hatte ich aber gedacht, daß diese Leute im Dorf nicht so über mich denken wie die Meinigen, die über mich immer so gedacht haben, in ebenso unerhörter Weise gegen mich, wie ich gegen sie, daß sie mich ja zum Unterschied von den Meinigen oben, die mich verachten, achten, von den Meinigen oben, die mich mehr oder weniger hassen, lieben. Die Dorfleute haben mich immer geliebt, wie ich sie, vor allem die Bergleute, die meisten Dorfleute sind Bergleute, die in unseren Braunkohlengruben gearbeitet haben und heute noch dort arbeiten, wenn auch in geringer Anzahl. Sie, die Dorfleute, sind ja immer mein einziger Trost gewesen, sagte ich mir auf dem Weg über den Dorfplatz. Hier habe ich reden können, was ich mit den Meinigen niemals hatte reden können, mich verständlich machen können, mich ausweinen können als Kind. Während hier im Dorf alles auf die natürlichste Weise vor sich geht und tatsächlich menschlich, habe ich auf meinem Weg gedacht, geht oben in Wolfsegg alles künstlich vor sich, unmenschlich, und ich fragte mich, wie es dazu gekommen ist, was die Ursache ist. Aber die Zeit auf diesem Weg über den Dorfplatz war zu kurz, um diesen Gedanken weiter zu verfolgen, er war gleich von einem anderen abgelöst: wie und in welcher Verfassung ich meine Schwestern antreffen werde? habe ich mich gefragt und mit einem einzigen Blick die ganze, an die zweihundert Kilometer weite Landschaft von Westen nach Osten erfaßt, was nur von hier aus möglich ist, von keinem anderen österreichischen Punkt aus. Genau an jener Stelle, an welcher ich immer schon stehengeblieben bin, weil es die beste ist, hatte ich auf einmal wieder die ganze Landschaft gesehen an diesem wolkenlosen Tag und ich hatte tief eingeatmet. Warum lassen wir uns eine solche herrliche Natur, habe ich mich in diesem Augenblick gefragt, von Menschen verunstalten und zerstören, die alles in sich nur *darauf* angelegt haben, wie wir glauben. Ich bin zu dem richtigen Zeitpunkt angekommen, habe ich gedacht und bin weiter gegangen, bergauf. Es war, als wäre der ganze Ort ausgestorben, denn ich hörte noch immer nichts. Sonst hörte ich aus allen Fenstern genau jene Geräusche, die auf die Tätigkeiten der hinter den Fenstern Lebenden aufmerksam machten, jetzt hörte ich nichts und ich bezog diese Tatsache auch auf unser Unglück. Alle haben sie an unserem Unglück teil, dachte ich. Die Allee hinauf bin ich nicht langsamer gegangen, wie es das natürlichste gewesen wäre, sondern schneller. Eine mir plötzlich bewußt gewordene schamlose Neugierde ließ mich die Allee schließlich hinauflaufen, vor dem großen Mauertor an der Meierei aber stehenbleiben, ich schaute zwischen den riesigen Ästen der zwei Torkastanien in den Park hinein und zur Orangerie hinüber, denn in der Orangerie sind, solange zurückgedacht werden kann, die Toten von Wolfsegg immer aufgebahrt gewesen. Tatsächlich war die Orangerie offen und die Gärtner gingen vor ihr mit Kränzen und Buketten auf und ab. Ich beschloß, nicht gleich zur Orangerie zu gehen, ich wollte meine toten Eltern und meinen toten Bruder noch nicht sehen. Die Verzögerung benützte ich dazu, das Geschehen vor der Orangerie einer eingehenderen Betrachtung zu unterziehen, noch hatte ich die Möglichkeit, denn noch war ich nicht entdeckt, noch hatte mich keiner bemerkt. Die ruhige Art der Gärtner war mir gleich wieder aufgefallen, wie sie wortlos und mit den für sie charakteristischen Bewegungen die Kränze aus der Meierei heraus und in die Orangerie hineintrugen. Wasserkübel schleppten sie aus dem Pferdestall herüber und in die Orangerie hinein. Ein Jäger erschien, tat, als wollte er in die Orangerie hineingehen, kehrte aber vorher wieder um und verschwand in Richtung Meierei. Ich hatte mich an die Tormauer gedrückt, um einen noch idealeren Beobachtungspunkt zu haben. Wir müssen die Menschen dann beobachten, wenn sie nicht wissen, daß sie unser Beobachtungsopfer sind, habe ich gedacht. Die Gärtner kamen aus der Meierei heraus und gingen in die Orangerie hinein, immer mit Buketten und Kränzen, mit Wasserkübeln und Holzbrettern. Vor der Orangerie waren große Holzkübel mit Zypressen und Palmen aufgestellt, auch eine Agave, wie sie die Gärtner in der Orangerie immer gezogen und mit größter Sorgfalt gepflegt haben. Mit welcher Mühe hier im Norden solche Charakteristika des Südens gepflegt und gehätschelt werden, habe ich gedacht, an die Mauer gedrückt, mit einem, wie gesagt wird, schlechten Gewissen einerseits, mit dem größten Beobachtungsgenuß andererseits. Ich hatte die Ruhe, die Gärtner zu beobachten in dem Gedanken, wahrscheinlich auch bald eine meiner Schwestern wenigstens zu Gesicht zu bekommen oder irgendeinen anderen meiner Verwandten, ohne die Dringlichkeit, meine aufgebahrten Eltern und meinen aufgebahrten Bruder unbedingt gleich sehen zu müssen, wie es zweifellos der geringste Anstand erforderte. Aber vielleicht hatte ich auch Angst vor der Tatsache, die Meinigen auf einmal nicht mehr lebendig, sondern nurmehr noch tot zu sehen. Ich fürchtete ihre Totengesichter, wie ich ihre lebendigen gefürchtet habe, ich fürchtete ihre Totengesichter jetzt nicht so, wie ihre lebendigen, aber ich fürchtete sie und ich zog es vor, noch längere Zeit an die

Mauer gedrückt stehenzubleiben, als ganz einfach in den Park einzutreten. Das Theatralische des Vorgangs an der Orangerie war mir auf einmal deutlich geworden, daß ich einem Theater zuschaue, in welchem Gärtner mit Kränzen und Buketten agieren. Die Hauptfigur in diesem Theater aber fehlt, habe ich gleichzeitig gedacht, und ebenso, das eigentliche Schauspiel kann erst anfangen, wenn ich auftrete, sozusagen der Hauptdarsteller, welcher aus Rom herbeigeeilt kommt für dieses Trauerspiel. Was ich vom Mauertor aus sehe, habe ich gedacht, sind nur die Vorbereitungen auf jenes Schauspiel, das ich, und niemand sonst, eröffne. Die ganze Szene und die dahinter, die von mir noch nicht eingesehene, die im Haupthaus also, kam mir dann vor, wie die Garderobe, in welcher sich die Darsteller herrichten, sich schminken, auf ihre Dialoge vorbereiten wie ich selbst, denn ich selbst kam mir vor, wie der Hauptdarsteller, der sich auf seinen Auftritt vorbereitet, mit allen denkbaren Möglichkeiten, um nicht sagen zu müssen, Raffinessen, der alles, das er darzustellen und aufzusagen hat, noch einmal rekapituliert, der seinen Text noch einmal überprüft, der seine Schritte noch einmal in seinem Kopf ausprobiert, während er die andern bei ihren Vorbereitungen, die alle geheime Vorbereitungen sein sollen, ruhig beobachtet. Die Ruhe überraschte mich, mit welcher ich am Torbogen gestanden bin und meine Rolle rekapituliert habe für ein Schauspiel, welches mir auf einmal gar nicht neu vorgekommen ist, sondern schon hunderte Male, wenn nicht tausende Male erprobt. Ich kenne dieses Schauspiel durch und durch, habe ich gedacht. Mich quälten die aufzusagenden Wörter nicht, sie kamen mir wie von selbst, meine Schritte, meine Handbewegungen waren so perfekt einstudiert, daß ich gar nicht nachdenken brauchte, wie sie ausführen, wie sie vollendet zur Geltung zu bringen. Ich bin als Hauptdarsteller in diesem Trauerspiel aus Rom angereist, dachte ich und ich habe auf den Genuß dieses Gedankens nicht verzichtet, ich hatte keinerlei Scham bei diesem Gedanken. Ich werde mich gut in Szene setzen, habe ich gedacht, und nicht gleichzeitig, du bist ein gemeiner Mensch, der die Niedertracht des Augenblicks nicht zur Kenntnis nimmt. Dieses Schauspiel als Trauerspiel ist Jahrhunderte alt, habe ich gedacht, und alles geht wie von selbst, der Hauptdarsteller wird sich wundern, wie gut es funktioniert, wie gut seine Mitspieler ihrerseits ihre Kunst gelernt und einstudiert haben, denn ich zweifelte nicht daran, daß meine Schwestern und alle andern möglicherweise schon auf mich Wartenden, ebenso dabei sind, ihre Rollen zu überprüfen, denn wie ich, haben sie nicht die geringste Lust oder auch nur Absicht, sich vor dem dann erscheinenden Publikum, das die Trauergemeinde genannt wird, zu blamieren, indem sie ihren Text nicht können, ihre Schritte nicht und stolpern, wobei ich ja doch überzeugt war, daß sie genauso wie ich auf hohe Kunst und nicht nur auf puren Dilettantismus Wert legen und wie man weiß, ist die Begräbniskunst, vornehmlich die auf dem Lande, die höchste Schauspielkunst, die sich denken läßt, selbst die einfachsten Leute entwickeln auf Begräbnissen eine Kunstfertigkeit, die meistens viel höher einzustufen ist als diejenige unserer Theater, in welchen beinahe immer nur der pure Dilettantismus herrscht. Meine Schwestern gehen auf und ab und proben dieses Begräbnis nicht nur wie ein Schauspiel, dachte ich, sie proben es wie ein Festspiel und der Weinflaschenstöpselfabrikant aus Freiburg, sagte ich mir, assistiert ihnen und schaut sich gleichzeitig auch seine Rolle ab, die aber durchaus eine Nebenrolle zu sein hat, wie ich dachte. Sie gehen auf und ab und erwarten mich und proben das Trauerspiel, das so urplötzlich auf den Spielplan von Wolfsegg gesetzt worden ist, dachte ich. Morgen wird das Begräbnis sein, dachte ich, immer ist es drei Tage nach dem Tod. Noch ist der Vorhang nicht aufgegangen. Noch passen ihnen die Kostüme nicht ganz, dachte ich, geht ihnen sozusagen der Text nicht wie geschmiert von den Lippen. Und was gibt es Schöneres, als ein Schauspiel, in welchem alle Kostüme schwarz sind, in welchem nur die schwarze Farbe vorherrscht. Und in welchem auch die Komparserie aus dem Dorf nur in Schwarz zu erscheinen hat. Lange haben wir in Wolfsegg dieses Schauspiel nicht mehr gehabt, das letzte Mal beim Tod meines Großvaters väterlicherseits, der mit neunundachtzig im Wald, der sich hinter der Kindervilla ausbreitet bis gegen Haag, über eine Föhrenwurzel gestolpert und auf der Stelle verstorben ist. Die Meinigen waren immer auf ein Begräbnis sozusagen *gefaßt* gewesen, hatten die Requisiten immer parat, auch die dazugehörenden Kostüme, alles Dazugehörige, aber es hat lange gedauert, bis es wieder zur Geltung kommt, habe ich gedacht. Sie haben alles nur abstauben müssen, dachte ich. Tatsächlich hatten sie an allen Seiten des Hauptgebäudes, wie ich jetzt sehen konnte, die schwarzen Fahnen herausgehängt. Die Gärtner führen die Befehle meiner Schwestern aus, dachte ich, mehr die Befehle meiner Schwester Caecilia, als die von Amalia, dachte ich und gleichzeitig, welche Rolle die beiden wohl inzwischen dem Weinflaschenstöpselfabrikanten aus Freiburg übertragen haben, was hat der, wenn das Schauspiel beginnt, aufzusagen, dachte ich, was für einen Text haben sie ihm in den Mund gelegt, denn daß er einen eigenen sagen wird, daran zweifelte ich nach meiner einzigen Begegnung mit ihm am Tag der Hochzeit vor ein paar Tagen. Das Wolfsegg war jetzt absolut aus einer Hochzeit in ein Begräbnis zu verwandeln, habe ich gedacht, wie ich an der Tormauer stand, auch noch immer erstaunt über die ohne Zwischenfälle verlaufene Reise von Rom über Wien, die auf die Sekunde geklappt hat, gegen jede Regel, weder die Bahnbeamten, noch die Fluggesellschaften haben gestreikt, alle Anschlüsse haben ausgezeichnet funktioniert, die Schwestern, habe ich gedacht, haben sicher noch nicht die Hochzeitsdekorationen weggeräumt, müssen schon die Begräbnisdekorationen überall anbringen und aufstellen nach genau jenem Plan, der ihnen bekannt ist, denn meine Mutter hatte ihn, sozusagen alljährlich mindestens zwei, dreimal zu ihrem Vergnügen, wie sie immer gesagt hatte, *und weil man nie wissen kann*, diesen Begräbnisplan, der Jahrhunderte alt ist, durchgesprochen bis in die kleinsten Einzelheiten. Auch die Hochzeiten und die Geburtenfeiern sind in Wolfsegg immer nach einem genau vorgegebenen Plan abgelaufen, wie gesagt wird. Daß beispielsweise im Vorhaus hinter den Lampen rechts und links nicht nur ein Lorbeerzweig aus der Orangerie anzubringen ist, sondern deren zwei bei einem Begräbnis, daß auf dem Balkon oben zwei Zypressen zu stehen haben, eine ganz links, eine ganz rechts und daß diese Zypressen selbstverständlich gleich hoch, aber nicht so hoch, daß sie in die Speisezimmerfenster hineinragen, zu sein haben, ist meinen Schwestern bekannt. Für alle Arten von Festen gibt es in Wolfsegg einen genauen Plan, diese Pläne hat meine Mutter immer in ihrem Schreibtisch in der obersten rechten Lade aufbewahrt. Sie ist immer nach diesen Plänen vorgegangen wie alle vor ihr. Das genaue Vorgehen nach diesen sogenannten Festplänen hat ihr von meinem Vater nicht aufgezwungen werden müssen, sie hat es zu ihrer eigenen Leidenschaft gemacht in der kürzesten Zeit. Und Begräbnisse waren immer eine Leidenschaft meiner Mutter. Aber an ihr eigenes, vor allem, daß es so früh stattfinden wird, hat sie sicher nicht gedacht, sagte ich mir, an der Tormauer stehend, wenn sie könnte, würde sie ihr eigenes, so dachte ich plötzlich, selbst ausstatten und ich sah, ohne sie wirklich zu sehen, meine Schwestern schon die Wünsche meiner Mutter, ihr eigenes Begräbnis betreffend, erfüllen. Das Wort *Emsigkeit* hatte ich im Augenblick im Kopf. Es wäre für jeden anderen selbstverständlich gewesen, mit dem Taxi durch die Allee bis herauf und, wie das immer üblich ist, bis vor das Portal zu fahren, für mich nicht. Der Taxichauffeur war ja auch ziemlich verwundert gewesen, weil er mich erkannt hatte, daß ich gerade an der unübersichtlichen Stelle bei der Mariensäule ausgestiegen bin, zwischen den beiden Gasthäusern. Und daß ich allein durch den Ort und über den Dorfplatz gegangen bin, verstünde niemand, dachte ich. Aber ich hatte mich zu Fuß Wolfsegg nähern wollen, dachte ich, und der vollkommen leere Dorfplatz war meinem Vorhaben auf die idealste Weise entgegengekommen, ich habe nicht nur das Gefühl gehabt, völlig unbeobachtet zu sein, ich war es auch und schließlich hatte ich nicht ein einziges Gepäckstück bei mir, eine Ungewöhnlichkeit, wenn man bedenkt, daß ich ja aus Rom gekommen war und eben dadurch, daß ich ganz und gar ohne Gepäckstück gewesen bin, alle Augenblicke ohne weiteres meine Hände in die Hosentaschen hatte stecken können. So, mit den Händen in den Hosentaschen, war ich dann ja auch in die Allee eingebogen, mit einer solchen ungeheuerlichen Ungezogenheit, die niemand verstanden hätte, natürlich auch die Dorfleute nicht. Ich bin immerhin achtundvierzig Jahre alt und komme aus Rom noch dazu zum Begräbnis meiner Eltern und des Bruders und habe meine Hände in den Hosentaschen! habe ich gedacht und mich fest an die Tormauer gedrückt, damit mich die Gärtner nicht sehen konnten, die wieder mit Kränzen in die Orangerie hineingingen, die sie aus der Meierei herausgetragen hatten. Eine Aufbahrung ist immer ein großes Schauspiel, habe ich gedacht, ein Kunstwerk, das nach und nach unter vielen Händen, die wissen, wie ein solches Kunstwerk zu machen ist, entsteht. Daß meine Eltern selbst und mein Bruder in der Orangerie aufgebahrt sind, diesen Gedanken verdrängte ich gleich, ich dachte nicht an die Tragödie, sondern an das Kunstwerk, an das Großartige der Aufbahrung, nicht an ihre tatsächliche Furchtbarkeit wie in diesem Fall. Da ich immer ein intensiver Betrachter und ein noch intensiverer Beobachter gewesen bin und dieses Betrachten und Beobachten inzwischen zu einer meiner höchsten Tugenden gemacht habe, war es mir selbstverständlich, an der Tormauer zu stehen und zu betrachten und zu beobachten […].

Die Dramen: Die Monologe

Die Erfundene

ERFUNDENE *in einem Fauteuil*

Das Glück bezahlt meine Rechnung erst,
wenn ich es nicht mehr aussprechen kann
und wenn ich von meiner Reise zurückkomme,
die ich zu machen gedenke.
Ja, ich werde eine Reise machen.
Ich werde eine Reise machen.
Ich werde eine Reise machen, die allen
Unzulänglichkeiten beweisen wird, daß sie
eines Tages einen kleinen Triumph haben
werden.
Einen ganz kleinen Triumph!
Darum bewege ich mich seit Tagen nurmehr
noch zwischen meinem Bett und der Tür.
Ich wollte Sie etwas fragen, aber das ist
nicht mehr nötig.
Ich habe alles veranlaßt.
Alles, selbst die vertauschten Frühlinge
habe ich wieder an ihren richtigen Platz
zurückschicken lassen: in die Einsamkeit.
»Quälen Sie mich nicht«, sage ich immer,
»Quälen Sie mich nicht«, Sie wissen nicht,
wie entsetzlich grausam es ist, gequält zu
werden von einem Unwissenden.
Finden Sie nicht, daß ich traurig aussehe?
Ein wenig verändert.
Und dabei hat mir Paris so gut getan
und die aufrichtige Art zu sprechen, wie
sie nur dieser kleine Hund hat,

den ich mir dort angeschafft habe.

Führen Sie ihn hinunter, wenn er es verlangt.

Hören Sie! Diese Geschöpfe haben ein Anrecht
darauf, geführt zu werden.

Von Ihnen!

DIENER

Ich werde ihn hinunterführen.

ERFUNDENE

Ich bewerkstellige die unglaublichsten Dinge,
ohne in ihr Inneres einzudringen.

Das sagt nicht, daß ich nicht unter dieser
Erschütterung leide.

Alles, was ich zustande bringe, selbst die
ausweglosese Situation, beweist mir,
daß es etwas gibt, das die Errungenschaften
wieder in ein unauffälliges Nichts einordnet.

Erlauben Sie sich doch einmal eine Untat
mein Lieber!

Ich beschwöre Sie! Zerreißen Sie etwas
hier im Zimmer!

Stampfen Sie auf den Boden!

Regieren Sie einen Bruchteil einer Sekunde
über mich!

Halten Sie nicht soviel von dem, was Sie umgibt,
diese lächerliche Ansammlung antiquierter
Befähigungen und Kunstgegenstände!

Ich wette mit Ihnen um mich selbst, daß Sie
aufwachen würden, entzündeten Sie alles, was Ihre
Augen verbrennt!

In einer richtigen Flamme beteten Sie plötzlich,
und erklärten, daß Sie nicht umsonst das geworden
sind, was Sie darstellen!

Oh, dieser unbeschreibliche Duft!
Raten Sie, woher er kommt!

DIENER

Es ist ein Duft, wie ihn nur Könige einzuatmen
imstande sind. Und Königinnen!

ERFUNDENE

Das genaue Ebenbild der Sonne finden Sie
in Ihrem Erwachen, mein Lieber.

DIENER

In meinem Erwachen.

ERFUNDENE

Und die Untröstlichkeit der Gestirne
in Ihrer wachsenden Unzufriedenheit.
Ich sollte Ihnen mehr bezahlen, weil Sie ein
so undankbares Geschäft gewählt haben.
Eine Aufgabe, die unbezahlbar ist: Sie langweilen mich
und schreiben mir meine Verzweiflung
täglich dreimal auf das Silber
meiner Großmutter.
lacht

DIENER

Ich …

ERFUNDENE

Schweigen Sie! Der Verstand erregt Sie nicht,
wenn Sie ihn gewähren lassen
in der allerkleinsten Aufregung, deren Ihr Gehirn fähig
                                                        ist.
Kennen Sie eigentlich die Wahre Lust des Vergnügens?
Die sentimentale Erfahrung
des Ausgeschaltet-Seins von der Erde?
Sie kennen sie nicht …
Ich bewundere Sie wie einen Stein,

den man bis zur Weißglut reibt,
ohne daß er zurückschlägt.
Mein kleiner Hund, den ich aus Paris mitgebracht
                                                    habe,
sieht Ihnen nicht unähnlich.
Ich möchte mich weigern, zu behaupten,
daß er dieselben Fähigkeiten entwickelt, wie Sie,
aber die Ereignisse seines Daseins spiegeln sich
in derselben Weise in seinem Gesicht wie in dem
                                                    Ihren.
Geben Sie mir von der Bäckerei.

DIENER *reicht ihr ein Tablett*

ERFUNDENE

Das Geheimnis der Treue liegt nur in den Geschöpfen,
die einen Schwanz besitzen.
Ärgert Sie das?
Ich will, daß Sie sich ärgern!
Kommen Sie her und ärgern Sie sich!
Ärgern Sie sich, wie Sie sich noch niemals geärgert
                                                    haben!
Wie lange habe ich schon niemand gesehen,
der im Ärger erstickt ist!
Mein Lieber, Sie sind ein großer Künstler!
Ihr Gesicht erschlafft bei der geringsten
Erfahrung, die es macht.
Wie alt sind Sie eigentlich?
Ich glaube, ich habe Sie noch nie darum gefragt.
Wie alt sind Sie?
Sie sehen so alt aus! Und dabei tun Sie gar nichts,
das Ihr Alter beschleunigen könnte!

DIENER

Mein Beruf verbietet mir, zu sagen, wie alt ich bin.

ERFUNDENE

Ihr Beruf!

Ihr Beruf!

Was für ein köstlicher Einfall!

Das versetzt mich in Erstaunen!

Das versetzt mich in das größte Erstaunen

meines bisherigen Lebens!

Sagen Sie … Sagen … Sagen Sie,

was Sie bedrückt, und ich erfülle es Ihnen!

Alles erfülle ich Ihnen!

DIENER

Soll ich das Fenster öffnen?

ERFUNDENE

Unterstehen Sie sich, das Fenster zu öffnen!

Die völlige Abgeschlossenheit von der Außenwelt

beweist mir, daß ich lebe!

Ja, sie beweist es mir.

Sie allein beweist es mir.

Lassen Sie das Fenster geschlossen!

Ich fürchte mich vor dem geöffneten Fenster

wie vor dem Abschied von meiner Kindheit

und den Zusammenhängen, die ich in meiner

Kindheit für unentwirrbar gehalten habe.

Erwählen Sie auch immer ein Nichts

zu Ihrer Unterhaltung?

Etwa einen zersprungenen Spiegel

oder ein längst verblaßtes Bild

von einem Ihrer Freunde?

Und richtig, ich sehe in Ihnen die Nachkommenschaft

einer Unzulänglichkeit,

die in einer Reihe von Hymnen

ihrer unauslöschlichen Krankheit Ausdruck verleiht.

Sie sollten sehen, was ich sehe, wenn ich schlafe,
wenn ich mit geschlossenen Augen eine Welt betrachte,
die mich niemals vernichten kann.
Ich bedauere nicht einen Augenblick
meine Reisen in die Träume, mein Lieber.
Sie sehen darin den Ablauf
von Entscheidungen,
die sich noch auf den letzten Tag der Welt
auswirken werden.
Haben Sie Freunde?
Was macht denn mein kleiner Hund?
Mein ganz kleiner Hund?
Haben Sie ihm zu essen gegeben?
Ich glaube, Sie hassen ihn,
weil er Ihr Abbild ist.
Er ist tatsächlich genau das,
was Sie mir stündlich vorführen: die Summe
größter Enttäuschungen …
Mein Lieber, ich fürchte, ich werde Sie eines Tages
mit einem Entschluß überraschen,
der Sie in tiefste Traurigkeit versetzen wird,
in die tiefste aller Traurigkeiten,
in eine Traurigkeit, aus der es kein Entkommen
mehr gibt,
in eine Traurigkeit, die Sie zerstören wird.
Ich sagte doch, daß Sie ein phänomenales
Gedächtnis haben dort, wo es nichts zu denken gibt.
Das beschäftigt mich, denn es ist eins der größten
Rätsel der Menschheit.
Aber die Rätsel der Menschheit
greifen sich an wie eine Hand voll Staub …
Nun?

DIENER

Wie eine Hand voll Staub …

ERFUNDENE

Das Geringste erscheint Ihnen groß,
genau wie meinem Hund, dem ich auch Chartres
oder die Loire nicht erklären kann …
Ich wünsche Ihnen einen herrlichen Sonntag,
damit Sie sich mit Ihrer Freundin ausgezeichnet
vergnügen können.
Sie kennen doch sicher das kleine Kaffeehaus,
in dem man die besten Mandelschnitten
Ihres Lebens bekommt.
Nicht wahr?
Ich träume schon wieder … wie früh sich alles Späte
zusammenfügt, und Liebhabereien,
die es verdienten, in einem Kinderbuch
aufgezeichnet zu sein,
brechen der Weisheit das Genick …
lacht
Wissen Sie, Ihre Anständigkeit hat mich immer
zur Raserei gebracht. – Aber die ganzen vier Jahre
habe ich geschwiegen.
Ihre Vorgänger habe ich aufgeklärt, ich habe ihnen

gesagt,

daß sie nicht verstehen, zu versäumen …
Ich habe sie entlassen, ohne daß sie den Grund
ihrer Entlassung auch nur geahnt hätten.
Diese Art von Geheimnissen machen mir das größte
Vergnügen … Ihnen sage ich es heute,
nach einer gedankenschweren Nacht,
die mich von den Ereignissen des Universums
mit unglaublicher Schnelligkeit trennte,

mit einem Schnitt durch das rätselhafteste Fleisch,
mit einem Schnitt durch alle Überlieferungen ...
lacht, dann
Ich träume, daß Sie fortgehen
und sich über mich lustig machen,
denn zu einer anderen Art von Erinnerung an mich
sind Sie nicht fähig ...
Wie ich Sie immer betrachte: Ihre beiden Hosenträger
über der lieblosen, leicht verkäuflichen Schulter,
Ihr Gang, der nicht mehr bedeutet als eine
                                        Geringfügigkeit
für Schwerkranke, Ihre Mundbewegungen, die mir
                                einen sonderbaren
Zusammenhang zur Sinnlosigkeit allen Strebens
                                        eröffnen,
Ihre gespannten Hosen, die mich an Unkeuschheit
                                        erinnern,
Ihr Lufteinsaugen durch Nasenlöcher,
für die nicht einmal eine Modistin aufkommen würde,
Ihre Redensarten, die den Weg allen Unsinns gehen,
umschrieben mit einer Handbewegung, die Sie
in Erstaunen versetzen müßte, würden Sie nicht immer
noch eine so rechthaberische Vorstellung von
                                Unterwürfigkeit haben ...
DIENER *geht langsam zum Fenster und öffnet es dann*
ERFUNDENE
Ihre verzweifelte Anstrengung, hier, worin Sie sich wie
                                        ein Fisch
mit faulen gierigen Flossen schlagen,
Figur zu machen ... Figur ... Figur ... Figur ...
Ihre Eitelkeit, die bis an den Rand des Unmöglichen
                                vordringt

und zurückschreckt, den entscheidenden Schritt zu tun
aus Planlosigkeit, aus dem legalisierten Verhältnis zur
                                        Öde,
Ihre erwartungslose Bereitschaft, die mir weder zu
                                    trinken
noch zu essen verschafft,
diese Spanne, die zurückzulegen meine Güte
betreibt, meine grenzenlose …

DIENER *hat das Fenster weit geöffnet und bleibt davor
schweigend und abwartend stehen*

ERFUNDENE

… meine grenzenlose … meine grenzenlose …
diese beiläufige grenzenlose … unausgeführte …
nebensächliche … grenzenlose … unaufrichtige …
unwiederholbare … einschüchternde … grenzenlose …
grenzenlose … grenzenlose …
sinkt zu Boden
grenzenlose … merkwürdige …

DIENER *tritt zu ihr hin, stellt fest, daß sie tot ist, blickt dann
einige Zeit auf das weit geöffnete Fenster, geht zur Tür*
Sie ist tot!
*geht zurück zum Fenster und schließt es wieder, geht mit
dem Pekineserhündchen quer über die Bühne und nach
rechts ab zur Tür hinaus*

WIRKLICHE *unsichtbar von rechts*
Führen Sie ihn hinunter!

Ein Fest für Boris

Erstes Vorspiel

Leerer Raum. Hohe Fenster und Türen
Die Gute rechts
Johanna tritt von links mit einem Tisch ein und stellt ihn
neben die Gute

DIE GUTE
  Es ist kalt
JOHANNA *rückt den Tisch noch näher an die Gute heran und*
  stellt sich selbst hinter sie
DIE GUTE
  Es ist doch kalt
  Bringen Sie mir die Decke
JOHANNA *zögert*
DIE GUTE *herrscht sie an*
  Bringen Sie mir die Decke
  Mich friert
  weil ich schon eine Stunde da sitze
  und mich nicht rühre
JOHANNA *will gehen*
DIE GUTE
  Warten Sie
  warten Sie
  Haben Sie die Briefe aufgegeben
  die Briefe den Brief an das Asyl
  an den Bürgermeister
  an den Polizeidirektor
  erkennt, daß sie sie nicht aufgegeben hat

Also zerreißen Sie sie
werfen Sie sie weg
JOHANNA *will weggehen*
DIE GUTE
Nein bringen Sie sie her
JOHANNA
Alle
DIE GUTE
Alle
Heute sind es grüne
und morgen wieder weiße Kuverts
und so weiter
Sie lachen schon länger als drei Jahre darüber
Wenn Sie nur diese Krankheit aus mir herauslachen
könnten
Bringen Sie mir doch die Briefe her
damit ich sie alle zerreißen kann
Alles ist jeden Tag tagtäglich
eine Wiederholung von Wiederholungen
Die ganze Nacht und den ganzen Vormittag
habe ich wieder Briefe geschrieben
Unwahrheiten
Unzulänglichkeiten
Lügen
Lügen von Lügen
Warum lüge ich
Alle diese Lügen sind Verfinsterungen
daß alles wahr ist und wirklich
schreiend
Warum verbieten Sie mir denn nicht
Briefe zu schreiben
Wenn ich nur plötzlich

ganz plötzlich
keine Adresse mehr wüßte
von den Adressen nichts wüßte
keine Adresse
Wenn mir plötzlich kein Name
kein einziger Name mehr einfiele
Wenn ich nichts mehr wüßte
was mit diesen Adressen und Namen zusammenhängt
Es tötet mich
es tötet mich Johanna
Aber jede Nacht schreibe ich diese Briefe

JOHANNA *ab*

DIE GUTE

Eine einzige Lüge
alles
schreit ihr nach
Daß Sie mich keine Briefe mehr schreiben lassen
Warum nehmen Sie mir denn nicht das Briefpapier weg
Nehmen Sie es mir doch weg
Wenn Sie sehen daß ich anfange
Briefe zu schreiben
daß das Wahnsinn ist
Unwahrheiten
Lügen
Ich befehle Ihnen mich keine Briefe mehr
schreiben zu lassen
zu sich
ich will einschlafen
und kann nicht einschlafen
und ich denke nach
wieder laut
Und dann befehle ich Ihnen

176

mir das Briefpapier zu bringen
und Sie bringen mir das Briefpapier
zu sich
ich muß etwas tun
wenn ich nichts tue
nichts
fürchterlich

JOHANNA *mit den Briefen herein*

DIE GUTE

Geben Sie her
versteckt die Briefe in der Tischlade
Später
später
Warum gibt es denn heute keine Zeitungen

JOHANNA

Sie streiken

DIE GUTE

Wer streikt

JOHANNA

Die Drucker

DIE GUTE

Die Drucker

JOHANNA

Alle streiken

DIE GUTE

Alle streiken
Auf einmal streiken alle
Alles streikt
Alles

JOHANNA

Überall wird gestreikt

DIE GUTE

Alles streikt

Dieser Streik wird sich auch auf uns auswirken
Wenn er lang dauert
Ist genug Gemüse im Haus
Obst
Fleisch
Wenn der Streik länger dauert
Alles deutet darauf hin
daß der Streik länger dauert
Keine Zeitungen
das ist fürchterlich
Die Inserate
Die Mordfälle
und das Wetter
Von den Büchern abgesehen
gibt es keine Abwechslung mehr für mich
Bringen Sie mir doch die Decke
JOHANNA *ab*
DIE GUTE *sinniert*
Lesen lesen
laut
Übrigens haben Sie mir gestern wieder
ein Theaterstück gegeben in dem ein Mann vorkommt
der keine Beine mehr hat
mit Vorliebe geben Sie mir in letzter Zeit eine Literatur
in der Verkrüppelte eine Rolle spielen
infam
aber ich verzeihe Ihnen
wir verzeihen uns
Sie sind ja nicht böswillig
Sie sind bösartig
nicht böswillig
dieser kleine Unterschied auf der zweiten Silbe

macht Sie mir immer wieder erträglich
Verbieten Sie es mir jemals wieder einen einzigen Brief
                                        zu schreiben

Sie müssen es mir versprechen

JOHANNA *mit einer Decke herein, deckt die Gute zu*

DIE GUTE

Ich kann nicht einschlafen
und lese diese Romane
diese Theaterstücke
plötzlich laut
Machen Sie doch die Fenster auf
ich ersticke

JOHANNA *öffnet die Fenster*

DIE GUTE

Sie müssen es mir unmöglich machen
unmöglich
Wenn ich die Briefe nicht abschicke
macht es nichts
leise
Sie müssen es verhindern
es mir verwehren
Die Wahrheit ist daß kein Mensch von mir einen Brief
will
niemand
nichts
weil ich immer auf einem einzigen Fleck sitze
Da da
fällt mir natürlich viel ein
mir fällt so viel ein daß ich Angst habe
meine Einfälle könnten tödlich sein
meine Einfälle
Niemand hat Zeit für Briefe

Für Einfälle
es ist wahr die Leute haben keine Einfälle
weil sie keine Zeit haben
für Einfälle
und sie haben keine Zeit
weil sie keine Einfälle haben
niemand lebt gern gespenstisch
Ich habe die längste Zeit
und ich habe gar keine Zeit
das ist mein Unglück
Mich langweilen meine Einfälle
Wenn ich auf einmal keine Einfälle mehr hätte
Meine Bewegungslosigkeit Johanna
Wenn ich sage zerreißen Sie meine Briefe
gehn Sie hinaus und lesen Sie sie
und erst wenn Sie sie gelesen haben
werfen Sie sie weg
Zerreißen Sie sie
Und wenn ich sage Sie dürfen sie
bevor Sie sie wegwerfen nicht lesen
lesen Sie sie
Ich habe meine Briefe immer zerrissen weggeworfen
in den ganzen zehn Jahren die mein Mann tot ist
habe ich alle Briefe immer wieder zerrissen
es ist wahr
ich habe nicht einen einzigen Brief abgeschickt
Geben Sie zu daß das wahr ist
Zerrissen
verbrannt
Es gibt gar keinen Grund mich so aufzuregen Johanna
Warum rege ich mich denn auf
auf einen Brief den man nicht abschickt

kann keine Antwort
Nein nein Johanna
Mit den Fragen die Antworten und so weiter
Johanna Sie bilden sich ein daß Sie alles über mich
                                         wissen
weil Sie drei Jahre in meinem Haus sind
weil Sie drei Jahre da sind
vorher haben Sie nicht existiert
Sie bilden sich alles ein

JOHANNA *ab*

DIE GUTE

Sie kennt alles
sie weiß alles
sie weiß was in meinen Schubladen ist
laut, ihr nach
Das wissen Sie natürlich
Sie haben recht
Sie sind drei Jahre in meinem Haus

JOHANNA *kommt mit einer riesigen weißen Schachtel herein*

DIE GUTE

Was ist denn das

JOHANNA

Die Handschuhe die Hüte

DIE GUTE

Die Handschuhe die Hüte

JOHANNA *stellt die Schachtel auf den Tisch*

DIE GUTE

Die Handschuhe die Hüte
*probiert von jetzt an, bis der Vorhang fällt,
ununterbrochen lange, mindestens bis zu ihren Ellenbogen
reichende rote und grüne, gelbe, aber vor allem weiße und
schwarze Handschuhe und große Frühjahrshüte in den
gleichen Farben und Johanna ist ihr dabei behilflich*

Haben Sie dem Handschuhhändler gesagt
daß ich mir nur ein einziges Paar aussuche
daß ich mich nicht sofort entscheide
Ein Paar Handschuhe
Einen Hut
Sie wissen natürlich
was ich besitze
Sie kennen meinen Besitz
wie ich hier sitze
in meinem Sessel
alles
Sie kennen alles
Wenn Sie wüßten
was es alles gibt
das Sie nicht kennen
lacht auf
Meinen schlechten Geschmack
der eine Folge meines guten Geschmacks ist
Weil Sie eine intelligente Person sind
Und weil Sie so intelligent sind
schweigen Sie oft
Es ist Mißbrauch
alles ist Mißbrauch
Auf intelligente Weise Ihre Schweigsamkeit
die Schweigsamkeit Ihrer Intelligenz
Ihre Intelligenz einen langen geistreichen Satz
völlig fehlerfrei auszusprechen
einen langen geistreichen
zum Beispiel mit dem Französischen
zusammenhängenden Satz
völlig fehlerfrei auszusprechen

obwohl Sie diesen Satz überhaupt nicht verstehen
und obwohl Sie diesen Satz vorher
überhaupt noch niemals gehört haben
gelesen oder gehört haben
Ausländische Namen sprechen Sie
hochintelligent aus
die französischen Umstandswörter zum Beispiel
Sie sind eine ausgezeichnete Vorleserin
die die schwierigsten Sätze
völlig fehlerfrei aussprechen kann
Seit zehn Jahren ist für mich das wichtigste
daß ich eine ausgezeichnete Vorleserin habe
Ihre Vorgängerin
Nein
eine Vorleserin die die schwierigsten Sätze
völlig fehlerfrei aussprechen kann
französische Namen sprechen Sie doch ganz
ausgezeichnet aus
zum Beispiel das Wort o u b l i é
Wie Sie das aussprechen
nicht so schnell
Sie sehen ja daß mir der Handschuh zu klein ist
die sind mir alle zu klein
wirft ein Paar auf den Boden
JOHANNA *hebt sie auf*
DIE GUTE

   Die andern die andern
   wirft ihr einen Handschuh ins Gesicht
   Es ist nicht meine Schuld
   es ist fürchterlich einen Satz völlig falsch ausgesprochen
   hören zu müssen
   wenn Sie wüßten wie mich das schmerzt

Das sind meine Schmerzen Johanna
Wie alt sind Sie
sagen Sie mir wie alt
Sie sind
Sie sagen es mir nicht weil ich Sie jeden Tag frage
wie alt Sie sind
Aber ich will wissen wie alt Sie sind
Nein ich erlasse es Ihnen
Sie brauchen mir nicht zu sagen wie alt Sie sind
Heute nicht
Jetzt nicht
Den weißen den weißen

JOHANNA *zieht ihr einen weißen Handschuh an, setzt ihr*
einen weißen Hut auf

DIE GUTE

Ich habe immer wieder die Feststellung gemacht daß
                                                  Leute
die von dem was sie vorlesen
nicht die geringste Ahnung haben
dieses Vorzulesende ganz ausgezeichnet vorlesen
Einmal haben Sie ein Kapitel gekannt
erinnern Sie sich
Sie wissen was für ein Kapitel
Sie können sich genau erinnern
Sie haben es unerlaubterweise
bevor Sie es mir vorgelesen haben selber gelesen
und es ist unerträglich gewesen
Ihnen zuzuhören
Erinnern Sie sich
wir haben die Vorlesung abbrechen müssen
abbrechen
Wir haben die Vorlesung abgebrochen

Sie brechen mir ja die Finger
Wie Sie mir den Artikel über meinen Besuch bei den
                                        Waisenkindern
und in den städtischen Hilfsschulen
vorgelesen haben
mit einer unglaublichen Sicherheit
Sie haben einen erstaunlichen Sinn
für verbrecherische journalistische Satzgefüge
Erinnern Sie sich
ich denke die ganze Zeit darüber nach
was es ist das eine so große Rolle
zwischen uns beiden spielt
Wenn ich Sie sehe
wenn ich Sie nur höre
Ich brauche Sie nur hören
ich brauche nur an Sie denken
ist es schon da
Wenn ich nur an Sie denke
Warum mißtraue ich Ihnen
Jetzt sind Sie schon drei Jahre im Haus
und ich mißtraue Ihnen
bis in Ihre Gedankengänge hinein
Wie ich Sie zum erstenmal gesehen habe
da war dieses Mißtrauen
setzt einen grünen Hut auf, zieht grüne Handschuhe an
Ein Regentag
ein entsetzlicher Regentag
erinnern Sie sich daß es ein Regentag war
Sie haben mich abgestoßen
Die Wahrheit ist daß Sie mich vom ersten Augenblick
                                        an
abgestoßen

infiziert haben mit Ihrer Krankheit
Wir stehen in einem Krankheitsverhältnis zueinander
die ganze Welt besteht aus solchen Krankheiten
die alle nicht diagnostiziert sind
lacht
Ich habe gesagt Sie sollen sich umziehen
umziehen
dableiben
Sie sind in meinen Besitz übergegangen
Ziehen Sie sich um und bleiben Sie da
habe ich gesagt
und Sie haben sich umgezogen und Sie sind
                                        dageblieben

Ihre Stimme
Ihr Sinn für Kleinigkeiten
reißt sich die Handschuhe von den Händen und den Hut
vom Kopf und wirft alles auf den Boden
für die lächerlichen Zusammenhänge
Vor allem hat mich die Art wie Sie die Vorhänge
                                        zugezogen haben
abgestoßen
Wie Sie die Vorhänge aufgemacht haben
schaut auf den Boden
Heben Sie sie doch auf
Warum heben Sie sie denn nicht auf
JOHANNA *hebt Hut und Handschuhe auf*
DIE GUTE *wirft, nachdem Johanna Hut und Handschuhe*
    aufgehoben hat, alles so weit als möglich weg
Bringen Sie mir alles her
JOHANNA *holt Hut und Handschuhe*
DIE GUTE
    Sie ziehen die Vorhänge jetzt anders zu

nicht mehr so abrupt
Das wäre kein Unterschied
Schon am ersten Tag haben Sie sich
in Widersprüche verwickelt
das hat mich sofort
interessiert
Sie haben gesagt Sie hätten als fünfjähriges Kind
Ihre Eltern verloren
Es war gelogen
Ihr Vater war groß
Sie haben ihn klein geschildert
Sie sind in einem engen Zimmer aufgewachsen
Ihre Mutter hat singen können
Sie haben es nur nicht gehört
Sie haben mit einem Hund ein Verhältnis gehabt
Sie haben es nur nicht bemerkt
Die grünen
die grünen
probiert grüne Handschuhe, setzt einen grünen Hut auf
Sie haben das ganze erste Jahr nicht
von meinem verstorbenen Mann gesprochen
als ob Sie gefühlt hätten daß Sie das ganze erste Jahr
nicht von meinem verstorbenen Mann sprechen dürfen
Ihre Feinnervigkeit
Ihr absolutes Gefühl
für das Erhabene
Johanna
Sie haben es gefühlt
aber nach einem Jahr haben Sie mich plötzlich gefragt
und ich weiß sogar noch wo
vor dem Fenster dort
diese Situation

Wir haben von den Zuständen
die im Asyl herrschen gesprochen
und daß ich daran denke
mir einen dieser erbärmlichen Krüppel aus dem Asyl
ins Haus zu nehmen
einen solchen Krüppel zu heiraten
Da haben Sie mich gefragt ob mein Mann
noch etwas gesagt hat
Nein nichts
Sie haben mich immer wieder gefragt ob mein Mann
noch etwas gesagt hat
Ihre Rücksichtslosigkeit
Auf Ihre krankhafte Weise
Sie wollten Einzelheiten erfahren
Mein Mann war sofort tot
Ich war nicht tot
Aber mein Mann war sofort tot
mir fehlten die Beine
Immer wollen Sie etwas in Zusammenhang mit dem
Unfall hören
in Zusammenhang mit diesem Abend
Wenn Sie mich gleich was gefragt haben
Wenn Sie mich nach meinem Schlafrock fragen
nach meiner Halskette
Wenn Sie mich fragen ob ich hinaus will oder hinunter
fragen Sie doch nur
wie der Unfall gewesen ist
Dieser Regentag
Ich habe gewußt Sie sind die richtige Person für mich
Einen Krüppel habe ich gesagt
einen Krüppel der wie ich
keine Beine mehr hat

ins Haus
heiraten
Boris
Der ganze Vorgang erinnert mich an den Nachmittag
an dem ich mir den Hund gekauft habe
In dem Augenblick in dem ich gewußt habe
jetzt besitze ich Sie
habe ich den Hund nicht mehr haben wollen
Sie haben selbst den Hund weggeführt
Sie erinnern sich doch daß Sie den Hund weggeführt
haben
hinausgeführt
hinuntergeführt
Sie haben den Hund gehaßt
Sie sind froh gewesen daß der Hund nicht mehr da war
JOHANNA *will etwas sagen*
DIE GUTE
Schweigen Sie
Sie haben den Hund vom ersten Augenblick an gehaßt
Sie haben den Hund entdeckt
Sie haben sich selbst entdeckt
und haben ihn gehaßt
und haben sich selbst gehaßt
Sie haben das arme Tier gehaßt
Sie hätten es neben dem Hund nicht ausgehalten
Es ist mir nicht schwergefallen mich von dem Hund zu
trennen
Er hat nicht mehr zu mir heraufspringen können
er war alt
Ich habe ihn hier
sehen Sie
hier

auf dem Schoß hier
festgehalten
Der Hund hat mir nicht halb soviel Schwierigkeiten
                                                    gemacht
Der Hund ist schon an der Leine aber Sie
Bei Ihnen hat es ein Jahr gedauert
aber da ich gewußt habe
daß es schwierig ist
weil Sie so kompliziert sind
Ihre Vorgängerinnen
Nein
Keine so kompliziert wie Sie
Die Schwierigkeit war und ist
daß Sie nicht vom Land sind
Ihre Vorgängerinnen sind vom Land gewesen
das vereinfacht
Es war mir vom ersten Augenblick an klar daß es mit
                                                    Ihnen
nicht so leicht gehen wird
Sie haben sich gewehrt
Sie haben mich gehaßt
Sie hassen mich
Damals haben Sie mich gehaßt ohne zu wissen
warum Sie mich hassen
Sie haben sich diesen Posten nicht so vorgestellt wie er
ist
leichter
Sie haben sich alles leichter vorgestellt
Vorstellungen
falsche Vorstellungen
Dieses Haus und ich
Aber Ihre Komplikationen

sind nicht so schwierig wie meine Komplikationen
Sie sind ungewöhnlich intelligent
und unsinnig
Wenn sich zwei Menschen zur gegenseitigen
                              Gewohnheit machen
und
obwohl sie verzweifeln
diese Gewohnheit zu ihrer Kunst machen
ich sehe Sie noch in Ihren geschmacklosen Strümpfen
diese geschmacklosen Schuhe die Sie angehabt haben
dieser Regentag
Wir haben uns beide zur Gewohnheit gemacht
Wenn man anfängt das auszuhalten
Gewohnheit
Verlogenheit
Eine Gewohnheit wenn sie eine Gewohnheit ist
Mit den Dienstboten ist alles ein Mißverstandnis
Zuerst haben Sie sich gewehrt
Sie haben ausbrechen wollen
weg
Ihre Ausbruchsversuche
An jeden Ihrer Ausbruchsversuche kann ich mich
                                        erinnern
Sie sind nicht weggegangen
wirft Johanna einen Handschuh ins Gesicht
Sie haben Angst gehabt Angst
und aus dieser Angst
aus unser beider Angst ist dann dieser fürchterliche
Dauerzustand geworden
Sie haben immer mehr Geld verlangt
Ich habe Ihnen immer mehr Geld gegeben
aber schließlich mit Ihren Gefühlen

alles wieder ruinieren müssen
sie haben mir damals nacheinander die ganzen
berühmten
russischen Romane des neunzehnten Jahrhunderts
vorgelesen
Sie erinnern sich
Oblomow
Dolgorukij
Verrückt
Ein Krüppel hat Sie
hat uns besiegt
ein Krüppel
Boris
Freilich ich habe einen hohen Preis zahlen müssen
für unser Verhältnis
Dann habe ich Ihnen die Falle gestellt
Ich habe Ihnen gedroht
Sie haben mir gedroht
Wir existieren nurmehr noch in Drohungen
Mit jeder Drohung von meiner Seite ist unser
Verhältnis
mit jeder Drohung von Ihrer Seite
geben Sie ihn mir her
geben Sie ihn her
setzt einen schwarzen Hut auf
Herrlich
Schwarze Handschuhe
JOHANNA *gibt der Guten schwarze Handschuhe*
DIE GUTE
Es erinnert mich an das Begräbnis
zieht die schwarzen Handschuhe wieder aus, wirft sie weg,
nimmt den schwarzen Hut herunter und wirft ihn weg

Nicht schwarz
Schwarz nicht
JOHANNA *hebt Hut und Handschuhe auf*
DIE GUTE
Es vergiftet mich
Sie wären immer der ganz gewöhnliche Mensch
geblieben
der Sie gewesen sind
Wenn ich denke was Ihre Lebensumstände aus Ihnen
gemacht hätten
Sie müssen zugeben
daß Sie es nicht geliebt hätten
Ihr Leben
Sie hätten Ihr gewöhnliches Leben nicht geliebt
Sie sind intelligenter als Sie mir zeigen wollen
Sie zeigen mir nur Ihre oberflächliche Intelligenz
Sie zeigen mir die Intelligenz die ich feststelle
wenn Sie mir ein Glas Wasser holen
den Hut aufheben
wenn Sie mir meine Beinstummel waschen
wenn Sie mich anziehen
ausziehen
kämmen
Mit was für einer hohen Intelligenz Sie mich kämmen
kein Mensch hat mich jemals mit einer so hohen
Intelligenz gekämmt
Sie haben diese Art Intelligenz
die mich immer schon interessiert hat
Ach diese Handschuhe
geben Sie her
*zieht noch einmal die schwarzen Handschuhe an, setzt
noch einmal den schwarzen Hut auf*

Es ist wahr Sie wären aus Ihrer Gewöhnlichkeit
nicht mehr herausgekommen
Sie haben keinen Blick
für das menschliche Elend
für das Menschenelend
Es ist ein Unterschied zwischen dem einen
und dem andern Haß
Erinnern Sie sich noch
wie ich Sie jeden Tag tagtäglich
um ein Paar Strümpfe geschickt habe
und jedesmal in ein andres Geschäft
Sie wissen ja auch nichts vom Lord Byron
Ich hab Sie jeden Tag um ein Paar Strümpfe geschickt
obwohl ich keine Beine mehr habe
und obwohl Sie genau gewußt haben daß ich keine
                                     Beine mehr habe
Sind Sie weggelaufen um die Strümpfe
jeden Tag und jeden Tag
in ein anderes Geschäft
erinnern Sie sich an den Schuhmacher
von dem ich mir ein Paar Schuhe habe anmessen lassen
und der sie mir angemessen hat
obwohl er gewußt hat
daß ich keine Beine und folglich keine Füße mehr habe
er hat mir die Schuhe angemessen
erinnern Sie sich
zieht die schwarzen Handschuhe aus, nimmt den
schwarzen Hut vom Kopf und läßt alles fallen
Dieser Mann
dieser unglaublich geschickte Mann
diese schönen Schuhe
die ich Ihnen oft und oft

immer und immer wieder
geliehen habe
Ihre Intelligenz beruht darauf
daß Sie sehr viel bei mir gesehen haben
Es gibt hochintelligente Menschen die s e h e n n i c h t s
Sie s e h e n und das macht Sie unglücklich
geben Sie mir die roten
die roten
zieht rote Handschuhe an, setzt einen roten Hut auf
Sie tun mir weh
lacht
Die Masse sieht nichts
die Masse ist auch nicht unglücklich
die Masse ist glücklich
In diesem Augenblick habe ich Sie immer gefragt
wie spät es ist
mit weit ausgestreckten Armen
Jeden Tag in diesen drei Jahren
habe ich Sie immer um Punkt drei gefragt
wie spät es ist
und Sie haben mir immer geantwortet
Drei Uhr
Wenn Sie mir einmal nicht geantwortet hätten
wenn Sie mir nur ein einzigesmal nicht geantwortet
                                                    hätten

Es ist ein Spiel
zieht die Handschuhe aus, wirft den Hut weg, Johanna
hebt alles auf
Es ist die Finsternis
Und das Nachdenken
Und das Nichtstun
Weil Sie mich ununterbrochen allein lassen

wenn ich rede
Sie stehen die ganze Zeit da und bewegen sich nur
wenn ich Ihnen befehle bewegen Sie sich
Ich bin überzeugt daß die Bewegungslosigkeit
diese Todeskrankheit
in der Natur
jede Krankheit ist eine Krankheit
der Bewegungslosigkeit
Sie bewegen sich nicht
Sie sehen
Sie denken nach
Sie sehen daß ich tot umfalle
Sie sehen mich tot in meinem Sessel tot
Es ist immer das gleiche Sie sehen mich tot
tot
Sie warten darauf
daß ich tot bin
Eine Tote
Sie sehen es immer
hält ein Paar gelbe Handschuhe in die Luft
lachend
Es sind die Verrücktheiten
sonst nichts
Wie weit bin ich gereist
wohin sind sie alle gereist
wir sind immer alle gereist gereist gereist
wirft die Handschuhe weg, Johanna hebt sie auf
Haben Sie nie das Bedürfnis zu reisen
weit weg einfach wegzureisen
wir sind überall hingereist
probiert einen grünen Handschuh
Aber wenn Sie nach England reisen

und verstehen die englische Sprache nicht
oder nach Rußland und verstehen kein Russisch
Es ist gut
daß ich Schluß gemacht habe
Schluß gemacht
ganz leise
Schluß gemacht
den grünen Handschuh bewundernd
Es war ja nicht so daß ich von dem Unglück überrascht
worden bin
so war es nicht
zieht den grünen Handschuh wieder aus
Tot sein
in einen Lichtschacht stürzen
tot sein wie mein Mann
In Wahrheit habe ich schon seit Wochen nicht mehr
von ihm geträumt
Jahre nicht mehr
Wenn Sie Ihre Schuhe putzen
denken Sie da nicht an mich
wenn Sie Ihre Beine übereinanderschlagen
Sie fühlen sich wohl in dem Gedanken
der kein Gedanke ist
Sie denken Ich werde hinaufgehen
oder hinuntergehen
hinausgehen
weggehen
weil ich Beine habe denken Sie
Sie haben Beine
Wenn Sie hin und her laufen im Haus
Sie laufen in letzter Zeit so viel hin und her
Sie laufen den ganzen Vormittag hin und her

den ganzen Nachmittag
wenn Sie zu Ihrem Freund gehen
denken Sie da nicht an mich
eine Person ist eine Person
die in eine andere Person verhaßt ist
Wann ist das Fest
Johanna wann ist das Fest
Wann kommen die denn
Wann

JOHANNA
Dienstag

DIE GUTE
Dienstag
Dienstag Boris' Geburtstag
Und wann ist der Ball

JOHANNA
Morgen

DIE GUTE
Dienstag das Fest
Morgen der Ball
Dienstag das Fest
Diese Zustände im Asyl
Dieser Mensch
In Wahrheit hat mich mein ganzes Leben
immer nur das Verhältnis zwischen zwei Menschen
interessiert
Wie spät ist es
Nein sagen Sie mir nicht wie spät es ist

JOHANNA *zieht der Guten ein Paar rote Handschuhe über,*
setzt ihr einen roten Hut auf

DIE GUTE
Fünfundzwanzig nach drei

bewundert die roten Handschuhe
Es ist gut daß Sie da sind
und daß Sie mir zuhören
Wir sind eine Verschwörung
streckt die Arme so weit als möglich aus
Sagen Sie dem Bibliothekar
daß ich keine Atlanten mehr will
ich will wieder lesen sagen Sie
streckt die Arme noch weiter aus
Mich interessieren jetzt die Romane des zwanzigsten
                                        Jahrhunderts
denken Sie daran sagen Sie dem Bibliothekar
daß mich jetzt die Romane des zwanzigsten
                              Jahrhunderts interessieren
Durch die Atlanten bin ich die ganze Nacht
verunstaltet
Ich komme mit großen Koffern
und ohne daß mir jemand hilft
ohne daß Sie mir helfen Johanna
in Portugal an
oder in der Schweiz oder in der Türkei
ganz gleich wo
oder ich sehe mich die ganze Zeit
auf dem Trottoir spazieren
Und mit dem Briefträger laufe ich um die Wette
Vorhang

Die Macht der Gewohnheit

Dritte Szene

*Alle, außer dem Dompteur, auf den Sesseln, ihre Instrumente
stimmend, die Bogen der Instrumente mit Kolophonium
einstreichend*

CARIBALDI *zur Enkelin*
  Crescendo
  wenn ich crescendo sage
  Decrescendo
  sage ich decrescendo
  Es gibt in der Kunst
  gar in den Kunststücken
  kein Pardon
  zum Jongleur
  Diese Entwicklung
  muß allein gegangen sein
  den Schwachsinn
  in einem einzigen Augenblick
  zum Genie machen
  Wenn ein Körper im ganzen
  in ein Verhältnis tritt
  so treten seine Teile
  in ein ähnliches Verhältnis
  wie der ganze Körper tritt
  In diese Hunderttausende von Richtungen
  in die ich hätte gehen können
  in eine einzige bin ich gegangen
  Aber ich bin kein Beispiel

tatsächlich bin ich
gescheitert
Der Direktor ist immer
gescheitert
Die Versuche die ich
gemacht habe
gescheitert
die Möglichkeiten
die ich gehabt habe
Weil sich ein Mensch wie ich
in fortwährender Beobachtung
der anderen Menschen
vernichten muß
Die andern sich entwickeln lassen
verbietet sich einem solchen Menschen
wie ich
Eine an sich mittelmäßige Verwandtschaft
und die Hohe Kunst
andererseits
Und die fortwährenden Versuche
die Mittelmäßigkeit der Verwandtschaft
in diese Hohe Kunst
oder besser in diese sogenannte Hohe Kunst
hinein
und hinunter zu stoßen
Diese tagtägliche Quintettprobe
ist keine Marotte
zur Enkelin
Die Viola so spielen
wie du auf dem Seil tanzt
zum Jongleur
Die Violine absolut

zu Ihrem Kopf machen
und umgekehrt
wissen Sie
zum Spaßmacher
Die Baßgeige
ist dein Unglück
verstehst du
immer wieder
Die Baßgeige
ist dein Unglück
Immer diese Verzögerungen
diese Verletzungen
diese Launen
zur Enkelin
In Augsburg
die E-Saite nicht vergessen
Ein ganz und gar verrückter Musikalienhändler
in Augsburg
Immer ist es der Dompteur
der das Quintett sabotiert
schreit
Sabotage
Sabotage

JONGLEUR

Die Wunde eitert ihm
sagt der Dompteur
mit einer eitrigen Wunde

CARIBALDI

Die Wunde eitert ihm
die Wunde eitert ihm
mit einer eitrigen Wunde
Aber es ist ein Quintett

kein Quartett
Und weil er fortwährend
eitrige Wunden an seinem Körper hat
besäuft er sich
und dann ist es ihm unmöglich
sich auf dem Klavier zurechtzufinden
Er findet sich auf dem Klavier nicht zurecht
streicht einen tiefen langen Ton auf dem Cello
JONGLEUR *streicht einen Ton auf der Geige*
ENKELIN *zupft an der Viola*
SPASSMACHER *zupft an der Baßgeige*
CARIBALDI
Casals
streicht einen tiefen langen Ton auf dem Cello
Casals
zum Jongleur
Hören Sie den Unterschied
streicht einen tiefen langen Ton auf dem Cello
Casals
plötzlich befehlend
Den Stimmton bitte
ALLE *streichen einen langen Ton auf ihrem Instrument*
CARIBALDI
Jetzt gelänge
was uns schon lange
nicht gelungen ist
aber der Dompteur
macht alles zunichte
richtet sich den Notenständer mit dem Notenheft
Rettich
überall Rettichgestank
JONGLEUR *bläst den Staub von seinem Notenheft*

Die Rücksichtslosigkeit
ist ein Kunstwille
die einzige Möglichkeit
ist die Rücksichtslosigkeit
Aber die Umwelt
ist nichts als Dummheit
und Krankheit
und Unverständnis
Jahrzehnte spiele ich
gegen den Stumpfsinn das Cello
Aber es ist kein Ende abzusehen
kein Ende abzusehen
zupft am Cello
Perfektion
Die Gesellschaft stößt
wer gegen sie verstößt
aus
zur Enkelin
Du mußt die Viola spielen
wie du auf dem Seil tanzt
verstehst du
Zwei Saiten in Augsburg
E E verstehst du
E-Saiten
zum Jongleur
Lebenslänglich
mein lieber Herr Jongleur
lebenslänglich
Sie jonglieren mit Ihren Tellern ja auch
lebenslänglich
gegen die Gesellschaft

Ihr Kopf kommt nicht zur Ruhe
gegen die Gesellschaft
zum Spaßmacher
Melancholiker

SPASSMACHER *streicht dreimal kurz auf der Baßgeige hin und her*

CARIBALDI
Mit dem Bogen
mit dem Geigenbogen
mit dem Baßgeigenbogen
mit dem Cellobogen
gegen alles
Der Kopf ist von der Kunst
die einer macht
nicht mehr in Ruhe gelassen
hört er auf
ist er tot
sich mit dem Bogen
in den Tod
hineinstreichen
streicht einen langen tiefen Ton auf dem Cello; über den Dompteur zum Spaßmacher
Wie er dir die Wurststücke
und die Rettichstücke
zuwirft
streicht einen langen tiefen Ton auf dem Cello

ENKELIN *bohrt in der Nase*

CARIBALDI *hat das bemerkt, zum Jongleur*
Es ist Ihnen nicht gelungen
meiner Enkelin
das Nasenbohren abzugewöhnen
kaum sitzt sie auf dem Sessel

bohrt sie in der Nase
zur Enkelin
Das ist eine Verunstaltung
mein Kind
auch während du spielst
bohrst du in der Nase
Das ist abstoßend
während des Forellenquintetts
in der Nase bohren
zum Jongleur
Oder diese fürchterliche Gewohnheit
in das Andante hineinzuhusten
ein so ausgezeichneter
geschulter Kopf
und eine solche fürchterliche Gewohnheit
Sie müssen mehr Malz einnehmen
eine größere Menge Malz
verstehen Sie
und wenn Sie die Atemübungen
die ich Ihnen empfohlen habe
auch wirklich machen
Um sechs in der Frühe hinaus
gleich wo
und sei es in Augsburg
eine Stunde oder auch nur
eine halbe Stunde
in der frischen Luft
das Crescendo nicht außer acht lassend
verstehen Sie
Diese Verengung Ihrer angegriffenen Bronchien
Sie erweitern sie
Sie sind in der kürzesten Zeit

beschwerdelos
Aber Sie befolgen nicht
was ich sage
So haben Sie ja auch Schwierigkeiten
mit dem achtzehnten Teller
das gelingt Ihnen nicht
Weil Sie Schwierigkeiten
mit der Atmung haben
Atmungsschwierigkeiten
zu allen
Alle habt ihr Atmungsschwierigkeiten
Die Atmung funktioniert nicht
das ist es
Wenn die Atmung funktioniert
funktioniert auch die Hohe Kunst
Für einen Künstler
für einen praktizierenden Künstler
noch dazu für einen Artisten
oder für einen solchen
der ausübender praktizierender Künstler
und dazu auch noch Artist ist
ausübender Artist
ist die Beherrschung der Atmung
das wichtigste
zum Jongleur direkt
Ihre Sprache ist ja auch
nur aus kürzesten Sätzen zusammengesetzt
nur aus kürzesten Sätzen
besteht Ihre Sprache
während Ihrer ganzen Erscheinung
ordentlich lange
lange ordentliche Sätze entsprächen

Was Sie sagen
ist abgehackt
alles ist abgehackt
was Sie sagen
Das deutet darauf hin
daß Sie die Atmung
nicht beherrschen
das ist eine Schande
für einen Artisten
zu allen
Die Störungen
abschaffen
die Organismusgebrechen
Das ganze Leben
bin ich damit beschäftigt

ALLE *zusammen streichen auf Caribaldis stummes
Kommando einen Ton auf ihrem Instrument*

CARIBALDI

Jetzt
gut so
Aber das Klavier hat uns wieder
im Stich gelassen

JONGLEUR *hustet*

CARIBALDI

Kaum spielen wir ein paar Takte
husten Sie hinein

SPASSMACHER *läßt die Haube übers Gesicht fallen*

CARIBALDI

Oder dem Spaßmacher fällt die Haube
vom Kopf
Ständig rutscht ihm
die Haube vom Kopf

zum Spaßmacher direkt
Hast du denn keine Haube
die dir nicht fortwährend
herunterrutscht
kaum sitzt er da
rutscht ihm die Haube herunter
ENKELIN *lacht*
CARIBALDI *zum Jongleur*
　Darüber lacht sie natürlich
　schreit die Enkelin an
　Lachst du
　zum Jongleur
　Dieses entsetzliche Lachen
　meiner Enkelin
　über das Herunterrutschen der Haube
　des Spaßmachers
　Ist die Haube zu weit
　rutscht sie ihm herunter
　ist sie ihm zu eng
　rutscht sie herunter
　Dann sieht er nichts
　und ein Mißton ist da
　sofort ist ein Mißton da
　Ist ein Mißton da
　weiß ich
　ihm ist die Haube heruntergerutscht
　zum Jongleur
　Gibt es denn keine Methode
　daß ihm die Haube nicht mehr herunterrutscht
　An den Kopf anschrauben
　Aber man kann sie ihm nicht
　an den Kopf anschrauben
　an den Kopf

SPASSMACHER *läßt die Haube übers Gesicht rutschen*
ENKELIN *lacht*
CARIBALDI
   Da rutscht die Haube
SPASSMACHER *setzt sich die Haube wieder auf*
ENKELIN *lacht*
CARIBALDI
   Die Haube rutscht
   und meine Enkelin lacht
   Rutscht die Haube
   lacht meine Enkelin
JONGLEUR
   Zuerst rutscht
   die Haube
CARIBALDI
   Dann lacht
   meine Enkelin
SPASSMACHER *bricht in Gelächter aus*
CARIBALDI
   Der Spaßmacher
   hat nicht zu lachen
   er hat nichts
   zu lachen
SPASSMACHER *hört auf zu lachen, sagt*
   Nichts zu lachen
   nichts zu lachen
JONGLEUR *mit dem Geigenbogen gegen ihn*
   Der Spaßmacher
   hat nicht zu lachen
   Er hat nichts zu lachen
CARIBALDI
   Der Spaßmacher nicht

zur Enkelin
Dieses Lachen
kommt dich teuer
zu stehen
Vier Tage Kartoffelsuppe
dann vergeht dir
das Lachen
streicht einen Ton auf dem Cello, dann
Oder ich habe diesen
fürchterlichen rheumatischen Schmerz
den ich mir auf dem Stilfser Joch
zugezogen habe
Sie erinnern sich
auf dem Stilfser Joch

JONGLEUR
Auf dem Stilfser Joch

ENKELIN *und* SPASSMACHER *zusammen*
Auf dem Stilfser Joch

CARIBALDI
Ein Luftzug
Ein Luftzug nur

SPASSMACHER
Ein Luftzug
läßt die Haube fallen und setzt sie sich gleich wieder auf

CARIBALDI *schreit den Spaßmacher an*
Ein Luftzug
zum Jongleur
Dieser fürchterliche Rückenschmerz
Aber ich verliere nicht die Beherrschung
ich gestatte mir
den Schmerz nicht

während des Spiels
streicht einen langen tiefen Ton auf dem Cello, horcht
Die Temperatur sinkt
zum Jongleur
Hören Sie
die Temperatur sinkt
Ich bemerke an dem Celloton
daß die Temperatur sinkt
Morgen in Augsburg
zur Enkelin
Die Wärmflasche
morgen in Augsburg
nicht vergessen
streicht einen tiefen Ton auf dem Cello
Augsburg
ist kalt

JONGLEUR

Kein größeres Vergnügen
als mit dem Quintett
den Schmerz besiegen

ENKELIN *unterdrückt ein Lachen*

SPASSMACHER *läßt die Haube vors Gesicht fallen*

JONGLEUR *zu Caribaldi*

Er wäre nicht der Spaßmacher
wenn er nicht
von Zeit zu Zeit
seine Haube

CARIBALDI

Das ist eine Unverschämtheit
die Haube fallen zu lassen

JONGLEUR

Eine ganz bestimmte Kopfbewegung
und die Haube fällt

CARIBALDI *zeigt mit dem Cellobogen auf den Kopf des*
Spaßmachers
Und die Haube fällt
fällt die Haube

SPASSMACHER *hält sich mit beiden Händen die Haube am*
Kopf fest

ENKELIN *und* JONGLEUR
lachen laut auf

CARIBALDI
Eine Unverschämtheit
eine Unverschämtheit

JONGLEUR *zu Caribaldi*
Eine peinliche Situation

CARIBALDI
Eine Unverschämtheit

JONGLEUR
Eine Unverfrorenheit

CARIBALDI *zum Jongleur*
Sie lachen zu sehen
Sie nicht nur lachen
zu hören
Sie lachen zu sehen
bei diesem widerwärtigen Anlaß

JONGLEUR *lacht jetzt vollkommen frei und laut vor sich hin*

CARIBALDI
Es gibt nichts Abstoßenderes
als das unmotivierte Lachen
eines intelligenten Menschen

SPASSMACHER *läßt die Haube vors Gesicht fallen und setzt sie*
sich gleich wieder auf und hält sie mit beiden Händen am
Kopf fest

ALLE *außer Caribaldi lachen laut, hören blitzartig zu lachen*
auf

CARIBALDI *will aufspringen, wird aber von heftigem*
   Rückenschmerz zurückgehalten, setzt sich wieder
JONGLEUR
   Sie dürfen nicht abrupt
   aufspringen
   Sie wissen
   daß Sie nicht abrupt
   aufspringen dürfen
CARIBALDI
   Morgen in Augsburg
   greift sich an den Rücken
   Morgen in Augsburg
   Mein ganzes Leben
   ist eine Qual
   alle meine Vorstellungen
   sind zunichte
   Aber nicht genug
   wird man auch noch
   fortwährend aufgezogen
   den Jongleur anblickend
   desavouiert
   den Spaßmacher anblickend
   hintergangen
   die Enkelin anblickend
   ausgelacht
   zum Spaßmacher
   Du machst mich wahnsinnig
   wenn du die Haube
   mit beiden Händen
   an deinem Kopf festhältst
SPASSMACHER *nimmt die Hände weg vom Kopf, die Haube*
   fällt

CARIBALDI *ruft aus*
Ein Alptraum
ein Alptraum
SPASSMACHER *setzt sich die Haube wieder auf*
CARIBALDI *schaut auf die Uhr*
Eines Tages
bringe ich diesen Menschen
um
Diesen Neffen
*streicht einen langen Ton auf dem Cello und zupft an
einer Saite*
Obwohl er weiß
wir warten auf ihn
Kommt er nicht
Es ist sein Triumph
streicht sieben kurze kräftige Töne auf dem Cello
Es ist sein Triumph
streicht einen kurzen tiefen Ton, setzt ab
Casals
Wir müssen die Temperaturschwankungen
beachten
zur Enkelin
Den größten Wert auf die Temperaturschwankungen
legen
zum Jongleur
Es ist ein Quintett
kein Quartett
Es heißt nicht
Forellenquartett
es heißt
Forellenquintett
Die eingehen

über den Dompteur
verfüttert er an die andern
zupft am Cello
Immer lungert der Mensch herum
frißt säuft
ruft aus
Ein Zersetzer
Ich bin genug bestraft
bedeutet dem Spaßmacher, ganz an ihn, Caribaldi,
heranzukommen
SPASSMACHER *ganz an Caribaldi heran*
CARIBALDI *die Haube des Spaßmachers untersuchend zum*
Jongleur
Vielleicht ist es
nur eine Frage
des Stoffes
klopft dem Spaßmacher auf den Kopf, fragt ihn
Was ist das für ein Stoff
SPASSMACHER
Seide
Seide ist es
CARIBALDI *zum Jongleur*
Seide
Seide ist es
Es ist Seide
ruft aus
Seide Seide
zum Jongleur
Muß es Seide sein
Es muß nicht Seide sein
Seide muß es nicht sein
Leinen

Leinen
gestärktes Leinen
JONGLEUR *zuckt die Achseln*
CARIBALDI *zur Enkelin*
  Es muß nicht Seide sein
  mein Kind
  Leinen
  Gestärktes Leinen
ENKELIN
  Gestärktes Leinen
CARIBALDI *zum Spaßmacher*
  Gib her
  zeig her
  gib her
SPASSMACHER *gibt Caribaldi die Haube, dieser betrachtet die*
  Haube
CARIBALDI
  Seide
  Seide
  die Haube ist ja viel zu bauschig
  eine viel zu bauschige Haube
  Leinen
  Leinen
  gestärktes Leinen
  Ich kann mir vorstellen
  daß eine Haube aus Leinen
  aus gestärktem Leinen
  auf dem Kopf bleibt
  greift dem Spaßmacher auf den Kopf
  Auf diesem Kopf bleibt
  auf dem Kopf
  die Haube

da auf dem Kopf
aus gestärktem Leinen
gibt dem Spaßmacher die Haube zurück
SPASSMACHER *setzt sich die Haube auf*
CARIBALDI
Eine Leinenhaube natürlich
SPASSMACHER *im Rückwärtsgang*
CARIBALDI
Eine Leinenhaube
eine gestärkte Leinenhaube
SPASSMACHER *setzt sich*
CARIBALDI
Morgen in Augsburg
In Augsburg morgen
Leinen
gestärktes Leinen
zur Enkelin
die Haube gestärkt
Morgen in Augsburg
mein Kind
In Augsburg
SPASSMACHER *verliert die Haube*
CARIBALDI *schreit*
Aufsetzen
die Haube aufsetzen
die Haube aufsetzen
SPASSMACHER *setzt die Haube auf*
CARIBALDI *zum Jongleur*
Eine Verrücktheit
eine Marotte
ein Krankheitserreger
JONGLEUR *wiederholt*
Ein Krankheitserreger

CARIBALDI

Ein Krankheitserreger
greift sich an den Rücken
Alles ist gegen
die Probe
gegen mich
ruft aus
Ihr seid alle gegen mich
ich sollte euch alle zum Teufel jagen
greift sich an die Hüfte
Je weiter nach Norden
desto größer die Schmerzen
zum Jongleur
Gibt es denn in Augsburg
überhaupt einen Arzt
einen Rheumaspezialisten
in diesem muffigen verabscheuungswürdigen Nest
In dieser Lechkloake
zur Enkelin
Du mußt mich heute noch einreiben
mein Kind
von unten nach oben
verstehst du
langsam von unten
nach oben
Den Saft schütteln
schütteln den Saft
JONGLEUR *zur Enkelin*

Der Rückenschmerzsaft
gehört gut
geschüttelt
CARIBALDI

Schütteln

schütteln
verstehst du
JONGLEUR *zu Caribaldi*
Diese Rheumatismussäfte
müssen gut geschüttelt sein
CARIBALDI *zum Jongleur*
Oder ich lasse mich doch
von meinem Neffen einreiben
diese großen diese riesigen Handballen
meines Neffen tun mir gut
zur Enkelin
Deine Hände sind
Hühnerknochen
wie Hühnerknochen
zum Jongleur
Diese riesigen Handballen
meines Neffen wissen Sie
SPASSMACHER *streicht jetzt mehrere lange tiefe Töne auf der*
Baßgeige
CARIBALDI *zum Jongleur*
Zum Einreiben
ist mein Neffe
gut genug
sonst ist er
für nichts
ENKELIN *streicht, während der Spaßmacher dasselbe auf der*
Baßgeige tut, auf ihrem Instrument, der Viola, mehrere
Töne
CARIBALDI *zum Jongleur*
Diese großen fleischigen Handballen
müssen Sie wissen
Dieser mißratene Mensch

der die Gewohnheit hat
ständig auf dem Klavier
noch dazu auf dem offenen Klavier
riesige die größten Rettiche
zu essen
JONGLEUR *streicht mehrere Töne auf der Violine, während*
der Spaßmacher und die Enkelin noch nicht aufgehört
haben, ihre Instrumente zu streichen
CARIBALDI *plötzlich*
Das ist ja nicht auszuhalten
dieses verstimmte Klavier
und dieser entsetzliche Gestank
vom Rettich
ALLE *hören auf, ihre Instrumente zu streichen*
CARIBALDI
Streichinstrumente
Streichinstrumente
ruft aus
Gibt es denn in Augsburg
überhaupt
einen Klavierstimmer
Einen solchen durch und durch
unmusikalischen Menschen
an das Klavier zu setzen
weil man dazu gezwungen ist
zum Jongleur
Das Klavier als Biertisch
als Unterlage für das Verzehren
das unaufhörliche Verzehren
von Rettich
streicht einen langen tiefen Ton auf dem Cello
zum Jongleur

Auch Experimentator
ist nur das Genie
Das ist eine bedrohliche Gewohnheit
streicht einen langen tiefen Ton auf dem Cello
Immer ist dieser entsetzliche
dieser grauenhafte Rettichgeruch
in der Luft
Alles stinkt nach Rettich

JONGLEUR
Nach Rettich

SPASSMACHER *und* ENKELIN
Nach Rettich

CARIBALDI *streicht einen tiefen Ton auf dem Cello*
Er ist ein Tier
ein uneheliches Tier
Weil es sich um Verwandtschaft handelt
Ein Indiz ja
Aufgepäppelt
aus der Strafanstalt
herausgeholt
und aufgepäppelt
zum Jongleur
Das erste ist
sich Rettich
zu verschaffen

JONGLEUR
Diese ungeheuern Mengen
Rettich die er verzehrt

CARIBALDI
Rettich

SPASSMACHER *und* ENKELIN *streichen wieder auf ihren*
Instrumenten

CARIBALDI
Bierrettich
Sodomie
Sodomie
zum Jongleur
Bierrettich
Sodomie
verstehen Sie
streicht einen langen tiefen Ton auf dem Cello in das
Instrumentestreichen des Spaßmachers und der Enkelin
hinein
Sodomie
Sodomie
plötzlich, am Cello zupfend, ausrufend
Müssen wir uns das gefallen lassen
daß dieser Mensch
tagtäglich die Probe sabotiert
SPASSMACHER *läßt die Haube ins Gesicht rutschen*
CARIBALDI
Die Idee
ist der Wahnsinn
SPASSMACHER *setzt sich die Haube wieder auf und hält*
sie mit beiden Händen fest, die Baßgeige zwischen den
Beinen, während der Jongleur von der Enkelin angestarrt
wird
CARIBALDI
Was sitzt du da
und starrst ihn an
zum Jongleur
Das Kind ist
von Ihrer Persönlichkeit
fasziniert

Das schadet seiner Kunst
zur Enkelin
Den Jongleur anstarren
und alles andere vernachlässigen
Keine Disziplin auf dem Seil
aber den Jongleur anstarren
die Viola nichts
aber den Jongleur anstarren
Die Rechenaufgabe nicht lösen
Vergessen die Hosenknöpfe
anzunähen
Ein übles Geschöpf
mein Kind
Morgen in Augsburg
kaufe ich dir die ganze grauenhafte Literatur
und du wirst vor lauter Auswendiglernen
keine Zeit mehr haben
für den Jongleur
zum Jongleur
Und der Herr Jongleur
hat keinerlei Recht
die Dummheit
und die Unsinnigkeit meiner Enkelin
auszunützen
SPASSMACHER *verliert die Haube*
CARIBALDI *über den Spaßmacher zum Jongleur*
Man muß ihm die Haube
an eine Schnur nähen
und die Schnur ihm unter dem Kinn
zuziehen
zum Spaßmacher
Die Haube an eine Schnur

und unter dem Kinn zuziehen
daß die Haube
nicht mehr fallen kann
die Haube
JONGLEUR *zu Caribaldi*
Aber Herr Caribaldi
das ist es ja
worüber die Leute lachen
wenn ihm die Haube
vom Kopf fällt
SPASSMACHER *lacht laut auf, mit ihm die Enkelin*
CARIBALDI
Das ist es
natürlich
das ist es
streicht einen Ton
JONGLEUR *hustet*
CARIBALDI *zum Jongleur*
Malz
hören Sie
Malz
JONGLEUR *hustet*
CARIBALDI
Morgen in Augsburg

Minetti

Zweite Szene

Halle
Ein alter englischer Aufzug links
Portierloge, Portier in alten Hotelbüchern blätternd, rechts
Eine (rotgekleidete) Dame auf einem alten Sofa Virginier
rauchend und trinkend im Hintergrund
Ein Lohndiener kommt von links mit einem riesigen alten
Koffer herein und stellt ihn vor der Portierloge ab

MINETTI *wieder mit offenem Unterhosenband*
    Plötzlich der Absturz
    in die Bequemlichkeit
    entsetzlich
    verantwortungslos
    Die Welt will unterhalten sein
    aber sie gehört verstört
    verstört verstört
    wo wir hinschauen nichts
    als ein Unterhaltungsmechanismus heute
    In die Kunstkatastrophe meine Dame
    in die unglaublichste aller Kunstkatastrophen
    gehört alles hineingestoßen
    hineingestoßen hören Sie
    hineingestoßen
    nach einer Pause
    Der junge Mensch
    der ich gewesen bin
    der in die tödliche Schauspielkunst hineingegangen ist

und sich tödlich verletzt hat
Kein Mensch heute
der sich tödlich verletzt
wir existieren in einer abstoßenden Gesellschaft
die es aufgegeben hat sich tödlich zu verletzen
vor sich hinstarrend
Lear
auf der Suche
nach dem Kunstwerk
immerfort nach dem Geistesgegenstand
gegrübelt und gegraben
nach dem Kunstwerk dame *trinkt*

MINETTI
Kopfüber in das Kunstwerk
meine Dame
kopfüber
Mit dem Geistesgegenstand
gegen den Geistesunrat
mit dem Kunstwerk
gegen die Gesellschaft
gegen den Stumpfsinn
mit dem Regenschirm in die Luft schlagend plötzlich
Verjagen
mit gesenktem Kopf
Dem Stumpfsinn
die Geisteskappe aufsetzen
laut, empört
mit der Geisteskappe
den Stumpfsinn erdrücken
die Gesellschaft
alles
unter der Geisteskappe erdrücken

Ein Schauspiel anzetteln
und dem Stumpfsinn die Geisteskappe aufsetzen
Hören Sie meine Dame
Der Schauspieler reißt
dem Schriftsteller die Maske herunter
und setzt sie sich auf
und verjagt das Publikum
indem er dem Publikum die Geisteskappe aufsetzt
Wir dürfen nicht kapitulieren
nicht kapitulieren
wenn wir nachgeben
ist alles zu Ende
Wenn wir nur einen Augenblick nachgeben
ruft aus
Nicht einen Augenblick
leise, ruhig
Auf der Lauer
dem Stumpfsinn
die Geisteskappe aufsetzen
immer wieder
jeden Tag
rücksichtslos
gegen jeden
gegen alles
lebenslänglich
lebenslänglich verstehen Sie
DAME *trinkt*
MINETTI *zum Portier*
Nicht beirren lassen
mein Herr
nicht beirren lassen
leise, mit dem Regenschirm den Horizont beschreibend

Dann herrscht plötzlich
Stille
vor dem gesprochenen Wort
ganz langsam und leise vor sich hin
Hören Sie
Das Meer
Die Mathematik
Die Mühsal
Das Entsetzen
Der Ehrgeiz
Die Verlassenheit
Wind
Küste
Dieses Wort Küste
beinahe singend
Küste
Küste
und dann
Nebel
Wahrnehmung
Eifersucht
plötzlich laut schreiend
Hilfe
ganz leise
Mord
zur Dame direkt
Wenn nurmehr noch das O herrscht
oder nurmehr noch das U
oder das I
wie wenn er krähte
Kikeriki
Kikeriki

Kikeriki
nach einer Pause
Blasphemie
zur Dame direkt
Überlegungen
Bewegungen meine Dame
Nachdenklichkeit
Wortlosigkeit
Lautlosigkeit meine Dame
Es ist ein Verspottungsprozeß
ein Verhöhnungsprozeß
und ein Verspottungsprozeß lebenslänglich
vor sich hinstarrend
Die Wissenschaft vom Kopf
und von den Beinen
*bemerkt das offene Unterhosenband, winkt den
Lohndiener heran und zeigt mit dem Schirm auf das
Unterhosenband*
Da
da
LOHNDIENER *bückt sich und bindet das Unterhosenband*
DAME *trinkt und lacht*
MINETTI *zum Portier*
Die Harmonie
Die Disharmonie
Kunstkörper mein Herr
Kunstkörper
alles Kunstkörper mein Herr
zum Lohndiener, mit dem Regenschirm nachhelfend
genug
genug
LOHNDIENER *springt auf und zurück zur Portierloge*

Ohr
Auge
Wahnsinn
Körperbeherrschung
Geistesbeherrschung
zur Dame
Magnetismus meine Dame
In einem einzigen Augenblick
die ganze klassische Literatur zeigen
wahrnehmen
und zerstören
vernichten
gleichzeitig
in einem einzigen Augenblick
Die ganze Geschichte auf den Kopf stellen
oder den Kopf auf die ganze Geschichte meine Dame
schaut auf die Uhr
In Flensburg meine Dame
Zur Zweihundertjahrfeier
mit gesenktem Kopf
Immer kränkelnd
immer verkühlt
sind diese Leute
die widerstandsfähigsten
die sich denken lassen
zur Dame direkt
Der Schauspieldirektor
ist ein Jugendfreund von mir
entfernt verwandt
sehr entfernt
in Flensburg

Die Erschöpfung
nicht aufkommen lassen
unterdrücken
mit dem Verstand
DAME *trinkt*
MINETTI *zum Portier*
Nur die jungen Leute
haben zum Wahnsinn
eine Beziehung
eine Naturbeziehung
nur die jungen Leute
haben ein Verstandesmotiv
Der Aufzug kommt herunter und eine größere Gruppe
lachender und schreiender junger Maskierter kommt
heraus und eilt durch die Halle hinaus
Minetti ihnen nachschauend
Fanatismus
Intelligenz
und Fanatismus
zur Dame
Silvesterfanatismus
Silvester
Die gleiche Menschengruppe wieder in die Halle herein
und in den Aufzug und fahren hinauf
Silvesterfanatismus
Die Jugend getraut sich
schaut auf die Uhr
Theaterdirektoren
sind die Unverläßlichkeit selbst
die Unpünktlichkeit
Ein Schauspieler hat niemals
mit der Pünktlichkeit des Theaterdirektors zu rechnen

zur Dame
In Lübeck
in der Hansestadt Lübeck
vor vierzig Jahren müssen Sie wissen
wo ich Theaterdirektor gewesen bin
bevor ich mich endgültig
der klassischen Literatur verweigert habe
Ich habe es gehaßt
immerfort klassische Stücke zu spielen
Ich hasse die klassische Literatur
ich hasse die klassische Kunst
alles Klassische
Den Lear ausgenommen
Abgesetzt müssen Sie wissen
von den Senatoren verjagt
nach Dinkelsbühl
Früher oder später
werden alle Schauspieldirektoren verjagt
Aus dieser grauenhaften Stadt Lübeck
Alle diese am Meer gelegenen Städte stinken
aber in Lübeck stinkt es am mitleidlosesten
zur Dame direkt
Ich hasse die Ostsee
Ich liebe die Nordsee
Oostende verstehen Sie
Dünkirchen
schicksalhaft
sehr schicksalhaft
plötzlich
Aber meine ganze Vorliebe gilt England
England
von allen Ländern liebe ich England am meisten

Shakespeare und Scotland Yard
oder umgekehrt
als ob er den Regenschirm auf seiner rechten Schuhspitze
balancierte
Scotland Yard und England
Aber ein kontinentaler Schauspieler in England
ist eine Unmöglichkeit
Ein Mensch wie ich
ist absolut
zur Kontinentexistenz verurteilt
lebenslänglich meine Dame
Hier in Oostende glaube ich
die englische Luft einzuatmen
die englische Luft
Eine absolute Kontinentexistenz meine Dame
ist ein Unglück
zur Dame direkt
Einmal bin ich
in der Nähe von Folkestone
von einem Gastwirt
in den Ärmelkanal geworfen worden
zu Silvester
Angeklammert an eine Wochenendausgabe der TIMES
habe ich mich aus dem Wasser herausziehen lassen
insoferne verdanke ich meine weitere Existenz
der TIMES
Ich habe mich oft gefragt
allerdings meine Dame
ob es nicht besser gewesen wäre
die TIMES außer acht zu lassen
Ich hätte mir viel erspart
zum Portier

Keinerlei Nachricht
Um neun verabredet
und keinerlei Nachricht
PORTIER
Keinerlei Nachricht
Herr Minetti
MINETTI *zur Dame, mit dem Schirm in die Ecke zeigend*
James Ensor und Shakespeare
Sie hätten sie sehen müssen die beiden
Da in der Ecke
schaut auf den Koffer
Seit dreißig Jahren
trage ich diesen Koffer mit mir
und in dem Koffer ist die Maske des Lear
von Ensor
und mehrere Zeitungsausschnitte
mich betreffend
Rezensionen
Artikel über mich
Vor allem alle Artikel
meinen Prozeß betreffend
den Prozeß betreffend
den die Stadt Lübeck gegen mich angestrengt hatte
weil ich mich der klassischen Literatur verweigert habe
Tatsächlich habe ich
den Prozeß verloren
Naturgemäß
ein Mensch wie ich
verliert jeden Prozeß
die korrupte Gesellschaft
gewinnt jeden Prozeß
Ich bin im Recht gewesen

aber die Stadt Lübeck hat den Prozeß gewonnen
Ich habe den Prozeß verloren
weil ich mich der Klassik verweigert habe meine Dame
Der einzelne
ist er noch so im Recht
verliert jeden Prozeß

EIN BETRUNKENER *tritt ein und holt sich vom Portier den*
Zimmerschlüssel und geht zum Aufzug und fährt hinauf

MINETTI

Alles was ich gehabt habe
hat mich dieser Prozeß gekostet
ganz leise
Weil ich mich der klassischen Literatur
verweigert habe
Ich habe mich daraufhin selbst
zu dreißig Jahren Einzelhaft in Dinkelsbühl verurteilt
Ich weiß wovon ich rede meine Dame
Das Leben ist eine Posse
die der Intelligente Existenz nennt
Ich bin aus Lübeck verjagt worden
seitdem hasse ich Lübeck
Die Heimatstadt
Ich habe mich dreißig Jahre geweigert
in einem klassischen Stück aufzutreten
Den Lear hätte ich gespielt
mit dem Lear ist es etwas anderes
Dadurch bin ich naturgemäß heruntergekommen
dreißig Jahre Dinkelsbühl
Selbstjustiz meine Dame
Ich habe nichts als diesen Koffer
Der Schauspieldirektor
Der Jugendfreund

Friese
Friese meine Dame
Friese
plötzlich pathetisch
Ganz Deutschland war gegen mich
und hat mich vernichtet
Wehe wenn es einer wagt
gegen die Gesellschaft
oder gegen die öffentliche Meinung
seinen Kopf durchzusetzen
Dreißig Jahre Dinkelsbühl
Alles was auch nur den Anschein hat
klassisch zu sein
verabscheue ich
Ich fliehe das Klassische meine Dame
Ein bedeutender Künstler hat die Klassik zu fliehen
Dreißig Jahre beschäftigungslos in Deutschland
in Dinkelsbühl
weil ich mich der Klassik verweigert habe
er springt auf, weil er glaubt, der Schauspieldirektor
ist eingetreten, aber eingetreten ist nur ein Krüppel mit
einer Hundemaske auf dem Gesicht, der auf Krücken
seinen Zimmerschlüssel verlangt und durch die Halle zum
Aufzug geht und mit dem Aufzug hinauffährt
Minetti dem Krüppel nachschauend
Lear
und Andere
nach einer Pause
Wer konsequent ist
fällt der Gesellschaftsvernichtung anheim
setzt sich wieder
DAME *trinkt*

MINETTI

Ich habe alle Möglichkeiten gehabt
aber ich habe keine dieser Möglichkeiten
ausnützen können
Wahrheitsfanatismus
Verfolgungswahn
Hypersensibilismus meine Dame

DAME *trinkt*

MINETTI

Es ist ein Gelübde
ein Gelübde ist es
zieht eine Fotografie aus der Rocktasche und gibt sie der
Dame
Hier auf diesem Bild
sehen Sie mich
als Lear
Meine Abschiedsvorstellung in Lübeck

DIE DAME *betrachtet die Fotografie, vergleicht die Fotografie*
mit Minetti

MINETTI

Lear
in Ensors Maske
geradeaus blickend
Ein Portrait des Künstlers
als junger Mann

DIE DAME *gibt die Fotografie zurück*

MINETTI

Ich habe den Lear
in ganz Norddeutschland gespielt
aber kein Mensch
hat den Lear verstanden
Shakespeare nicht

Lear nicht
nichts
direkt zur Dame
Das ist deprimierend meine Dame
steckt die Fotografie wieder ein
Wenn Sie umherreisen mit dem Lear
und kein Mensch versteht den Lear
und kein Mensch versteht Shakespeare
und kein Mensch versteht den Schauspieler
der den Lear spielt
greift sich mit beiden Händen an den Kopf
das ist Wahnsinn
nach einer Pause
Dann ist mir der Prozeß gemacht worden
dann bin ich abgesetzt worden
dann bin ich zu meiner Schwester nach Dinkelsbühl
nach Dinkelsbühl
wenn Sie wissen
wo das ist meine Dame
und habe mich versteckt
habe Gemüse gepflanzt
Kraut eingewintert
Zwiebelzöpfe geflochten
laut, aufbrausend
Lear hat sich versteckt
auf den Regenschirm gestützt, geradeaus blickend
Und jetzt werde ich den Lear spielen
nach dreißig Jahren
in Flensburg
steht auf und geht zum Koffer und zeigt mit dem
Regenschirm auf den Koffer und sagt zur Dame
Weil ich konsequent gewesen bin
konsequent meine Dame konsequent

Der Aufzug kommt herunter mit Lachenden und
Schreienden, die aus dem Aufzug herausstürzen

Immanuel Kant

Mitteldeck

Mehrere Klappstühle und Sessel
Frau Kant und die Millionärin promenierend

MILLIONÄRIN
Es ist viel Prominenz
an Bord
Den Leuten nützt
ihr Inkognito nichts
Es hat sich herumgesprochen
daß Kant an Bord ist
lacht
Wenn diese Reise nicht zielführend ist
ist es die nächste
Meine Großmutter
eine geborene Litfaß
Kohle Koks Metall wissen Sie
mit pianistischen Ambitionen
reiste mit dem ganzen Familienschmuck
auf der Titanic
Die Dampfpfeifen pfeifen dreimal
Sie hatte immer davon gesprochen
daß sie auf hoher See sterben wird
Tatsächlich hat der Eisberg die Titanic
vollkommen aufgeschnitten
Lloyds muß ganz einfach die Titanic heben
ich werde alles daransetzen
daß die Titanic gehoben wird

Mein verstorbener Mann
hat mir auf dem Totenbett den Schwur abgenommen
daß ich alles unternehmen werde
daß die Titanic gehoben wird
Lloyds hat schließlich eine große Verpflichtung
Kant an Bord
ist das nicht eine Ungeheuerlichkeit
Man sagt er sei aus Königsberg nie herausgekommen
Alles sehr witzige Leute
Die Dampfpfeifen pfeifen dreimal
Ich habe mit dem Steward gesprochen
Wir sitzen am Kapitänstisch
Mit dem Kardinal mit dem Admiral
am Lampionfest
Schrecklich
ich denke immerzu an die Eisberge
ich habe die ganze Nacht nicht geschlafen
nach der Erzählung des Kardinals
einerseits habe ich zugehört
andererseits fortwährend Whisky getrunken
Ein paar Gläser am Abend meinte der Bordarzt
schaden mir nicht
Auf einer solchen Reise
muß man sich ganz einfach
den angebotenen Genüssen hingeben
plötzlich, Frau Kants Kleid kontrollierend
Was für ein hübsches Kleid
ein richtiges Bordkleid
Ich bin jeden Morgen in der größten Verlegenheit
wenn ich denke
was ich wieder anziehen werde
Die Dampfpfeifen pfeifen dreimal

einerseits ist es an Deck doch sehr windig
andererseits unter Deck ziemlich heiß
Aber ich habe noch niemals auf hoher See
ein und dasselbe Kleid zweimal getragen
Es muß interessant sein
mit einem so berühmten Mann wie Professor Kant
verheiratet zu sein
Der Steward sagt der Professor ist
zehnfacher Ehrendoktor
Sie hätten Ihren Mann auf dem Tristachersee
                                    kennengelernt

Eine Seeehe
lacht laut auf
Eine Seeehe

FRAU KANT
Ja auf dem Wasser

MILLIONÄRIN
Ihre erste Hochseereise
und zu einem so hohen Anlaß
Ehrendoktor von New York
was für ein Höhepunkt

FRAU KANT
Mein Mann ist Ehrendoktor der Columbiauniversität

MILLIONÄRIN
Aber das ist doch gleichgültig
Mit einem Ehrendoktor
an einem Tisch
mit Kant persönlich
Jetzt weiß ich erst was das bedeutet
Der Kardinal ist ganz außer sich
daß er auf demselben Schiff reist wie Kant
Kant und der Kardinal

Ich liebe Amerika über alles
Sie nicht

FRAU KANT

Wir reisen das erstemal nach Amerika

MILLIONÄRIN

Daß es das heute noch gibt
zum erstenmal nach Amerika
schaut auf das Meer hinaus
Diese Weite
diese Unendlichkeit
Nun gut
ich glaube fest
Lloyds hebt den Schatz
dann habe ich erreicht
was ich wollte
Das bin ich doch meinem Mann schuldig
Er hatte immer Schiffsbauingenieur werden wollen
ein richtiger Schiffsbauingenieur
Ach wissen Sie er stammte
aus einer richtigen Proletarierfamilie
Kant persönlich
Es muß wunderbar sein
mit einer Weltberühmtheit verheiratet zu sein
mit Kant
Gehen Sie auch jeden Tag zum Masseur
Ich lasse mich täglich vom Schiffsmasseur massieren
ein so schöner Körper
eine elegante Erscheinung
er hat mir gesagt
im Grunde sei er Arzt
er habe sein Doktordiplom wegen einer verschleppten
                                      Rippenfellentzündung

seiner Mutter nicht machen können
Achja die Krankheiten zerstören alles
da ist man auf dem besten Weg
ein Talent zu entwickeln
ein Genie zu werden
und plötzlich ist alles zunichte
weil eine Krankheit auftritt
Jeden Morgen kommt der Schiffsarzt
und mißt mir den Blutdruck
Ich habe meinen eigenen Blutdruckmesser mit
wohin ich auch fahre
immer habe ich meinen Blutdruckmesser mit
Die Ärzte behandeln mit ganz und gar unzuverlässigen
                                                    Apparaten
Haben Sie auch solche absurden Träume
Ich glaube ich gehe durch die Fifth Avenue
und rede einen Mann an und frage wie spät ist es
und es stellt sich heraus es ist der Schah von Persien
lacht laut auf
und er sagt
meine Liebe
Ihr Strumpfband hat sich gelöst
Mein Strumpfband frage ich mein Strumpfband
Allerdings meine Liebe Ihr Strumpfband sagt er
darauf bücke ich mich
und tatsächlich
hat sich mein Strumpfband gelöst
Ach sage ich
wie kommen Sie denn hier auf die Fifth Avenue
Aber wie ich mich wieder aufrichte
bin ich auf dem Großglockner
wirklich

Auf hoher See haben die Leute die absurdesten Träume
oder sie leiden an Schlaflosigkeit
Der Kardinal hat schon zweimal erbrochen
Die Seekrankheit ist etwas Fürchterliches
Haben Sie wenigstens eine gute Kabine
Früher hatte ich Angst allein zu reisen
eine Seereise allein macht ganz einfach Angst
mit meinem Mann bin ich um die ganze Welt gereist
und immer zu Schiff
grundsätzlich nur zu Schiff
flüstert der Frau Kant ins Ohr
Er war Epileptiker
wieder laut
Ich hasse das Fliegen
Ach mir gefällt es hier auf dem Schiff
und mir schmeckt es hier auf dem Schiff
Wenn ich schlecht träume
gehe ich an Deck
und denke an Panama
verstehen Sie Matrosen Liebe achja
Und wenn mir die Kleider zu eng werden
haben wir schließlich einen Schneider an Bord
einen richtigen böhmischen Schneider
ein Genie auf seinem Gebiet
In ein paar Tagen habe ich Lloyds so weit
daß sie die Titanic heben
Ein Perlenkollier denken Sie
das die Maria Theresia um den Hals gehabt hat
und eine Menge erzherzöglicher Ringe
Brillanten Diamanten aus allen Kaiserhäusern
Finden Sie nicht
daß der Kardinal sehr gut aussieht

Ein schöner Papst wäre das
Ich bin sicher er wird eines Tages Papst
Dann kann ich sagen
ich bin mit dem Papst zu Schiff nach Amerika
Es gibt natürlich größere Schiffe
aber keins ist angenehmer
Luxus ist angenehm
der Hochseeluxus ist angenehm
Ich verstehe nichts von Philosophie
aber sagen Sie mir bitte was philosophiert Ihr Mann

                                                denn

Ist es tatsächlich unverständlich
Ich würde so gern etwas von Ihrem Mann lesen
haben Sie für mich etwas übrig
Ich möchte doch nicht mit Kant bekannt sein
und nichts von Kant kennen
schaut aufs Meer hinaus
Meine Mutter hat immer gesagt
rede nicht soviel mein Kind
das schwächt deinen Organismus
plötzlich
Angeblich hat die Titanic den Anwälten
die die Hinterbliebenen vertreten haben mehr gebracht
als das Ganze auf dem Schiff wert war
Sind Sie auch bei Lloyds versichert
Achja
was für ein schöner Nachmittag
plötzlich neugierig
Worauf gründet sich denn die Philosophie Ihres

                                         Mannes

Achja
Denken Sie wie ich in die Kabine komme

habe ich die Bescherung
Ich habe den Wasserhahn laufen lassen
entsetzlich
zwei Uhr früh und ich stehe im Wasser
Bis vier Uhr früh hat es gedauert
daß ich zu Bett gehen konnte
Die Nervosität der Leute ist auffallend
es liegt ein Wetterumschwung in der Luft
Haben Sie schon Ihre Lampions

FRAU KANT

Welche Lampions

MILLIONÄRIN

Na für das Lampionfest

FRAU KANT

Daran habe ich noch gar nicht gedacht

MILLIONÄRIN

Ich hatte immer nur gelbe Lampions
Gelb ist meine Lieblingsfarbe müssen Sie wissen
schon als Kind
Ich liebe diese Bordfeste
Einmal auf der Fahrt nach Jamaika
mit meinem Mann
hat es einen Zwischenfall gegeben
Das Bordfest war schon in Gang
da gab es eine Explosion
Das Schiff ist explodiert habe ich gedacht
Eine Panik eine richtige Panik stellen Sie sich vor
Aber es ist nur ein Knallkörper explodiert
Das wird Ihrem Mann gefallen das Bordfest
Da brauchen Sie mindestens sechs Lampions
Jeder hat zwei Lampions
Ihr Mann Sie und der Begleiter Ihres Mannes

FRAU KANT
  Ernst Ludwig
MILLIONÄRIN
  Ernst Ludwig richtig
  Drei mal zwei ist sechs
FRAU KANT
  Sie haben Friedrich vergessen
MILLIONÄRIN *fragt*
  Friedrich
FRAU KANT
  Der Papagei meines Mannes
MILLIONÄRIN *lacht auf*
  Achja der Papagei
  Das ist ja eine Unglaublichkeit
  wenn der Papagei mit zwei Lampions hereinkommt
  eine Unglaublichkeit
  schaut aufs Meer hinaus
  Ich liebe diese Augenblicke
  in welchen ich hier stehe
  und hinausschaue
  Bleiben Sie länger in New York
  Da müssen Sie länger bleiben
  Sie müssen in den Centralpark
  Ach und die vielen schönen Blusen auf der
                                    Achtunddreißigsten Straße
  Der Broadway ist nicht mehr
  was er einmal war
  das ist alles vorbei alles tot
  Die großen Schauspieler sind alle auf dem Friedhof
  und die lebenden sind nichts
  Aber Sie haben sicher kein Interesse für Theater
  Ich gehe nicht mehr ins Theater

es hat nichts mehr zu bieten
das Theater ist ein Anachronismus
Ein Bekannter von mir
Schriftsteller
auch ein Philosoph wie Ihr Mann
hat ein Buch herausgegeben
in welchem er beweist daß das Theater
ein Anachronismus ist
Kennen Sie Strindberg
Das ist ein Mann
alles andere ist nichts
da ist es besser ich nehme ein heißes Fußbad
als daß ich ins Theater gehe
zieht plötzlich ihren Rock hinauf
Sehen Sie
FRAU KANT *schaut auf das rechte Knie der Millionärin*
MILLIONÄRIN
Meine Kniescheibe ist künstlich
Eine lange Geschichte
Das ist ganz plötzlich passiert
Ich gehe drei Tage nach unserem Hochzeitstag
auf die Straße
vor zweiundvierzig Jahren
um einen Serviettenring abzuholen beim Juwelier
den Serviettenring habe ich meinem Mann geschenkt
eine Gravur wissen Sie
mit dem Hochzeitstagdatum
Wie ich in das Juweliergeschäft eintreten will
tritt ein Mann vor mich hin und sagt Vorsicht
Vorsicht hören Sie Vorsicht
Ich denke ein Verrückter und lache
In diesem Augenblick schlägt mir der Mann

mit einem Metallstock auf das Knie
und zerschlägt mit einem einzigen Schlag die
                                            Kniescheibe
Es ist alles so schnell passiert
daß der Mann unerkannt entkommen konnte
Der Fall ist nie aufgeklärt worden
Zuerst haben mich die Ärzte verpfuscht
in Europa praktizieren ja wirklich nur Stümper
Dann bin ich
nach mehreren mißlungenen Operationen in Wiener
                                            und Schweizer Kliniken
nach Amerika
ich hatte mich schon damit abgefunden gehabt
daß mein Bein steif bleibt
aber an der Columbiauniversität
haben sie mir diese künstliche Kniescheibe eingesetzt
sehen Sie
bewegt ihr Bein in der Luft hin und her
Es ist ganz normal
obwohl die Kniescheibe künstlich ist
ganz normal als ob nichts gewesen wäre
Die amerikanischen Ärzte sind Genies sage ich Ihnen
läßt den Rock fallen und steht wieder auf beiden Beinen
Natürlich habe ich keine Kosten gescheut
Die Könner sind immer kostspielig
wäre ich in Europa geblieben
ich würde noch immer mit einem steifen Bein
                                            herumlaufen
beide setzen sich
aber wahrscheinlich hätte ich mich längst umgebracht
denn ich bin nicht der Mensch
der zeitlebens als Krüppel herumläuft

FRAU KANT

Wir haben große Hoffnung
daß meinem Mann geholfen wird
in Amerika

MILLIONÄRIN

Amerika hat schon vielen geholfen
Zuerst sind die Leute skeptisch
Wer Amerika nicht kennt haßt es
Bevor ich in Amerika gewesen bin
habe ich es auch gehaßt

FRAU KANT

Die Augen meines Mannes
verschlechtern sich täglich
der Zeitpunkt
ist abzusehen
in welchem er nichts mehr sieht
Er hat den Grünen Star müssen Sie wissen

MILLIONÄRIN

Gerade was den Grünen Star betrifft
kommt Ihr Mann in die besten Hände
Da kenne ich einen Professor in Chikago
der macht einen kleinen Schnitt in die Iris
und Ihr Mann sieht wieder wie er vorher gesehen hat
der Grüne Star ist heute kein Problem mehr
das Glaukom hat seinen Schrecken verloren

FRAU KANT

Mein Mann setzt alle Hoffnung
auf Amerika
auf die amerikanischen Ärzte

MILLIONÄRIN

Ich bewundere Ihren Mann
ein Mensch der mit so schlechten Augen

so viel sieht
Der Kardinal sagt Ihr Mann hat bis jetzt schon
viel mehr und viel tiefere Gedanken gedacht
als alle andern
Ich hätte nie gedacht
daß ich Kant persönlich kennenlernen würde
Das wird mir auch niemand glauben

FRAU KANT

Zieht es auch so in Ihrer Kabine

MILLIONÄRIN

Natürlich
In allen Kabinen zieht es
Ich setze in der Nacht
eine Strickmütze auf

FRAU KANT

Das ist eine gute Idee

MILLIONÄRIN

Meine Großmutter
hatte schon unter der Zugluft
auf den Hochseeschiffen gelitten
sie war eine leidenschaftliche Seereisende
jedes Jahr mindestens eine Seereise
und möglichst um die ganze Welt
das war eine Ungeheuerlichkeit zu ihrer Zeit
Meine Großmutter war niemals
ohne Strickmütze an Bord
Mein Kind hatte sie immer gesagt
wenn ich diese Strickmütze nicht hätte
Wer keine Strickmütze hat auf hoher See
holt sich alle möglichen Krankheiten
die zuallererst als ganz harmlose Verkühlungen
                                        auftreten

die aber schließlich alle chronische Krankheiten werden
Eine einzige Nacht ohne meine Strickmütze
und ich hätte mich zutode verkühlt
Ich nehme an meine Großmutter hatte ihre

                    Strickmütze auf

wie sie mit der Titanic untergegangen ist
es ist mir nicht anders vorstellbar
lacht
Achja man kann sich nicht genug schützen
Stricken Sie sich doch eine solche Strickmütze

FRAU KANT

Sicher wäre eine solche Strickmütze
für meinen Mann günstig

MILLIONÄRIN

Eine solche Strickmütze
ist der beste Schutz
Ich muß mich natürlich
mit einem größeren Betrag
an der Hebung der Titanic beteiligen
Lloyds hat mich übers Ohr gehauen bis jetzt
es ist ein pausenloser Kampf
will man zu seinem Recht kommen
Es ist meine dritte Amerikareise
in Sachen Lloyds
aber ich gebe nicht auf
ich habe es meinem Mann versprochen
auf dem Totenbett
in die Hand
Zwei Lampions für jeden
merken Sie sich das
Ein Papagei mit zwei Lampions

FRAU KANT

Ernst Ludwig muß Friedrichs Lampions tragen

MILLIONÄRIN

Ein urkomischer Mensch

Wo haben Sie denn den aufgetrieben

FRAU KANT

Ohne Ernst Ludwig

wäre mein Mann verloren

Er könnte Friedrich

nicht selbst tragen

MILLIONÄRIN

Ein urkomischer Mensch

Ein Geistestrio

lacht laut auf

Ein Geistestrio

FRAU KANT

Da haben Sie recht

MILLIONÄRIN

Man steckt ein Vermögen

in einen Kopf

wie Kants Kopf nicht wahr

Da weiß man wenigstens wofür

Die Geisteswelt ist

eine ganz andere Welt

Ich bin in der kapitalistischen aufgewachsen

Ich bin ein echtes Kind des Kapitalismus

Mein Mann hat mit mir immer nur per

mein kapitalistisches Kind gesprochen

Die erste Nacht auf See

hatte er immer Durchfall

Tagelang beobachte ich Ihren Mann

es ist faszinierend

Was mir auffällt

ist

daß Ihr Mann zweifellos
eine hohe Schuhgröße hat

FRAU KANT

Sechsundvierzig

MILLIONÄRIN

Das ist ungewöhnlich

FRAU KANT

Im Ausverkauf
ist das ein Vorteil

MILLIONÄRIN

Ja die ungewöhnlichen Größen
sind absolut ein Ausverkaufsvorteil
Kant und die andern kommen

FRAU KANT

Mein Mann kommt

MILLIONÄRIN

Diese Schritte kündigen Kant an
beide wenden sich um
Kant mit Schriften, Ernst Ludwig mit Friedrich und der
Steward mit Decken erscheinen

FRAU KANT *und* MILLIONÄRIN *stehen auf*

KANT *sofort auf einem der Klappstühle platznehmend, zur*
Millionärin

Meine Frau schätzt
eine universelle Unterhaltung
wie die Ihrige

MILLIONÄRIN *lachend*

Wir verstehen uns
Herr Professor Kant
wir verstehen uns ausgezeichnet

Der Weltverbesserer

Erste Szene

Fünf Uhr früh
Der glatzköpfige Weltverbesserer mit einem Hörrohr auf
einem hohen Sessel

WELTVERBESSERER *ruft durch die offene Tür hinaus*
    Das Ei weich
    die Sauce süß
    süß die Sauce
    streckt beide nackten Beine so weit als möglich aus,
    während er in einem Buch liest
    Feingeschnittene Zwiebel
    Meine Zunge ist gänzlich ausgetrocknet
    hörst du
    Mir ist wieder eine Maus
    über das Gesicht gelaufen in der Nacht
    Man muß mehr Fallen aufstellen
    Kein Gift
    schreit
    Kein Gift
    Unterstehe dich
    klappt das Buch zu und schaut umher
    Es ist lächerlich
    wenn ich schließlich und endlich
    doch an der Zugluft sterbe
    befiehlt
    Fenster zu
    Türen zu

Es ist genug gelüftet
draußen werden Türen und Fenster zugemacht
zu sich
Verschiedene Fleischsorten
in süßer Sauce
geriebener Zimt
ein Schuß Sherry
ruft hinaus
Die Kragen stärken
aber nicht so hart
daß sie mir bei jeder Bewegung
in den Hals schneiden
betastet seinen Hals von allen Seiten
Ich bin ganz wund
Ein schrecklicher Zustand
Wir brauchen Schonung
und werden gemartert
schlägt das Buch wieder auf und liest
Was für ein unbeschreiblicher Unsinn
wirft das Buch so weit als möglich weg
sinkt in sich zusammen, dann schreiend
Daß mir kein Tintenfisch mehr
auf den Tisch kommt
zu sich
Diese Stelle war doch sehr komisch
Komisch
schreit
Bring mir doch das Buch
Das Buch
hörst du
das Buch
DIE FRAU *tritt ein, hebt das Buch auf und gibt es ihm*

WELTVERBESSERER *ganz leise zu ihr*
Ich weiß
ich bin ungerecht
Ich bin ein Scheusal
ich bin unverbesserlich
Ich bin gerührt
tatsächlich ich bin gerührt
tätschelt der Frau auf die Brust
In gewissem Sinne
bin ich ungerecht
in gewissem Sinne
Meine Launen
ich weiß
DIE FRAU *geht hinaus*
WELTVERBESSERER *liest im Buch*
Wo ist die Stelle
blättert im Buch
Diese Stelle
diese ausgezeichnete Stelle
Da ist sie
liest
Nein
es ist doch nichts
nichts
nichts
wirft das Buch weg und legt die Hände in den Schoß
mit gesenktem Kopf
Die Stille
die uns alle krank macht
die krankmachende Stille
schaut um sich
In jedem Detail

ist Krankheit
überall
in allem
Eine Komödie
haben wir geglaubt
aber es ist doch eine Tragödie
Nach und nach
wird in diesen Mauern
eine Tragödie gespielt
neigt den Kopf auf die linke Seite, horcht
Es hat sich angekündigt
Es deutet alles darauf hin
In viele Risse könnte ich ja meine Hand stecken
wenn ich wollte
aber ich will nicht
könnte ich
wenn ich wollte
ruft hinaus
Wann war das Erdbeben
wann war es
zu sich
Eine Zeitlang gelingt es uns
über uns zu herrschen
hebt seinen Kopf so hoch als möglich
dann fallen wir wieder in uns zusammen
ruft hinaus
Wir sollten einen Spaziergang machen
Alles blüht draußen
zu sich
und ich sitze da
eingesperrt
kein Mensch kümmert sich um mich

plötzlich hinausschreiend
Ich erfriere
zappelt mit den Füßen
Ich erfriere wenn du nicht gleich kommst
In der Schatulle ist meine Kette
sinkt in sich zusammen
Heute will ich sie umhängen
Heute ist ein großer Tag
ruft hinaus
Die Kette
gibt mir mehr Würde
schreit
Was ist denn so kompliziert
daß ich solange warten muß
Ich friere
ich erfriere
zappelt mit den Füßen
DIE FRAU *kommt mit einer Fußbadewanne herein, stellt sie am Sessel ab, kniet vor dem Weltverbesserer mit einem Handtuch nieder*

WELTVERBESSERER
steckt langsam die Füße ins heiße Wasser
Ah
Eine Gewohnheit natürlich
Eine Machtbefugnis
Wir bitten um tagtägliche gute Behandlung
Wir sehen zu daß alles in Ordnung kommt
und erbitten beste Behandlung
Hast du auch ein frisches Handtuch
Zeig her
Er entreißt der Frau das Handtuch und riecht am Handtuch

Eine Unverschämtheit
Glaubst du ich erkenne meinen Geruch nicht
Ich liebe es nicht
ein Handtuch zweimal zu benützen
wirft das Handtuch weg
Man belügt mich nicht ungestraft
Aufheben
Heb es auf
DIE FRAU *weigert sich*
WELTVERBESSERER
Ich kann warten
DIE FRAU *hebt das Handtuch auf*
WELTVERBESSERER
Und mein Buch
heb das Buch auf
DIE FRAU *hebt auch das Buch auf*
WELTVERBESSERER
Es ist entwürdigend
schon in aller Frühe
das Wort hinaus zu verschleudern
DIE FRAU *dreht sich um und geht mit Handtuch und Buch
hinaus*
WELTVERBESSERER *sinkt in sich zusammen*
Alles könnte so schön sein
Ah
ich brauche diese Wärme
von unten herauf
Wir lieben unser Leben
und hassen es gleichzeitig
Weil wir so strebsam sind
kommen wir vorwärts
Jedes Jahr schwierigere Examen

jedes Jahr größere Verständigungsschwierigkeiten
Der Kranke ist überfordert

DIE FRAU *kommt herein mit einem neuen Handtuch*

WELTVERBESSERER

Eine neuerliche Handtuchprobe
erübrigt sich
Die größte Unverschämtheit wäre
mir das alte
als neues auszugeben
so zu tun als handelte es sich um ein neues
während es doch das alte ist
Ich verzichte auf die Probe

DIE FRAU *will ihm die Füße abreiben*

WELTVERBESSERER

Es sind noch keine fünf Minuten

DIE FRAU *schaut auf die Uhr*

WELTVERBESSERER

Exaktheit
ist das Fremdwort
Kein Zeitbezug
schaut auch auf die Uhr
Wir haben darauf zu achten
daß wir die Zeit genau einhalten
wo kämen wir hin
wenn wir uns über die Zeit hinwegsetzten
zählt die Sekunden
zwölf
elf
zehn
neun
acht
sieben

sechs
fünf
vier
drei
zwei
jetzt
zieht blitzartig die Beine aus dem Wasser
DIE FRAU *trocknet ihm den rechten Fuß ab*
WELTVERBESSERER
Jede Stunde
ist die Stunde der Wahrheit
mein Kind
Welche Mühe es mich gekostet hat
dich diese Tätigkeit zu lehren
Kein Mensch weiß
was mir dieses Abtrocknen bedeutet
entzieht ihr den rechten Fuß, schreit auf
Du tust mir ja weh
sinkt in sich zusammen
Wie weit bist du
mit deinem Dramulett
hast du die Großmutter sterben lassen
nach einer Pause
sterben lassen
Ich weiß eine Ungehörigkeit
der schöpferische Mensch
darf nicht an seine Schöpfung erinnert werden
ist diese Schöpfung noch nicht fertig
Es ist eine Raffinesse
das Drama
nur als ein Dramulett zu bezeichnen
Wir schreiben alle

alle schreiben
Du verstehst doch hoffentlich einen Spaß
Du läßt die Großmutter
das Enkelkind in der verfallenen Ruine suchen
und sie umkommen in der Ruine
Die Großmutter kommt in der Ruine um
auf der Suche nach dem Enkelkind
Und das Enkelkind
das von der Großmutter gesucht worden ist
ist aufeinmal wieder zuhause
Nicht das Enkelkind kommt um
die Großmutter verstehst du

DIE FRAU *trocknet ihm den linken Fuß ab*

WELTVERBESSERER

Oder vielleicht
ein Königsdrama
mit ungewissem Ausgang
wobei es ganz sicher ist
daß der König erdolcht wird
von hinten mein Kind
mit einem langen Messer
von welchem niemand wissen kann
wie es in die Hand des Mörders gekommen ist
Fingerabdrücke auf der Königskrone mein Kind
Ein blutrünstiger Neffe
der sich unter die schottischen Bauern gemischt hat
Oder eine verschlagene Dirne
die dem König den Hintern ausgewischt hat bei Nancy

DIE FRAU *will aufstehen und gehen*

WELTVERBESSERER

Bleib da
versündige dich nicht

Rette deine Seele
Verzeih mir
Nur noch einen Augenblick
das linke Bein
wie mich das kribbelt

DIE FRAU *reibt ihm das linke Bein ab*

WELTVERBESSERER

Zwei ganz kleine Augen
erscheinen in finsterer Nacht
einem ganz kleinen Kind
und aufeinmal erkennt das Kind
daß die ganz kleinen ganz lieben Augen
die Lichter einer Lokomotive sind
Ein neues Märchenmotiv
für dich
Du siehst
es mangelt mir nicht an Phantasie
Nur an der Rührseligkeit
ohne die Poesie nicht entstehen kann
Mach dich ans Werk

streckt ihr das rechte Bein hin

Wir dürfen alles
nur nicht die Kontrolle
über uns verlieren
Unsere Vorbilder nicht außer acht lassen
Das Philosophische in uns
nicht ersticken
vorausgesetzt
ein solches Philosophisches
war überhaupt in uns versteckt
Es ist ein Versteckenspiel
in welchem sich die einen früher

die andern später
zu Tode laufen

DIE FRAU *ist aufgestanden und hat ihm Strümpfe angezogen*

WELTVERBESSERER

Eine gelungene Szene
Wenn wir sie zum zehntausendstenmal
gespielt haben
belohnen wir uns
in aller Heimlichkeit natürlich
mit einem Fest
das wir uns geben
Ein Familienfest meine Liebe
ganz allein gefeiert
ohne Anhang
ohne Familie

DIE FRAU *geht hinaus*

WELTVERBESSERER *flüstert ihr nach*

und ohne uns
zu sich
Die verlogene Ratte
Zwanzig Jahre
hat sie gehofft
daß ich sie heirate
jetzt erhofft sie sich
die Heirat nicht mehr
aber sie geht auch nicht mehr weg
Sie fühlt sich hier zuhause
Auch mit ihrer Häßlichkeit
bin ich fertig geworden
Wir haben uns gegenseitig hineingelegt
plötzlich hinausschreiend
Eine Ungeheuerlichkeit

eine Fürchterlichkeit
hörst du
DIE FRAU *erscheint*
WELTVERBESSERER
Komm her
komm ganz zu mir her
Wir haben heute vergessen
winkt sie ganz nahe an sich heran
flüstert ihr ins Ohr
Wir haben den Schwanz nicht gewaschen
hebt seinen Kopf
Das sollte nicht vorkommen
DIE FRAU *will hinausgehen*
WELTVERBESSERER *herrscht sie an*
Wenn wir schon
die alltäglichsten Verrichtungen
vergessen
wohin kommen wir
packt sie am Arm
Das Zusammensein
ist eine Vertrauensstellung
Anzeichen von Zerfall
Wir können uns trennen
wenn du magst
Aber dann bin ich vernichtet
Eine Rente ist dir sicher
Aber dann bin ich vernichtet
Eine hohe Abfertigung
Aber dann bin ich vernichtet
DIE FRAU *reißt sich los und geht hinaus*
WELTVERBESSERER *schreit ihr nach*
Die Kette

die Kette bitte
Heute die Kette
Wenn die hohen Herrschaften kommen
kann ich nicht ohne Kette sein
Wozu habe ich diese Kette
wenn ich sie mir nicht umhänge
im entscheidenden Moment
Es gibt nur zwei solcher Ehrenketten
Die meinige
und die
die der Erzbischof von Paris hat
Die Stadt Frankfurt hat sie mir nicht dazu umgehängt
daß ich sie in der Schublade verschimmeln lasse
zu sich
Wir sollten fortwährend auf der Hut sein
und uns nicht übertölpeln lassen
Wenn wir unseren Nächsten alles durchgehen lassen
verkommen wir in der kürzesten Zeit
DIE FRAU *kommt mit einer großen Kette herein*
WELTVERBESSERER
Weißt du noch
wofür ich diese Kette bekommen habe
von der Stadt Frankfurt
Sag es
auch wenn du es schon hunderttausendmal gesagt hast
Ich will es hören
bitte
bitte sag es
klatscht in die Hände
Ich bitte dich sag es
sag es
sag es

für
für

DIE FRAU *hängt ihm die Kette um*
  Für deinen Traktat

WELTVERBESSERER
  Natürlich für meinen Traktat
  Für welchen Traktat für welchen

DIE FRAU
  Für den Traktat
  den du der Stadt Frankfurt gewidmet hast

WELTVERBESSERER
  Ja ja
  aber wie heißt der Traktat
  wie heißt er

DIE FRAU
  Traktat zur Verbesserung der Welt

WELTVERBESSERER *betastet von oben nach unten die Kette*
  Du sagst es
  du sagst es mein Kind
  Du entschädigst mich dadurch
  für so viele Schändlichkeiten
  Du weißt
  ich verzeihe dir
  ich habe dir immer verziehen
  Meine Natur verzeiht
  ich habe immer allen verziehen
  insbesondere dir
  Was für ein armer Mensch bin ich
  Die Kette ist ja nur eine kleine Entschädigung
  nur eine ganz kleine Entschädigung
  Die Kette bindet mich natürlich
  moralisch

moralisch bin ich an diese Kette gebunden
Das Traurige ist
daß kein Mensch meinen Traktat verstanden hat
kein Mensch hat jemals verstanden
was ich in meinem Traktat sage
Solltest du mir nicht jetzt
noch vor dem Frühstück
aus dem Traktat vorlesen
Etwas aus dem Zentrum
Du weißt was ich meine
bitte
tu mir den Gefallen
plötzlich
Bist du noch heiser
Ich kann nicht wissen
ob du noch heiser bist
Du sprichst so leise und so undeutlich
daß ich gar nicht feststellen kann
ob du noch heiser bist
Hörst du
eine entscheidende Stelle
Die zentrale Stelle
die dem Bürgermeister so gefallen hat
Die auch dem Erzbischof so gefallen hat
die dem ganzen Auditorium so gefallen hat
Komm geh
DIE FRAU *geht hinaus*
WELTVERBESSERER
Wir müssen den Moment ausnützen
wenn der Moment da ist
muß er ausgenützt sein
Wenn wir dazu in der Lage sind

DIE FRAU *kommt mit einem großen Buch herein*
WELTVERBESSERER *bedeutet ihr, auf dem Ecksessel Platz zu
nehmen, und sie nimmt dort Platz*
Beim Umblättern
die Lärmentwicklung vermeiden
du fängst ganz einfach zu lesen an
dein Vortrag soll nichts Künstliches an sich haben
nichts Künstliches
ganz und gar nichts Künstliches
aber er darf auch nicht zu natürlich sein verstehst du
Die Gedanken dürfen nicht zu kurz kommen
Du machst immer wieder den Fehler
daß du da
wo ganz leise zu lesen ist
laut liest
dann liest du wieder laut
wo ganz leise zu lesen ist
Es kann dir natürlich niemand zu Hilfe kommen
Du fängst auf die natürlichste Weise an
Es ist ja kein Kunstwerk einerseits
weil es sich um Philosophie handelt
andererseits ist es das Kunstvollste
Wenn ich es höre
bin ich glücklich
wenn ich es selbst lese
macht es mich verzweifeln
Musik sollte es sein
einerseits
Aber die Musik gibt der Philosophie die Geistesblöße
So wie es ist
gehört es gelesen
vollkommen unmusikalisch einerseits

hochmusikalisch andererseits
Der Erzbischof hat gesagt
daß er keine tiefere Philosophie kenne
Die Würdenträger der Kirche
sind unbestechlich
wenn es um die Beurteilung der philosophischen
                                    Materie geht
Und erst wenn es sich durch und durch
um religiöse Philosophie handelt
pathetisch
Wäre die Welt
worunter ich nur die Geisteswelt verstehe
hat der Erzbischof von Paris gesagt
nur imstande Ihren Traktat zu verstehen
sie wäre nicht so traurig
So hat es der Erzbischof von Paris gesagt
mit diesen Worten
In deiner Anwesenheit
Daß ich dich mitgenommen habe in die Paulskirche zu
                                    Frankfurt
war eine Kühnheit
In der vordersten Reihe bist du gesessen
neben dem Bürgermeister
ein Vorrecht
das immer nur den Ehefrauen der Ausgezeichneten
                                    zusteht
Meine Rede hat Aufsehen gemacht
noch heute sprechen die Leute von dieser Rede
Mein Traktat zur Verbesserung der Welt
ist in achtunddreißig Sprachen übersetzt worden
Selbst ins Hebräische
Eine chinesische Übersetzung ist in Vorbereitung

Alle diese Übersetzer haben sich immer wieder
hilfesuchend an mich gewandt
aber ich habe ihnen allen nicht helfen können
Einem Übersetzer kann nicht geholfen werden
der Übersetzer muß seinen Weg allein gehen
Sie haben meinen Traktat entstellt
total entstellt
Die Übersetzer entstellen die Originale
Das Übersetzte kommt immer nur als Verunstaltung
                                    auf den Markt
Es ist der Dilettantismus
und der Schmutz des Übersetzers
der eine Übersetzung so widerwärtig macht
Das Übersetzte ist immer ekelerregend
Aber es hat mir eine Menge Geld eingebracht
schaut um sich
Wir könnten hier nicht so leben
wie wir leben
Wir wären nicht in dieser Umgebung
Wir hätten diesen Reichtum nicht
Der Inhalt meines Traktats
wird wohl oder übel
mein Geheimnis bleiben
flüstert
Die Welt verdient meinen Traktat nicht
Vielleicht solltest du mir heute
doch nichts aus meinem Traktat vorlesen
allzuleicht komme ich in die Unpäßlichkeit hinein
Plötzlich habe ich die Lust daran verloren
Wahrscheinlich bist du auch gar nicht in Form
Es wäre schrecklich
eine Stimme hören zu müssen

die meinen Traktat lächerlich macht
Wenn du mir in dieser Verfassung vorliest
machst du meinen Traktat lächerlich
Ich bin nicht mehr empfänglich
Ich habe plötzlich so ein Ohrensausen
es saust schon wieder in meinen Ohren
herrscht die Frau an
Was sitzt du da
und tust nichts
schreit
Untätige
DIE FRAU *springt auf und klappt den Traktat zu*
WELTVERBESSERER
Das Ei weich
die Sauce süß
süß die Sauce
winkt sie weg
hinaus
DIE FRAU *geht hinaus*
WELTVERBESSERER
betastet die Kette von oben bis unten
Und heute abend
sind wir schon Ehrendoktor

Die ersten 19 Jahre

Die Ursache

Der Dreizehnjährige ist plötzlich, wie ich damals *empfunden (gefühlt)* habe und wie ich heute *denke*, mit der ganzen Strenge einer solchen Erfahrung, mit vierunddreißig Gleichaltrigen in einem schmutzigen und stinkenden, nach alten und feuchten Mauern und nach altem und schäbigem Bettzeug und nach jungen, ungewaschenen Zöglingen stinkenden Schlafsaal im Internat in der Schrannengasse zusammen und kann wochenlang nicht einschlafen, weil sein Verstand nicht versteht, warum er plötzlich in diesem schmutzigen und stinkenden Schlafsaal zu sein hat, weil er als Verrat empfinden muß, was ihm als Bildungsnotwendigkeit nicht erklärt wird. Die Nächte sind ihm eine Beobachtungsschule der Verwahrlosung der Schlafsäle in den öffentlichen Erziehungsanstalten und in der Folge überhaupt der Erziehungsanstalten und immer wieder der in diesen Erziehungsanstalten Untergebrachten, Kinder aus den Landgemeinden, die von ihren Eltern, wie er selbst, aus dem Kopf und aus der Hand in die staatliche Züchtigung gegeben sind und die, wie ihm während seiner nächtlichen Beobachtungszwänge scheint, ihre Erschöpfungszustände ohne weiteres zu einem tiefen Schlaf machen können, während er selbst seinen noch viel größeren *Erschöpfungszustand* als einen ununterbrochenen *Verletzungszustand* niemals auch nur zu einem Augenblick Schlaf machen kann. Die Nächte ziehen sich als Verzweiflungs- und Angstzustände in die Länge, und was er hört und sieht und mit fortwährendem Erschrecken wahrnimmt, ist immer nur neue Nahrung für neue Verzweiflung. Das Internat ist dem Neueingetretenen ein raffiniert gegen ihn und also gegen seine ganze Existenz entworfener, *niederträchtig gegen seinen Geist* gebauter Kerker, in welchem der Direktor (Grünkranz) und seine Gehilfen (Aufseher) alle und alles beherrschen und in welchem nur der absolute Gehorsam und also die absolute Unterordnung der Zöglinge, also der Schwachen unter die Starken (Grünkranz und seine Gehilfen), und nur die Antwortlosigkeit und die Dunkelhaft zulässig sind. Das Internat als Kerker bedeutet zunehmend Strafverschärfung und schließlich vollkommene Aussichts- und Hoffnungslosigkeit. Daß ihn jene, die ihn, wie er immer geglaubt hat, liebten, bei vollem Bewußtsein in diesen staatlichen Kerker geworfen haben, begreift er nicht, was ihn schon in den ersten Tagen in erster Linie beschäftigt, ist naturgemäß der *Selbstmordgedanke*. Das Leben oder die Existenz abzutöten, um es oder sie nicht mehr leben und existieren zu müssen, dieser plötzlichen vollkommenen Armseligkeit und Hilflosigkeit durch einen Sprung aus dem Fenster oder durch Erhängen beispielsweise in der Schuhkammer im Erdgeschoß ein Ende zu machen, erscheint ihm das einzig Richtige, aber er tut es nicht. Immer wenn er in der Schuhkammer Geige übt, für die Geigenübungen ist ihm von Grünkranz die Schuhkammer zugeteilt worden, denkt er an Selbstmord, die Möglichkeiten, sich aufzuhängen, sind in der Schuhkammer die größten, es bedeutet ihm keinerlei Schwierigkeit, an einen Strick zu kommen, und er macht schon am zweiten Tag einen Versuch mit dem Hosenträger, gibt diesen Versuch aber wieder auf und macht seine Geigenübung. Immer wenn er künftig in die Schuhkammer eintritt, tritt er in den Selbstmordgedanken ein. Die Schuhkammer ist mit Hunderten von schweißausschwitzenden Zöglingsschuhen in morschen Holzregalen angefüllt und hat nur eine knapp unter der Decke durch die Mauer geschlagene Fensteröffnung, durch welche aber nur die schlechte Küchenluft hereinkommt. In der Schuhkammer ist er allein mit sich selbst und allein mit seinem Selbstmorddenken, das gleichzeitig mit dem Geigenüben einsetzt. So ist ihm der Eintritt in die Schuhkammer, die zweifellos der fürchterlichste Raum im ganzen Internat ist, Zuflucht zu sich selbst, unter dem Vorwand, Geige zu üben, und er übt so laut Geige in der Schuhkammer, daß er selbst während des Geigenübens in der Schuhkammer ununterbrochen fürchtet, die Schuhkammer müsse in jedem Augenblick explodieren, unter dem ihm leicht und auf das virtuoseste, wenn auch nicht exakteste kommenden Geigenspiel geht er gänzlich in seinem Selbstmorddenken auf, in welchem er schon vor dem Eintritt in das Internat geschult gewesen war, denn er war in dem Zusammenleben mit seinem Großvater die ganze Kindheit vorher durch die Schule der Spekulation mit dem Selbstmord gegangen. Das Geigenspiel und der tägliche Ševčík waren ihm in dem Bewußtsein, es auf der Geige niemals zu etwas Großem zu bringen, ein willkommenes Alibi für das Alleinsein und Mitsichselbstsein in der Schuhkammer, in die während seiner Übungszeit kein Mensch Zutritt hatte; an der Außenseite der Tür hing ein von der Frau Grünkranz beschriftetes Schild mit der Aufschrift »Kein Zutritt, Musikübung«. Jeden Tag sehnte er sich danach, die ihn vollkommen erschöpfenden Erziehungsqualen im Internat mit dem Aufenthalt in der Schuhkammer unterbrechen, mit der Musik auf seiner Geige diese fürchterliche Schuhkammer seinen Selbstmordgedankenzwecken nützlich machen zu können. Er hatte auf seiner Geige seine eigene, seinem Selbstmorddenken entgegenkommende Musik gemacht, die virtuoseste Musik, die mit der im Ševčík vorgeschriebenen Musik aber nicht das geringste zu tun hatte und auch nichts mit den Aufgaben, die ihm sein Geigenlehrer Steiner gestellt hatte, diese Musik war ihm tatsächlich ein Mittel, sich jeden Tag nach dem Mittagessen von den übrigen Zöglingen und von dem ganzen Internatsgetriebe absondern und sich selbst hingeben zu können, nichts anderes, sie hatte mit einem Geigenstudium, wie es erforderlich gewesen wäre, zu welchem er gezwungen worden war, das er aber, weil er es im Grunde nicht wollte, verabscheute, nichts zu tun. Diese Übungsstunde auf der Geige in der beinahe vollkommen finsteren Schuhkammer, in welcher die bis an die Decke geschlichteten Zöglingsschuhe ihren in der Schuhkammer eingesperrten Leder- und Schweißgeruch mehr und mehr verdichteten, war ihm *die einzige Fluchtmöglichkeit*. Sein Eintritt in die Schuhkammer bedeutete gleichzeitiges Einsetzen seiner Selbstmordmeditation und das intensivere und immer noch intensivere Geigenspiel eine immer intensivere und immer noch intensivere Beschäftigung mit dem Selbstmord. Tatsächlich hat er in der Schuhkammer viele Versuche gemacht, sich umzubringen, aber keinen dieser Versuche *zu weit* getrieben, das Hantieren mit Stricken und Hosenträgern und die Hunderte von Versuchen mit den in der Schuhkammer zahlreichen Mauerhaken waren immer in dem entscheidenden lebensrettenden Punkte abgebrochen worden und von ihm durch bewußteres Geigenspiel, durch ganz bewußtes Abbrechen des Selbstmorddenkens und ganz bewußte Konzentration auf die ihn mehr und mehr faszinierenden Möglichkeiten auf der Geige, die ihm mit der Zeit weniger ein Musikinstrument als vielmehr ein Instrument zur Auslösung seiner Selbstmordmeditation und Selbstmordgefügigkeit und zum plötzlichen Abbrechen dieser Selbstmordmeditation und Selbstmordgefügigkeit gewesen war; einerseits hochmusikalisch (Steiner), andererseits naturgemäß einer vollkommenen *Nicht*disziplin Vorschriften betreffend verfallen (ebenso Steiner), hatte sein Geigenspiel und vornehmlich in der Schuhkammer einen durch und durch nur seinem Selbstmorddenken entgegenkommenden Zweck, keinen andern, und seine Unfähigkeit, den Befehlen Steiners zu gehorchen, auf der Geige, und das heißt in dem Geigenstudium als solchem weiterzukommen, war offensichtlich gewesen. Das Selbstmorddenken, das ihn im Internat und außerhalb beinahe ununterbrochen beschäftigte und welchem er sich in dieser Zeit und in dieser Stadt durch nichts und in keiner Geistesverfassung entziehen hatte können, war ihm in dieser Zeit mit seiner Geige und mit seinem Spiel auf der Geige wie mit nichts anderem verbunden gewesen, und es war damals immer schon allein *durch den Gedanken an das Geigenspiel* und dann intensiv mit dem Auspacken der Geige und mit dem angefangenen Geigenspiel in Gang gekommen als ein Mechanismus, dem er sich mit der Zeit vollkommen ausliefern hatte müssen und der erst mit der Zerstörung der Geige zum Stillstand gekommen ist. Er hat später, wenn ihm die Schuhkammer zu Bewußtsein gekommen ist, sehr oft gedacht, ob es nicht besser gewesen wäre, in dieser Schuhkammer seine Existenz abzuschließen, seine ganze Zukunft, gleich, was ihr Inhalt war, mit dem Selbstmord zu liquidieren, wenn er den Mut dazu gehabt hätte, als diese alles in allem auf jeden Fall vollkommen fragwürdige Existenz, deren Inhalt mir jetzt bekannt ist, über Jahrzehnte fortzusetzen. Er war aber für einen solchen Entschluß immer zu schwach gewesen, während so viele im Internat in der Schrannengasse Selbstmord gemacht haben, diesen Mut aufgebracht haben, merkwürdigerweise keiner in der

Schuhkammer, die doch für den Selbstmord die ideale gewesen wäre, sie hatten sich alle aus den Schlafzimmerfenstern, aus den Abortfenstern gestürzt oder im Waschraum an den Brausen aufgehängt, hatte er *nie die Kraft und die Entschiedenheit und Charakterfestigkeit für den Selbstmord* aufgebracht. Tatsächlich haben sich während seiner Zeit und wieviele vorher und nachher!, *im* Internat in der Schrannengasse, allein in der nationalsozialistischen Zeit zwischen Herbst dreiundvierzig (seinem Eintreten) und Herbst vierundvierzig (seinem Austreten), vier Zöglinge umgebracht, aus dem Fenster gestürzt, aufgehängt und viele andere aus der Stadt aus unerträglicher Kopfverzweiflung vom Schulweg abgekommene Schüler von den beiden Stadtbergen gestürzt, mit Vorliebe vom Mönchsberg direkt auf *die asphaltierte Müllner Hauptstraße, die Selbstmörderstraße*, wie ich diese fürchterliche Straße immer betitelt habe, weil ich sehr oft auf ihr zerschmetterte Menschenkörper liegen gesehen habe, Schüler oder Nichtschüler, aber vornehmlich Schüler, Fleischklumpen in bunten Kleidungsstücken, der Jahreszeit entsprechend. Auch heute, drei Jahrzehnte später, lese ich immer wieder in regelmäßigen Abständen und gehäuft im Frühjahr und im Herbst von selbstgemordeten Schülern und anderen, jährlich von Dutzenden, obwohl es, wie ich weiß, Hunderte sind. Wahrscheinlich ist in Internaten und vornehmlich in solchen unter den extremsten menschensadistischen und naturklimatischen Bedingungen wie in der Schrannengasse das Hauptthema unter den Lernenden und Studierenden, unter den Zöglingen kein anderes als das Selbstmordthema, alles andere also als ein wissenschaftlicher Gegenstand, ein solcher Gegenstand nicht aus der Studienmasse heraus, sondern aus dem ersten, alle gemeinsam am intensivsten beschäftigenden Gedanken heraus, und der Selbstmord und der Selbstmordgedanke ist immer der wissenschaftlichste Gegenstand, aber das ist der Lügengesellschaft unverständlich. Das Zusammensein mit den Mitzöglingen ist immer ein Zusammensein mit dem Selbstmordgedanken gewesen, in erster Linie mit dem Selbstmordgedanken, erst in zweiter Linie mit dem Lern- oder Studierstoff. Tatsächlich habe nicht nur ich während meiner ganzen Lern- und Studierzeit die meiste Zeit mit dem Selbstmordgedanken zubringen müssen, dazu herausgefordert von der brutalen, rücksichtslosen und in allen ihren Begriffen gemeinen Umwelt einerseits, von der in jedem jungen Menschen größten Sensibilität und Verletzbarkeit andererseits. Die Lern- und Studierzeit ist vornehmlich eine Selbstmordgedankenzeit, wer das leugnet, hat alles vergessen. Wie oft, und zwar hunderte Male, bin ich durch die Stadt gegangen, nur an Selbstmord, nur an Auslöschung meiner Existenz denkend und wo und wie ich den Selbstmord (allein oder in Gemeinschaft) machen werde, aber diese durch alles in dieser Stadt hervorgerufenen Gedanken und Versuche haben immer wieder zurück in das Internat, in den Internatskerker geführt. Den Selbstmordgedanken als den einzigen ununterbrochen wirksamen hatte nicht nur jeder für sich gehabt, alle haben diesen ununterbrochenen Gedanken gehabt, und die einen sind von diesem Gedanken *gleich getötet* und die anderen von diesem Gedanken *nur gebrochen* worden, und zwar für ihr ganzes Leben gebrochen; über den Selbstmordgedanken und über Selbstmord ist immer debattiert und diskutiert und in allen ausnahmslos ununterbrochen *geschwiegen* worden, und immer wieder ist aus uns ein *tatsächlicher Selbstmörder* hervorgegangen, ich nenne ihre Namen nicht, die ich zum Großteil gar nicht mehr weiß, aber ich habe sie alle hängen und zerschmettert gesehen als Beweis für die Fürchterlichkeit. Mir sind mehrere Begräbnisse auf dem Kommunalfriedhof und auf dem Maxglaner Friedhof, auf welchen solche von ihrer Umwelt umgebrachte dreizehn- oder vierzehnjährige oder fünfzehn- oder sechzehnjährige Menschen als Zöglinge *verscharrt, nicht begraben worden sind*, bekannt, denn in dieser streng katholischen Stadt sind diese jungen Selbstmörder natürlich nicht begraben worden, sondern nur unter den deprimierendsten, menschenentlarvendsten Umständen verscharrt.

Der Keller

Von einem Augenblick auf den andern hatte ich mich der Gesellschaft, die bis jetzt meine Gesellschaft gewesen war, entzogen und bin in den Keller des Herrn Podlaha gegangen. Da saß ich jetzt und wartete auf das entscheidende Wort jenes mittelgroßen dicklichen, weder besonders freundlichen noch besonders unfreundlichen Mannes, von welchem ich die Rettung meiner Existenz forderte. Was hatte ich im ersten Moment auf den Mann für einen Eindruck gemacht, der nur als Herr *Chef* bezeichnet wurde, was ich durch die nur angelehnte Geschäftstür hörte, und dessen eigene Stimme weich, gleichzeitig aber vertrauenerweckend gewesen war. Die Viertelstunde, die ich allein gewesen war, hatte meinen Wunsch mehr und mehr verstärkt, Lehrling zu sein unter Herrn Podlaha, der mir ein intelligenter, in keinem Augenblick ordinärer Mann zu sein schien. War mir im Gymnasium jede Kontaktnahme eine unüberwindliche Schwierigkeit gewesen, in fast allen Fällen unüberbrückbar, gleich, ob zu den Schülern oder zu den Professoren, fortwährend war zwischen mir und den andern eine nicht nur distanzierte, sondern beinahe ununterbrochen feindliche oder feindselige Spannung gewesen, mehr und mehr war ich in eine mit der Zeit vollkommen ausweglose Isolation geraten, und der Kontakt mit meinen Verwandten zuhause war zeitlebens in dem höchsten Schwierigkeitsgrad immer gerade noch herstellbar, hatte ich im Keller keinerlei Kontaktschwierigkeiten, im Gegenteil erstaunte mich die völlige Problemlosigkeit meinerseits gegenüber meinen Mitarbeitern und der Siedlungskundschaft, mit welcher ich von allem Anfang an in bestem Ein-

vernehmen gewesen war und in gegenseitigem *Einver-*
ständnis. Ich hatte nicht die geringste Schwierigkeit in der
Unterhaltung und im Umgang mit den Einwohnern der
Scherzhauserfeldsiedlung. Bald war mir der Schauplatz, auf
welchem ich jetzt tagsüber existierte und arbeitete, vertraut.
Nach und nach lernte ich fast alle Bewohner kennen,
naturgemäß zuerst die Frauen der Fabrik- und Kohlen- und
Straßen- und Eisenbahnarbeiter und deren Kinder. Ich kam,
zuerst, weil ich ihnen beim Nachhausetragen zu schwer ge-
wordener Einkäufe half, in ihre Behausungen. Ich lernte die
Innenwelt der Scherzhauserfeldsiedlung kennen, indem ich
volle Einkaufstaschen oder ganze Fünfzigkiloerdäpfelsäcke
in die verschiedenen Blöcke schleppte, nicht ohne während
der vielen Unterhaltungen meine Beobachtungen zu machen. Ich lernte über die in den Keller gekommenen Frauen
und Kinder die zuhause auf sie wartenden Männer kennen,
die zuhause wartenden Neugeborenen oder Greise, und es
war mir bald jeder Block, den ich längst von außen kannte,
auch von innen bekannt. Und ich lernte die Sprache, die in
der Scherzhauserfeldsiedlung gesprochen wurde, kennen,
eine ganz andere Sprache als die Sprache, die ich von zuhause oder die ich aus der Stadt kannte, ja eine ganz andere
Sprache in der Scherzhauserfeldsiedlung als im übrigen Lehen, die in der Scherzhauserfeldsiedlung haben eine intensivere, deutlichere Sprache gesprochen als die in Lehen,
und bald war ich in der Lage, mit den Leuten aus der
Scherzhauserfeldsiedlung *ihre* Sprache zu sprechen, weil ich
in der Lage gewesen war, *ihre* Gedanken zu denken. Hier
waren alle in Wartestellung, und das Denken in der Scherzhauserfeldsiedlung war ein Denken in Wartestellung. Die
Scherzhauserfeldsiedlung war der tagtägliche fürchterliche
Schönheitsfehler in dieser Stadt, und die Stadtväter waren

sich dieses Schönheitsfehlers vollkommen bewußt, immer wieder tauchte die Scherzhauserfeldsiedlung als dieser Schönheitsfehler Salzburgs in den Spalten der Tageszeitungen auf in Form von Gerichtsberichten oder in Form von Landesregierungsbeschwichtigungen. Und die Bewohner dieses Salzburger Schönheitsfehlers waren sich der Tatsache, daß sie insgesamt den Schönheitsfehler Salzburgs darstellten, bewußt. Immer mehr waren sie zu diesem Schönheitsfehler geworden, hier war alles zu finden, was die Stadt zu verschweigen oder zu vertuschen versuchte, alles, was der normale Mensch flieht, wenn er in der Lage ist, es zu fliehen, hier war der Schmutzfleck Salzburgs, und auch heute noch ist die Scherzhauserfeldsiedlung die- ser Salzburger Schmutzfleck, dessen sich die ganze Stadt schämt, wenn sie daran erinnert wird, ein einziger Schmutzfleck aus Armut und also ein Schmutzfleck, zusammengesetzt aus Hunger, Verbrechen und Dreck. Diese Leute aber hatten sich längst mit ihrem Schmutzfleck abgefunden, sie waren in Wartestellung, aber im Grunde erwarteten sie nichts mehr, sie waren aufgegeben, vergessen, immer wieder beschwichtigt worden und wieder vergessen worden, man redete immer nur vor den politischen Wahlen von der Scherzhauserfeldsiedlung, von dem Salzburger Schmutzfleck, aber nach den Wahlen war der Schmutzfleck mit der Regelmäßigkeit der Wahlen wieder vergessen, die Bewohner der Scherzhauserfeldsiedlung hatten in jahrzehntelanger Leidensgemeinschaft und unter dem tödlichen Druck der Verachtung aller übrigen Salzburger, für die allein die Erwähnung des Begriffes Scherzhauserfeldsiedlung einen bösartigen Schmerz in der Magengrube bedeutete, ihren eigenen Stolz entwickelt, sie waren stolz auf ihr Schicksal und auf ihre Herkunft, und sie waren, wenn es darauf ankam, stolz auf ihren Salzburger Schmutzfleck, der gleichzeitig *der größte Schandfleck der Stadt* (Salzburger Volksblatt) gewesen ist. In der Scherzhauserfeldsiedlung zu wohnen, bedeutete, mitten in einem Schmutz- und Schandfleck zu wohnen, hier, so die Meinung der ganzen Stadt, existierten die Aussätzigen, und von der Scherzhauserfeldsiedlung zu sprechen, bedeutete nichts anderes, als von Verbrechern, genauer, von Zuchthäuslern und von Trunksüchtigen und tatsächlich von trunksüchtigen Zuchthäuslern zu sprechen. Die ganze Stadt machte einen Bogen um die Scherzhauserfeldsiedlung, aus der Scherzhauserfeldsiedlung zu kommen und etwas zu wollen, bedeutete das Todesurteil. Als Verbrecherghetto bezeichnet, war die Scherzhauserfeldsiedlung immer die Siedlung gewesen, aus welcher nur das Verbrechen in die übrige Stadt kommen konnte, und kam ein Mensch aus der Scherzhauserfeldsiedlung, so bedeutete das nichts anderes, als ein Verbrecher kommt in die Stadt. Ganz unumwunden war das immer auch ausgesprochen worden, und die Leute aus der Scherzhauserfeldsiedlung waren immer schon kopfscheu gewesen, sie mußten, nach jahrzehntelanger Anschuldigung und Verächtlichmachung, mit der Zeit selbst daran glauben, daß sie seien, als was man sie bezeichnete, *ein Verbrechergesindel*, und es ist kein Wunder, daß von einem bestimmten Zeitpunkt an, er liegt weit zurück, vier oder fünf Jahrzehnte, die Scherzhauserfeldsiedlung die ununterbrochene Lieferantin des salzburgischen Gerichtsfutters geworden war, eine unerschöpfliche Quelle für die österreichischen Zuchthäuser und Strafanstalten. Die Polizei und die Gerichte beschäftigten sich jahrzehntelang mit der Scherzhauserfeldsiedlung intensiv, aber nicht die Stadtverwaltung, und die sogenannte Sozialfürsorge benützte die Scherzhauserfeldsiedlung nur als Alibi zur Vertuschung ihrer grenzenlosen Unfähigkeit. Auch heute, weit über drei Jahrzehnte nach meiner Tätigkeit in der Scherzhauserfeldsiedlung, lese ich, wenn ich die Salzburger Zeitungen aufschlage, von dem Zusammenhang beinahe aller Salzburger Strafprozesse und auch heute noch immer wieder Totschlags- und Mordprozesse mit der Scherzhauserfeldsiedlung. Die Verhältnisse dort können sich nur, denke ich über dreißig Jahre zurück, verschlimmert haben. Heute sind dort Wohnblöcke und Hochhäuser, Auswüchse unserer geistlosen und geistfeindlichen und phantasielosen und phantasiefeindlichen Zeit, wo damals, vor dreißig Jahren, Wiesen gewesen sind, ich bin über weite Wiesen in die Arbeit gegangen, an der Blindenanstalt und an der Taubstummenanstalt vorbei, an der Lehener Post vorbei über Wiesen und über ganz gewöhnliche Schotterwege, durch eine Unzahl von Naturgerüchen, die es auf diesem Weg heute gar nicht mehr gibt, den Grasgeruch und den Erdgeruch und den Tümpelgeruch da, wo heute nurmehr noch der menschenverblödende Gestank der Auspuffgase ist. Zwischen der Stadt und der Scherzhauserfeldsiedlung waren, wie wenn die Stadt Abstand davon haben wollte, ein Wiesen- und Feldergürtel, da und dort grobgezimmerte Schweineställe, da und dort ein kleineres oder größeres Flüchtlingslager, Behausungen von verkommenen Hundenarren und -närrinnen, Bretterbuden von Huren und Säufern, die die Stadt irgendwann einmal ausgespien hat. Die Stadt hat, genau in dem Abstand von ihr, der ihr notwendig erschien, eine billige und menschentötende Siedlung in diese Wiesen hineingebaut, eine Siedlung für ihre Ausgestoßenen, für ihre Ärmsten und Verwahrlosesten und Verkommensten und naturgemäß immer Kränklichsten und Verzweifeltsten, für ihren Menschenausschuß gerade so weit weg, daß sie nicht damit konfrontiert wurde, wer nicht wollte, hatte sein ganzes Leben lang keine Kenntnis von dieser Siedlung, die an die sibirischen Straflager erinnerte nicht nur wegen der Numerierung ihrer Blöcke.

Der Atem

Jetzt war mir aber klar geworden, daß mich meine den halben Winter ignorierte *Verkühlung* in das Krankenhaus hereingebracht hatte. Ich war dem Großvater in das Krankenhaus nachgefolgt. Ich versuchte eine Rekonstruktion der Ereignisse und Geschehnisse der letztvergangenen Tage und scheiterte. Jeder Gedanke war bald von Mattigkeit und von Müdigkeit abgebrochen, unmöglich gemacht. Kein Gesicht, das ich kannte, kein Mensch, der mich aufklärte. In immer kürzeren Abständen war ich abgedeckt, war mir ein Medikament injiziert worden. Ich versuchte mich an den Schatten und an den Geräuschen zu orientieren, aber es blieb alles unklar. Manchmal schien es, als hätte jemand etwas zu mir gesagt, aber dann war es schon zu spät, ich hatte es nicht verstanden. Die Gegenstände waren undeutlich, schließlich überhaupt nicht mehr erkennbar gewesen, die Stimmen hatten sich entfernt. Es war Tag, es war Nacht, immer der gleiche Zustand. Das Gesicht des Großvaters, vielleicht das der Großmutter, meiner Mutter. Dann und wann war mir Nahrung eingeflößt worden. Keine Bewegung mehr, nichts mehr. Mein Bett wird auf Räder gehoben und durch den Krankensaal geschoben, hinaus auf den Gang, durch eine Tür, so weit, daß es an ein anderes anstößt. Ich bin im Badezimmer. Ich weiß, was das bedeutet. Jede halbe Stunde kommt eine Schwester herein und hebt meine Hand auf und läßt sie wieder fallen, das gleiche macht sie wahrscheinlich mit einer Hand in dem Bett vor meinem Bett, das schon länger als meines in dem Badezimmer gestanden ist. Die Abstände, in welchen die Schwester hereinkommt, verringern sich. Irgendwann kommen graugekleidete Männer mit einem verschlossenen Zinkblechsarg herein, decken ihn ab und legen einen nackten Menschen hinein. Mir ist klar, der, den sie an mir vorbei in dem wieder festverschlossenen Zinkblechsarg aus dem Badezimmer hinaustragen, ist der Mensch aus dem Bett vor meinem Bett. Die Schwester kommt jetzt nurmehr noch meine Hand aufzuheben. Ob noch ein Pulsschlag feststellbar ist. Plötzlich fällt die nasse und schwere Wäsche, die die ganze Zeit an einem quer durch das Badezimmer und gerade über mir gespannten Strick aufgehängt gewesen war, auf mich. Zehn Zentimeter, und die Wäsche wäre auf mein Gesicht gefallen, und ich wäre erstickt. Die Schwester kommt herein und packt die Wäsche und wirft sie auf einen Sessel neben der Badewanne. Dann hebt sie meine Hand auf. Sie geht die ganze Nacht durch die Zimmer und hebt immer wieder Hände auf und fühlt den Pulsschlag. Sie fängt an, das Bett abzuziehen, in welchem gerade ein Mensch gestorben ist. Dem Atem nach ein Mann. Sie wirft das Bettzeug auf den Boden und hebt, wie wenn sie jetzt auf meinen Tod wartete, meine Hand auf. Dann bückt sie sich, nimmt das Bettzeug und geht mit dem Bettzeug hinaus. *Jetzt* will ich leben. Ein paarmal noch kommt die Schwester herein und hebt meine Hand auf. Dann, gegen Morgen, kommen Pfleger und heben mein Bett auf Gummiräder und fahren es in den Krankensaal zurück. Plötzlich, denke ich, hat der Atem des Mannes vor mir aufgehört. Ich will nicht sterben, denke ich. *Jetzt* nicht. Der Mann hat plötzlich zu atmen aufgehört. Kaum hatte er zu atmen aufgehört, waren die graugekleideten Männer von der Prosektur hereingekommen und hatten ihn in den Zinkblechsarg gelegt. Die Schwester hat es nicht mehr erwarten können, daß er zu atmen aufgehört hat, dachte ich. Auch ich hätte zu atmen aufhören können.

Wie ich jetzt weiß, war ich gegen fünf Uhr früh wieder zurückgebracht worden in den Krankensaal. Aber die Schwestern, möglicherweise auch die Ärzte, waren sich nicht sicher gewesen, sonst hätten mir die Schwestern nicht gegen sechs in der Früh von dem Krankenhauspfarrer die sogenannte *Letzte Ölung* geben lassen. Ich hatte das Zeremoniell kaum wahrgenommen. An vielen andern habe ich es später beobachten und studieren können. Ich wollte *leben*, alles andere bedeutete nichts. Leben, und zwar *mein* Leben leben, *wie und solange ich es will*. Das war kein Schwur, das hatte sich der, der *schon aufgegeben gewesen war*, in dem Augenblick, in welchem der andere vor ihm zu atmen aufgehört hatte, vorgenommen. Von zwei möglichen Wegen hatte ich mich in dieser Nacht in dem entscheidenden Augenblick für den des Lebens entschieden. Unsinnig, darüber nachzudenken, ob diese Entscheidung falsch oder richtig gewesen ist. Die Tatsache, daß die schwere, nasse Wäsche nicht auf mein Gesicht gefallen war und mich nicht erstickt hatte, war die Ursache dafür gewesen, daß ich nicht aufhören wollte zu atmen. Ich hatte nicht, wie der andere vor mir, aufhören wollen zu atmen, ich hatte weiteratmen und weiterleben wollen. Ich mußte die sicher auf meinen Tod eingestellte Schwester zwingen, mich aus dem Badezimmer heraus- und in den Krankensaal zurückführen zu lassen, und also mußte ich *weiter*atmen. Hätte ich nur einen Augenblick in diesem meinem Willen nachgelassen, ich hätte keine einzige Stunde länger gelebt. Es war an mir, ob ich weiteratmete oder nicht. Nicht die Leichenträger in ihren Prosekturkitteln waren in das Badezimmer hereingekommen, um mich abzuholen, sondern die weißen Pfleger, die mich in den Krankensaal zurückgebracht haben, wie ich es wollte. *Ich* bestimmte, welchen der beiden möglichen Wege ich zu gehen hatte. Der Weg in den Tod wäre leicht gewesen. Genauso hat der Lebensweg den Vorteil der Selbstbestimmung. Ich habe nicht alles verloren, mir ist alles geblieben. Daran denke ich, will ich weiter.

Die Kälte

Meine Reise nach Grafenhof durch das finstere Salzachtal war die bedrückendste meines Lebens. In meinem Gepäck hatte ich auch ein Bündel Papier mit meinen letzten Gedichten. Bald werde ich außer diesem Gedichtbündel nichts mehr haben auf der Welt, das mir etwas bedeutet, an das ich mich klammern kann, hatte ich gedacht. Tuberkulose! Grafenhof! Und meine Mutter in einem rettungslosen Zustand, von den Ärzten aufgegeben. Ihr Mann, mein Vormund, und meine Großmutter waren, so kurz nach dem Tod meines Großvaters, schon wieder auf die Probe gestellt. Jetzt fuhr ich mit dem Frühzug auf das Schreckenswort zu: *Grafenhof!* Danach zu fragen hatte ich mich nur halblaut getraut. Zweihundert Meter vor der Heilstätte waren überall Schilder angebracht mit der Aufschrift: *Halt. Anstalt. Verbotener Weg.* Kein Gesunder überging diese Mahnung freiwillig. Von der Heilstätte aus lautete der Text: *Halt! Durchgang verboten!* Ich ging in eine Verzweiflung hinein, und ich hatte eine Verzweiflung zurückgelassen. Da, wo ich hergekommen war, herrschte schon mit größter Entschiedenheit der Tod, da, wo ich angekommen war, ebenso. Heute ist dieser Zustand von damals nurmehr schwer und nur unter den größten Widerständen überhaupt andeutbar. Meine Geistesverfassung kann nicht mehr wiedergegeben werden, mein Gefühlszustand läßt sich nicht mehr ausmachen, ich hüte mich auch, weiter zu gehen als unbedingt notwendig, weil mir selbst die Peinlichkeit einer Grenzüberschreitung in Richtung auf die oder überhaupt auf eine diesbezügliche Wahrheit unerträglich ist. Obwohl ich aber in die Hölle hineingegangen war, indem ich nach Grafenhof hineingegangen bin, hatte ich doch zuerst das Gefühl gehabt, ich bin der Hölle entronnen, entkommen bin ich ihr, das Entsetzen, das Unerträgliche habe ich zurückgelassen. Ruhe umgab mich aufeinmal, Ordnung. Einem unmenschlichen, wenn auch gottgewollten Chaos war ich davongelaufen, so dachte ich, und ich hatte sogar ein schlechtes Gewissen, denn ich hatte ja die Meinigen mit meiner todkranken Mutter zurückgelassen, mit allem Elend, mit allen Fürchterlichkeiten. Scham empfand ich, daß ich hierher, in *die geordnete Versorgung*, gegangen war. *Aus dem Chaos* einer hilflosen, schon beinahe völlig zerstörten Familie *in Pflege*. Hier bekam ich aufeinmal Mahlzeiten zu ganz genau festgesetzten Zeiten, war ich alles in allem in Ruhe gelassen und konnte ich mich einmal tatsächlich ausschlafen, was mir zuhause schon wochenlang nicht mehr möglich gewesen war, keiner von uns hatte mehr schlafen können, alles war auf die todkranke Mutter konzentriert gewesen, die ununterbrochen medizinisch versorgt werden mußte. Der Mann meiner Mutter, der Vormund, und meine Großmutter hatten sich im wahrsten Sinne des Wortes aufgeopfert, vollkommen selbstlos, alles auf sich genommen, was sonst nur in einer Klinik zu leisten ist, beispielsweise über Monate, schließlich weit über ein Jahr hinaus stündliche Verabreichungen von Injektionen Tag und Nacht und alles andere, das nur der wissen, begreifen und achten kann, der es geleistet oder tatsächlich mit eigenen Augen unmittelbar gesehen hat. Wie leichtfertig gehen die, die nie in eine solche Lage gekommen sind, mit ihren Urteilen um, sie wissen nichts vom *Leiden*. Es war ja noch nicht lange her, daß ich den mir liebsten Menschen verloren hatte, meinen Großvater, ein halbes Jahr später hatte ich auch schon die Gewißheit, den zu verlieren, der mir nach ihm am nächsten war: meine Mutter. Mit diesem Bewußtsein hatte ich meine Reise nach Grafenhof angetreten, mit dem Papierkoffer, in welchem meine Mutter und ich in den Kriegsjahren gemeinsam Erdäpfel von den Bauern nachhause getragen hatten. *Du fährst auf Erholung*, hatte meine Mutter zu mir gesagt, *erhol dich gut.* Immer wieder habe ich diese Worte im Ohr, ich höre sie heute wie damals, so gut gemeint und vernichtend! Wir alle hatten bei Kriegsende gedacht, davongekommen zu sein, und fühlten uns sicher; daß wir überlebt hatten Fünfundvierzig, hatte uns insgeheim glücklich gemacht, abgesehen von den Fürchterlichkeiten, die in keinem Verhältnis zu anderen großen und noch größeren und größten Fürchterlichkeiten gestanden waren, wir hatten viel mitgemacht, aber doch nicht das größte Elend, wir hatten viel erdulden müssen, aber doch nicht das tatsächlich Unerträgliche, wir hatten viel einstecken müssen, aber doch nicht das Entsetzlichste, und jetzt, ein paar Jahre nach dem Krieg, waren wir doch nicht davongekommen, jetzt schlug es zu, hatte uns eingeholt, wie wenn es uns aufeinmal urplötzlich zur Rechenschaft gezogen hätte. Auch wir durften nicht überleben! Ich war aus dem Totenzimmer meiner Mutter hinausgegangen und nach Grafenhof gefahren, um in ein Totenhaus einzuziehen, in ein Gebäude, in welchem sich, solange es besteht, der Tod niedergelassen hat, hier gab es nur Totenzimmer, und hier gab es viele, wenn nicht überhaupt nur Todeskandidaten und immer wieder Tote, aber diese Todeskandidaten und diese Toten gingen mir naturgemäß nicht so nahe wie meine Mutter. Diese Totenzimmer schaute ich an, beobachtete ich, aber sie erschütterten mich nicht, sie hatten nicht die Kraft, mich zu vernichten, sowenig wie die Toten, die ich hier zu sehen bekommen habe. Grafenhof war im ersten Moment kein Schock für mich, eher eine Beruhigung. Aber diese Beruhigung war ein Selbstbetrug. Ich getraute mich, Atem zu schöpfen ein, zwei Tage. Dann gestand ich selbst mir meine Irrtümer ein. Das Leben ist nichts als ein Strafvollzug, sagte ich mir, du mußt diesen Strafvollzug aushalten. Lebenslänglich. Die Welt ist eine Strafanstalt mit sehr wenig Bewegungsfreiheit. Die Hoffnungen erweisen sich als Trugschluß. Wirst du entlassen, betrittst du in demselben Augenblick wieder die gleiche Strafanstalt. Du bist ein Strafgefangener, sonst nichts. Wenn dir eingeredet wird, das sei nicht wahr, höre zu und schweige. Bedenke, daß du bei deiner Geburt zu lebenslänglicher Strafhaft verurteilt worden bist und daß deine Eltern schuld daran sind. Aber mache ihnen keine billigen Vorwürfe. Ob du willst oder nicht, du hast die Vorschriften, die in dieser Strafanstalt herrschen, haargenau zu befolgen. Befolgst du sie nicht, wird deine Strafhaft verschärft. Teile deine Strafhaft mit deinen Mithäftlingen, aber verbünde dich nie mit den Aufsehern. Diese Sätze entwickelten sich in mir damals ganz von selbst, einem Gebet nicht unähnlich. Sie sind mir bis heute geläufig, manchmal sage ich sie mir vor, sie haben ihren Wert nicht verloren. Sie enthalten die Wahrheit aller Wahrheiten, so unbeholfen sie auch abgefaßt sein mögen. Sie treffen auf jeden zu. Aber nicht immer sind wir bereit, sie anzunehmen. Oft geraten sie in Vergessenheit, manchmal jahrelang. Aber dann sind sie wieder da und klären auf. Im Grunde war ich auf Grafenhof vorbereitet. Ich hatte das Salzburger Krankenhaus, ich hatte Großgmain hinter mir. Ich hatte schon die Elementarschule der Krankheiten und des Sterbens hinter mir, ja schon die Mittelschule. Ich beherrschte das Einmaleins der Krankheit und des Sterbens. Nun besuchte ich auch schon den Unterricht in der Höheren Mathematik der Krankheit und des Todes. Diese Wissenschaft hatte mich, zugegeben, immer schon angezogen gehabt, jetzt entdeckte ich, daß ich sie mit Besessenheit studierte. Längst hatte ich alles allein dieser Wissenschaft unterworfen, ganz von selbst war ich auf diese Wissenschaft gekommen, die Umstände hatten mich in keine andere als in diese Wissenschaft führen müssen, in welcher alle übrigen Wissenschaften enthalten sind. Ich war in dieser Wissenschaft aufgegangen, so hatte ich mich selbst auf die natürlichste Weise vom wehrlosen Opfer zum Beobachter dieses Opfers und gleichzeitig zum Beobachter aller andern gemacht. Dieser Abstand war einfach lebensnotwendig, nur so hatte ich die Möglichkeit, meine Existenz zu retten. Ich kontrollierte meine Verzweiflung und die der anderen, ohne sie tatsächlich beherrschen, geschweige denn abstellen zu können. Es herrschten hier die strengen Regeln, wie ich sie schon von den anderen Anstalten kannte, wer sich nicht an diese Regeln hielt, wurde bestraft, im schlimmsten Falle mit sofortiger Entlassung, was aber tatsächlich nicht im Interesse eines einzigen Patienten gewesen war. Es hatte immer wieder derartige fristlose Entlassungen gegeben, ob tatsächlich zu Recht oder nicht, kann ich nicht sagen, aber diese Entlassenen kamen in den meisten Fällen in kürzester Zeit um, weil sie, außer Kontrolle geraten, mit der Gefährlichkeit und beinahe mit Sicherheit Tödlichkeit ihrer Krankheit nicht vertraut, in der brutalen, ahnungslosen sogenannten gesunden Welt umkommen mußten. Aus der Anstalt entlassen, überließen sie sich naturgemäß augenblicklich ihrem tatsächlich unersättlichen Lebens- und Existenzhunger und gingen darin und im Unverständnis und in der Ahnungslosigkeit und Rücksichtslosigkeit der Gesundengesellschaft unter. Es sind mir zahllose Beispiele bekannt, daß Entlassene, nicht gesunde, sondern sogenannte fristlos oder auf eigene Gefahr Entlassene, nicht lange überlebt haben. Aber davon ist hier nicht die Rede. Um sechs Uhr wurde aufgestanden, um sieben Uhr war das Frühstück, um acht lagen alle schon auf der Liegehalle, auf welcher um neun die Visite erschien, jahrelang mit dem gleichen Zeremoniell in der gleichen Besetzung, nicht nur was die Ärzte betrifft, auch die Patienten waren oft jahrelang dieselben, weil die meisten jahrelang in Grafenhof bleiben mußten, nicht, wie sie vielleicht in ihrer Ahnungslosigkeit bei ihrer Einweisung geglaubt hatten, wochenlang oder monatelang, nach Grafenhof eingewiesen werden hieß in den meisten Fällen, auf Jahre in Grafenhof sein, in jahrelanger Isolierung, in jahrelanger Anhaltung, Verwahrung, wie immer. Wie gut, daß der Neue nicht wußte, wie lange er hier zu sein hatte, er hätte nicht mitgemacht.

Ein Kind

Ich hatte immer Schwierigkeiten gemacht. Neunzehnhunderteinunddreißig, als ich geboren wurde, war mein Geburtsort nicht zufällig Heerlen in den Niederlanden, wohin meine Mutter auf den Rat einer in Holland arbeitenden Freundin aus Henndorf geflohen war in dem Augenblick, in welchem ich mich ganz entschieden zum endgültigen Eintritt in die Welt meldete, ich forderte ein rasches Gebären. In Henndorf, dem kleinen Nest, wäre meine Geburt völlig unmöglich gewesen, ein Skandal und die Verdammung meiner Mutter wären die unausbleibliche Folge gewesen in einer Zeit, die uneheliche Kinder nicht haben wollte. Meine Großtante Rosina hätte ihre Nichte Herta, meine Mutter, aus dem Haus geworfen und ihr weiteres Leben durch die Schande einer unehelichen Geburt, noch dazu des Kindes eines *Gauners*, wie man meinen Vater am häufigsten bezeichnete, verdüstert, und sie wäre die restlichen Jahrzehnte nur noch in schwarzer Kleidung ins Dorf gegangen und selbstverständlich auch da nur auf den Friedhof und wieder zurück. Meine Mutter mußte schon neunzehnhundertdreißig, während ihre Eltern in der Wernhardtstraße in Wien lebten, eine Zeitlang bei ihrer Tante Rosina gelebt haben, in jenem Henndorf, das sie wie keinen anderen Ort auf der Welt liebte und wo sie seit dem Jahr fünfzig begraben ist auf ihren Wunsch. Mein Vater, Sohn eines Landwirts aus der Umgebung, der, wie das üblich gewesen ist, zu dem völlig natürlichen Beruf des Bauern auch noch ein Handwerk erlernt hatte, in seinem Falle die Tischlerei, mußte in dieser Zeit mit ihr in näheren und allernächsten Kontakt gekommen sein. Darüber ist mir nichts weiter bekannt. Es heißt, die beiden trafen sich des öfteren in einem sogenannten Salettl im Apfelgarten der Tante Rosina. Das ist wirklich alles, was ich über meine Entstehungsgeschichte weiß. Nun entfloh sie dem Ort ihrer Schande nach Holland, wo sie bei der erwähnten Freundin in Rotterdam Aufnahme fand. Kurz darauf war sie in Heerlen, in einem Kloster, das nebenbei auch noch auf sogenannte gefallene Mädchen spezialisiert war, von einem Knaben entbunden, der neugeboren, wie ich auf einer erhalten gebliebenen Fotografie sehen kann, soviel Haare hatte, wie ich noch auf keinem neugeborenen Kopf gesehen habe. Ich soll ein fröhliches Kind gewesen sein. Meine Mutter, wie alle Mütter, eine glückliche. Henndorf entkam dem Skandal, und die Tante Rosina konnte wieder ruhig schlafen. Der Vater meiner Mutter, mein Großvater, hatte keine Ahnung von mir. Ein Jahr lang getraute sich meine Mutter nicht, meinen Großeltern in Wien meine Geburt zu melden. Was sie fürchtete, weiß ich nicht. Der Vater als Romanschreiber und Philosoph durfte in seiner Arbeit nicht gestört werden, ich glaube fest, das war der Grund, warum mich meine Mutter so lange verschwieg. Mein Vater hat mich niemals anerkannt. Die Möglichkeit, mich in dem Kloster bei Heerlen zu lassen, war nur kurz gewesen, meine Mutter mußte mich abholen, in einem von ihrer Freundin geliehenen kleinen Wäschekorb reiste sie mit mir nach Rotterdam zurück. Da sie nicht ihren Lebensunterhalt verdienen und gleichzeitig bei mir sein konnte, mußte sie sich von mir trennen. Die Lösung war ein im Hafen von Rotterdam liegender Fischkutter, auf welchem die Frau des Fischers Pflegekinder in Hängematten unter Deck hatte, sieben bis acht Neugeborene hingen an der Holzdecke des Fischkutters und wurden jeweils nach Wunsch der ein-

oder zweimal wöchentlich erscheinenden Mutter von der Decke heruntergelassen und hergezeigt. Ich hätte jedesmal jämmerlich geschrien und mein Gesicht sei, solange ich auf dem Fischkutter gewesen sei, von Furunkeln übersät und verunstaltet gewesen, da, wo die Hängematten hingen, seien ein unglaublicher Gestank und ein undurchdringlicher Dunst gewesen. Aber meine Mutter hatte keine andere Wahl. Sie besuchte mich, wie ich weiß, sonntags, denn die Woche über arbeitete sie als Haushaltshilfe, um sich erhalten und die Gebühr für meinen Schiffsaufenthalt bezahlen zu können. Der Vorteil war, daß sie auf diese Weise sozusagen die Welt kennenlernte, der größte Hafen Europas war dazu am besten geeignet. Mir ist nicht viel über diese Zeit bekannt. Immerhin kann ich sagen, daß ich mein erstes Lebensjahr, die ersten Tage abgerechnet, ausschließlich auf dem Meer verbracht habe, nicht *am* Meer, sondern *auf dem* Meer, was mir immer wieder zu denken gibt und in allem und jedem, das mich betrifft, von Bedeutung ist. Dieser Umstand wird für mich lebenslänglich eine Ungeheuerlichkeit sein. Im Grunde bin ich ein Meermensch, erst, wenn ich am Meerwasser bin, kann ich richtig atmen, von meinen Denkmöglichkeiten ganz zu schweigen. Natürlich sind aus dieser Zeit keinerlei Eindrücke zurückgeblieben, allerdings, denke ich, prägt mein damaliger Meeraufenthalt meine ganze Geschichte. Manchmal kommt es mir vor, wenn ich den Geruch des Meeres einatme, als wäre dieser Geruch meine erste Erinnerung. Nicht ohne Stolz denke ich oft, ich bin ein Kind des Meeres, nicht der Berge. Tatsächlich fühle ich mich in den Bergen nicht wohl, ich habe heute noch Angst, sie erdrücken mich, ich ersticke in ihnen. Ideal ist für mich das Alpen*vor*land, wo ich den Großteil meiner Kindheit verbrachte, im bayerischen in der Nähe des Chiemsees und im salzburgischen, aber diese Zeit liegt weit zurück, sie reicht von meinem dritten bis zu meinem siebenten Lebensjahr. Vorher war ich, nach dem ersten, dem Hollandjahr, zwei Jahre in Wien gewesen. Wahrscheinlich in dem Augenblick, in welchem sie absolut keinen Ausweg mehr wußte, gestand meine Mutter von Rotterdam aus meinen Großeltern, ihren Eltern also, mein Dasein. Sie wurde mit offenen Armen in Wien aufgenommen. Sie hatte mich noch einmal in den Wäschekorb gelegt und war mit mir über Tag und Nacht nach Wien. Ich hatte von jetzt an nicht nur die Mutter, ich hatte auch Großeltern. In der Wernhardtstraße im sechzehnten Bezirk, in der Nähe des Wilhelminenspitals, habe ich zum erstenmal in meinem Leben das Wort *Großvater* ausgesprochen.

Der öffentliche Bernhard

In Österreich hat sich nichts geändert

Vor zwanzig Jahren, ich bin nichts als achtzehn gewesen, ist mir von dem damaligen Direktor des Salzburger Theaters vor einem Salzburger Gericht der Prozeß gemacht worden, weil ich als guthonorierter Theaterkritiker in der damals besten österreichischen kulturpolitischen Wochenschrift »Die Furche«, die heute allerdings nurmehr noch als eine Quadratur des perversen katholisch-nazistischen Stumpfsinns herauskommt, meine Eindrücke über das Salzburger Theater beschrieben habe. Daß die Schauspieler keine Schauspieler, die Sänger keine Sänger, die Tänzer keine Tänzer, die Regisseure keine Regisseure und der Intendant kein Intendant sei usf. Man nenne sich ein Theater und sei doch nichts als Schwachsinn und Schweinerei, nichts als ein kopfloser Mimenunrat usf ... Verglichen mit dem Wirtshaustheater auf dem Land, sei das Theater in allen Städten allabendlich die Inszenierung eines vorgeschichtlichen Leichnams ... auf allen Bühnen (auch auf dem Burgtheater, dem Inbegriff von Provinz!) herrsche das Königreich des Dilettantismus. Wo Dummheit und Hochmut zusammen den Vorhang aufmachen, sei das Theater tot und auf der Bühne ein fauler Witz. Aus der Bühnenöffnung käme nichts als der üble Mundgeruch des Bürokratismus ... Für diese und ähnliche Sätze bin ich vor zwanzig Jahren von einem österreichischen Richter (der wohl von abgefahrenen Fußgängerbeinen, aber vom Theater überhaupt keine Ahnung hatte) zu viertausend Schilling Strafe verurteilt worden. Viertausend Schilling waren damals, und für mich besonders, ungeheuer viel Geld. Der Richter hatte während der vierstündigen Verhandlung ununterbrochen, von zwei

Schreibern assistiert, in den vor ihm auf dem Richtertisch aufgetürmten Leitzordnern voller Kritiken, die der Intendant Stanchina zusammen mit zweien seiner maßgeschneiderten Dramaturgen mitgebracht hatte, geblättert und immer wieder gesagt: »... und klatschten herzlichen Beifall ... und klatschten herzlichen Beifall ... und klatschten herzlichen Beifall ...« Ununterbrochen blätterte er und sagte: »... und klatschten herzlichen Beifall ...« Und immer wieder sagte er: »also, was wollen Sie? ... und klatschten herzlichen Beifall ...« Und er hatte mich die ganzen vier Stunden stramm stehen lassen und von einem Justizwachebeamten bewachen lassen. Und bevor er das Urteil fällte, sagte er, das Theater sei ein gutes Theater und nachdem er das Urteil gefällt hatte, sagte er noch einmal, daß das Theater ein gutes Theater sei.

Heute, zwanzig Jahre später, inzwischen habe ich selber, das ist auch schon wieder fünfzehn Jahre her, Schauspiel und Dramaturgie auf der Hochschule studiert und absolviert (zum Abschluß habe ich einen Vortrag über den großen Artaud gehalten, aber die siebzehn »Hochschulprüfungsorgane« am langen grünen Tisch hatten bis dahin den Namen Artaud noch niemals gehört gehabt), jedenfalls ein völlig überflüssiges Studium, heute, zwanzig Jahre später muß ich sagen, daß sich das Theater in Österreich überhaupt nicht geändert hat, ja, ich muß sagen, es ist heute alles noch viel dilettantischer und deprimierender als damals. Da ich aber nicht wieder zu einer hohen Geldstrafe (oder Gefängnis) verurteilt werden will, weil es unsinnig ist, dem nutzlosen Staat Geld in den Rachen zu schieben oder im Gefängnis zu sitzen, werde ich meine Eindrücke über unser Theater nicht schildern.

Der Büchnerpreis

Den Büchnerpreis habe ich neunzehnhundertsiebzig bekommen, als die sogenannte Studentenrevolution von neunzehnhundertachtundsechzig leider, als eine nur romantische und daher vollkommen mißglückte dilettantische Revolte verebbt, schon nur als ein untauglicher Versuch einer Revolution in die Geschichte eingegangen war. Der Unernst dieses Protests hatte schließlich zu einem umgekehrten Ergebnis und also zu einer intellektuellen Katastrophe und zu einem traurigen Erwachen geführt. Die treibenden Leute dieser nur mit halbem Auge den Franzosen abgeschauten Bewegung hatten nicht, was sie beabsichtigten, den guten, den besten, den rücksichtslosen Geist in Deutschland wiedereingeführt, sondern sie hatten ihn mit ihrem Dilettantismus, der nichts Revolutionäres, sondern nur eine den Franzosen gestohlene Mode gewesen war, wie sich jetzt zeigt, für lange Zeit ausgetrieben. Die jetzt herrschenden geistigen Verhältnisse in Deutschland sind offensichtlich deprimierender, als die vor den Ereignissen von neunzehnhundertachtundsechzig. Es war keine Bewegung im Zeichen Büchners und Konsorten gewesen, sondern nur ein perverses Spiel mit der intellektuellen Langeweile, die in Deutschland eine jahrhundertealte Tradition hat. Der Büchnerpreis ist mit einem Namen verbunden, mit welchem ich schon Jahrzehnte nur mit dem allergrößten Respekt verkehrt hatte. Zum Abschluß meiner Studienzeit am Mozarteum wählte ich, ohne viel nachdenken zu müssen, als Regiearbeit, neben dem *Zerbrochnen Krug* von Kleist und dem *Herrenhaus* von Thomas Wolfe, *Leonce und Lena*. Aber wie ich mich über die größten Vorlieben in meinem

Leben immer nur karg hatte äußern können, habe ich mich über Georg Büchner auch beinahe nie geäußert. Die Rede, die man zur Verleihung des Büchnerpreises an mich von mir von der Deutschen Akademie verlangt hat, mußte dieser Kargheit widersprechen und so war sie nicht entstanden. Ich hatte, im Gegenteil, die Gewißheit, mich auf dem Podium in Darmstadt überhaupt nicht über Büchner äußern zu dürfen, ja, den Namen des Georg Büchner nach Möglichkeit überhaupt nicht in den Mund zu nehmen, was mir dann auch gelungen ist, denn ich sagte ja nur ein paar Sätze in Darmstadt und diese hatten mit Büchner nichts zu tun. Wir dürfen uns ja nicht immerfort auf unsere Großen ausreden und unsere eigene erbärmliche Existenz und Hilflosigkeit an diese Großen mit aller Gewalt und Gezeter hängen. Es ist üblich, daß die Leute, wenn sie eine Kantplakette bekommen oder einen Dürerpreis, lange Reden über Kant halten oder über Dürer, fade Fäden ziehen von den Großen zu sich selbst und ihr Hirn ausquetschen über der Versammlung wie ein faules Lexikon. Diese Vorgangsweise liegt mir nicht. Und so habe ich auch in Darmstadt nur ein paar Sätze gesprochen, die mit Büchner nichts, mit mir allerdings alles zu tun hatten. Schließlich hatte ich nicht Büchner zu erklären, der nicht erklärt zu werden braucht, sondern möglichst nur eine kurze Aussage über mich selbst und mein Verhältnis zu meiner Umwelt zu machen, aus dem Mittelpunkt meiner Welt, der naturgemäß gleichzeitig, solange ich lebe, für mich auch der Mittelpunkt der Welt ist und sein muß, wenn es wahr sein soll, was ich sage. Ich habe kein Gebet vorzutragen, habe ich gedacht, sondern einen Standpunkt einzunehmen und der kann nur *mein* Standpunkt sein, wenn ich spreche. Kurz und gut, ich habe ein paar Sätze gesagt. Die Zuhörer hatten gedacht, das, was ich sagte, sei die Einleitung einer Rede von mir, aber es war schon alles. Ich machte eine kurze Verbeugung und sah, daß meine Zuhörer mit mir nicht zufrieden waren. Aber ich war ja nicht nach Darmstadt gekommen, um irgendwelche Leute zufriedenzustellen, sondern nur, um mir den Preis abzuholen, der mit der Summe von zehntausend Mark verbunden war und der, weil Büchner selbst von diesem Preis ja überhaupt nichts wissen konnte, weil er schon so viele Jahrzehnte vor der Idee, einen Büchnerpreis zu stiften, tot gewesen war, mit dem Preis auch gar nichts zu tun hatte. Mit dem Büchnerpreis hat die sogenannte Deutsche Akademie für Sprache und Dichtung zu tun, dagegen Georg Büchner selbst nichts. Und der Deutschen Akademie für Sprache und Dichtung dankte ich auch für den Preis, aber ich dankte ihr in Wahrheit nur für die Preissumme, denn zu der sogenannten Ehre, die ein solcher Preis bedeuten solle, hatte ich, als ich damals nach Darmstadt fuhr, schon keinerlei Beziehung mehr, diese Ehre und alle anderen Ehren waren mir schon damals suspekt. Aber ich hatte keine Veranlassung, meine Ansichten der Akademie mitzuteilen, ich packte meine Tasche und fuhr mit meiner Tante nach Darmstadt, weil ich mir und meiner Tante eine schöne Deutschlandreise gönnen wollte nach langer karger Zeit bei mir zuhause auf dem Land. Die Herren der Akademie waren die freundlichsten und ich habe mehrere angenehme Unterhaltungen mit ihnen geführt, ganz ohne Gefährlichkeit, denn ich wollte mir ja meine Deutschlandreise nicht stören lassen. Den Festakt hatte ich als Kuriosität auf mich zu nehmen und auch Werner Heisenberg, der mit mir in dem gleichen Festakt ausgezeichnet worden war, mit einem Preis für wissenschaftliche Prosa, hatte mehrere Male zu mir gesagt, wie kurios der Festakt sei, was in dem mitausgezeichneten Joachim Kaiser, dem berühmten Kritiker von der *Süddeutschen Zeitung*, vorging, kann ich nicht wissen, er verbarg alles. Als ich nach der Preisverteilung zu Joachim Kaiser, der neben mir in der ersten Reihe gesessen war, sagte, daß meine Urkunde um ein Drittel größer und also auch schwerer als seine sei und darin allein schon die verschiedenen Gewichtsklassen der Preise ersichtlich seien, hatte er sein Gesicht verzogen, immerhin. Aber ich muß sagen, daß er mir nachher, in einem nahegelegenen Gasthauskeller, mit seinen musikwissenschaftlichen Kenntnissen imponiert hat, zu diesem verblüffenden geballten Kenntnisreichtum hatte ich absolut schweigen müssen. Von Literatur versteht Kaiser nichts. Und Heisenberg, ausgerechnet der Atomwissenschaftler, hatte mich mehrere Male gefragt, warum denn die Schriftsteller immer alles mit so unglücklichen Augen sehen, die Welt sei doch nicht so. Darauf hatte ich naturgemäß nichts zu sagen gehabt. Die Stadt Darmstadt hat für mich ein Essen gegeben, an welchem auch ein paar meiner Freunde teilgenommen haben, ich durfte ihre Namen nennen und sie waren eingeladen worden. Als meine Tante während des Essens ihrem Tischnachbarn, dem Minister Storz, gesagt hatte, daß nicht nur Büchner an diesem Tage Geburtstag habe, sondern sie selbst auch und zwar den sechsundsiebzigsten, war einer der Stadtherren aufgestanden und hinausgegangen. Etwas später war er mit einem Strauß mit sechsundsiebzig Rosen wieder hereingekommen. Und hier muß ich sagen, daß ich vor allem nach Darmstadt gereist bin, um meiner Tante einen schönen Geburtstag zu machen, denn sie hat, wie Georg Büchner, am achtzehnten Oktober Geburtstag. Natürlich war das nicht der einzige Grund, aber es war der Hauptgrund gewesen. Meine Tante und ich haben uns am Ende des Essens in das Goldene Buch der Stadt Darmstadt eingetragen. Die Zeitungen schrieben über die damalige Preisverteilung, wenn auch aus unterschiedlichen Perspektiven und mit den unterschiedlichsten Mitteln etwa das, was ich selbst dachte. Es ist nachzulesen. Die Jury der Deutschen Akademie, aus welcher ich inzwischen ausgetreten bin, weil sie mich einmal ohne mein Wissen zu ihrem Mitglied gewählt hat, und weil sie von mir nicht mehr vertretbar gewesen ist, hat meine Wahl zum Büchnerpreisträger zu verantworten, nicht ich.

Ansprache bei der Verleihung des
Georg-Büchner-Preises

Verehrte Anwesende,
wovon wir reden, ist unerforscht, wir leben nicht, vermuten
und existieren aber als Heuchler, vor den Kopf Gestoßene,
in dem fatalen, letzten Endes letalen Mißverständnis der
Natur, in welchem wir heute durch Wissenschaft verloren
sind; die Erscheinungen sind uns tödliche und die Wörter,
mit welchen wir aus Verlassenheit im Gehirn hantieren, mit
Tausenden und Hunderttausenden von ausgeleierten, uns
durch infame Wahrheit als infame Lüge, umgekehrt durch
infame Lüge als infame Wahrheit erkennbare in allen Sprachen, in allen Verhältnissen, die Wörter, die wir uns zu reden und zu schreiben und die wir uns als Sprechen zu verschweigen getrauen, die Wörter, die aus nichts sind und die
zu nichts sind und die für nichts sind, wie wir wissen und
was wir verheimlichen, die Wörter, an die wir uns anklam-
mern, weil wir aus Ohnmacht verrückt und aus Verrücktheit verzweifelt sind, die Wörter infizieren und ignorieren,
verwischen und verschlimmern, beschämen und verfäl-
schen und verkrüppeln und verdüstern und verfinstern nur;
aus dem Mund und auf dem Papier mißbrauchen sie durch
ihre Mißbraucher; das Charakterbild der Wörter und ihrer
Mißbraucher ist das unverschämte; der Geisteszustand der
Wörter und ihrer Mißbraucher ist der hilflose, glückliche,
katastrophale ...
Wir sagen, wir geben eine Theatervorstellung, prolongiert
ohne Zweifel in die Unendlichkeit ... aber das Theater, in
welchem wir auf alles gefaßt und in nichts kompetent sind,
ist, seit wir denken können, immer ein solches der sich ver-

größernden Geschwindigkeit und der verpaßten Stich-
wörter … es ist absolut ein Theater der Körper – in zweiter
Linie der Geistesangst und also der Todesangst … wir wissen nicht, handelt es sich um die Tragödie um der Komödie, oder um die Komödie um der Tragödie willen …
aber alles handelt von Fürchterlichkeit, von Erbärmlich-
keit, von Unzurechnungsfähigkeit … wir denken, verschweigen aber: wer denkt, löst auf, hebt auf, katastro-
phiert, demoliert, zersetzt, denn Denken ist folgerichtig
die konsequente Auflösung aller Begriffe … Wir sind (und
das ist Geschichte und das ist der Geisteszustand der Geschichte): die Angst, die Körper- und die Geistesangst und
die Todesangst als das Schöpferische … Was wir veröffentlichen, ist nicht identisch mit dem, was ist, die Erschütterung ist eine andere, die Existenz ist eine andere, wir sind
anders, das Unerträgliche anders, es ist nicht die Krankheit,
es ist nicht der Tod, es sind ganz andere Verhältnisse, es sind
ganz andere Zustände …
Wir haben, sagen wir, ein Recht auf das Recht, aber wir
haben nur ein Recht auf das Unrecht …
Das Problem ist, mit der Arbeit fertig zu werden, und das
heißt, mit dem inneren Widerwillen und mit dem äußeren
Stumpfsinn … das heißt, über mich selbst und über Leichen von Philosophien geh'n, über die ganze Literatur, über
die ganze Wissenschaft, über die ganze Geschichte, über
alles … es ist eine Frage der Geisteskonstitution und der
Geisteskonzentration und der Isolation, der Distanz … der
Monotonie … der Utopie … der Idiotie …
Das Problem ist immer, mit der Arbeit fertig zu werden, in
dem Gedanken, nie und mit nichts fertig zu werden …, es
ist die Frage: weiter, rücksichtslos weiter, oder aufhören,
schlußmachen … es ist die Frage des Zweifels, des Mißtrau-
ens und der Ungeduld.

Ich danke der Akademie, ich danke für Ihre Aufmerksamkeit.

Zu meinem Austritt

Die Wahl Scheels, des ehemaligen Bundespräsidenten, zum Ehrenmitglied der Akademie für Sprache und Dichtung war für mich ja nur der letzte definitive Anlaß gewesen, mich von dieser Akademie für Sprache und Dichtung zu trennen, die meiner Meinung nach weder mit Sprache noch mit Dichtung das geringste zu tun hat und deren Existenzberechtigung jeder vernünftig Denkende mit gutem Gewissen selbstverständlich verneinen muß. Seit Jahren habe ich mich nach dem Sinn dieser sogenannten Darmstädter Akademie gefragt und mir immer wieder sagen müssen, daß ein solcher Sinn doch nicht darin bestehen kann, daß eine Vereinigung, die letzten Endes doch nur aus dem kühlen Grunde der Selbstbespiegelung ihrer eitlen Mitglieder gegründet worden ist, jährlich zweimal zur Eigenbeweihräucherung zusammenkommt und da, nach vom Staat bezahlter teurer, weil Luxusanreise, in guten Darmstädter Hotels großbürgerlich aufgetragene Speisen ißt und Getränke trinkt, um eine knappe Woche lang um ihren abgestandenen faden Literaturbrei herumzureden. Ist *ein* Dichter oder Schriftsteller schon lächerlich und, wo auch immer, für die Menschengesellschaft schon schwer erträglich, um wie vieles lächerlicher und unzumutbarer ist eine ganze Horde von Schriftstellern und Dichtern und solchen, die sich dafür halten, auf einem Haufen! Im Grunde kommen alle diese auf Staatskosten angereisten Ehrenträger in Darmstadt zusammen, um sich nach einem impotenten Jahr des gegenseitigen Kollegenhasses in Darmstadt auch noch eine Woche anzuöden. Das Schriftstellergeschwätz in den Hotelhallen Kleindeutschlands ist ja wohl das Widerwärtigste, das sich denken läßt. Es stinkt aber doch noch viel stinkender, wenn es vom Staat subventioniert wird. Wie ja überhaupt der ganze heutige Subventionsdampf zum Himmel stinkt! Dichter und Schriftsteller gehören nicht subventioniert, und schon gar nicht von einer subventionierten Akademie, sondern sich selbst überlassen.

Nun gibt die Akademie für Sprache und Dichtung (der absurdeste Titel der Welt!) alljährlich ein *Jahrbuch* heraus, und vielleicht hat wenigstens das einen Sinn? Aber in diesem *Jahrbuch* sind jedesmal, und immer wieder nur, schon bevor sie in den Satz gehen, verstaubte sogenannte Essays abgedruckt, die, wie gesagt, weder mit Sprache noch mit Dichtung, ja überhaupt nichts mit Geist zu tun haben, weil sie aus den an Ladehemmung krankenden Maschinen von geistlosen Schwätzern kommen, wie wir in Österreich sagen würden, von Gschaftlhubern ganz ohne Kopf. Und was ist außer diesen faden Elaboraten noch in diesem *Akademiejahrbuch*? Eine lange Liste mit allen möglichen und unmöglichen obskuren Ehrungen, die diese geistigen Regenwürmer im abgelaufenen Jahr »erfahren« haben. Wen, außer diese Regenwürmer selbst, interessiert das? Dazu auch noch, um es nicht zu vergessen, eine heuchlerische »Totenliste« mit Verlegenheitsnachrufen als Akademietotenpoker, jeder peinlicher und dümmer als der vorhergegangene. Schade, daß dieses *Jahrbuch* auf einem derartig kostbaren Papier gedruckt ist, daß es zur Beheizung meines Ofens in Ohlsdorf denkbar ungeeignet ist. Ich habe damit jedesmal, wenn der Briefträger bei mir seinen Schutt abgeladen hat, immer die größten Schwierigkeiten gehabt.

Aber, wird man sagen, die Akademie für Sprache und Dichtung (für diese Bezeichnung gebührt den Erfindern noch im nachhinein der Büchnerpreis!) verleiht doch den Büchnerpreis, die sogenannte angesehenste Literaturauszeichnung in ganz Deutschland. Ich sehe nicht ein, warum diese obskure Akademie den Büchnerpreis verleihen muß, denn zu dieser Verleihung braucht niemand eine Akademie. Und schon gar nicht eine Akademie für Sprache und Dichtung, die nur ein begriffliches und sprachliches Unikum ihres Titels ist, sonst nichts. Ich persönlich habe die Wahl in die Akademie, damals, vor, wie es heißt, genau sieben Jahren, nicht weiter ernst genommen. Erst nach und nach ist mir das Dubiose dieser Darmstädter Akademie zu Bewußtsein gekommen, und ich habe dieses Dubiose tatsächlich augenblicklich in dem Moment ernst genommen, in dem ich gelesen habe, daß Herr Walter Scheel in diese Akademie gewählt worden ist, und bin kurzerhand ausgetreten. Wenn Herr Scheel eintritt, kann ich gleich austreten, habe ich mir gedacht.

Ich wünsche der Akademie für Sprache und Dichtung, die ich für Deutschland und für die ganze übrige Welt tatsächlich für das Allerentbehrlichste halte und die sicher für die Dichter (die es sind!) und für die Schriftsteller (die es sind!) mehr schädlich als nützlich ist, mit Herrn Scheel alles Gute. Die Darmstädter Akademie (für Sprache und Dichtung!) verschickt im Todesfall eines Mitglieds immer automatisch einen schwarzumrandeten Partezettel mit dem immer gleichen Nachruftext (über dessen Sprache und Dichtung sich streiten läßt). Vielleicht erlebe ich es noch und sie schickt eine Parte aus, auf welcher sie keines ehrwürdigen Mitglieds, sondern ihrer selbst gedenkt.

**Krista Fleischmann im Gespräch
mit Thomas Bernhard**

FLEISCHMANN Glauben Sie an den Himmel?

BERNHARD Ich hab' immer an den Himmel geglaubt, schon
als Kind. Je älter ich werde, desto mehr glaube ich daran,
weil der Himmel was sehr Schönes ist. Dort haben alle Leute immer frisch geputzte, weiße Kleider an. Es gibt keinen
Schmutz, es gibt keine chemische Industrie, keine Hygiene,
weil alles von vornherein sauber und rein ist. Und alles ist
leicht und schwebt. Ich freu' mich schon drauf. Man ist
völlig schwerelos, man schwebt über alles hin. Keine Philosophie kann einen mehr betrügen oder über's Ohr hauen.
Der Himmel ist das Ideale. Also, ich bin einer der wenigen,
die wirklich an den Himmel glauben. An die Hölle glaub'
ich nicht. Die ist mir zu schmutzig, zu heiß, zu schwarz, zu
grauslich, und der Himmel ist das alles nicht. Und Sie sind
sicher ein Engel dann in dem Himmel. Ich werd' auf Sie
zufliegen in einem weißen Hemd mit schöner Stickerei
drauf. Und wenn das Hemd mir zerreißt, werden Sie mir's
vielleicht wieder flicken, wenn Sie Lust haben dazu, mit
dem geeigneten Zwirn, dem Himmelszwirn. Glauben Sie
nicht?

FLEISCHMANN Ich glaub' nicht an den Himmel und auch
nicht an den Himmelszwirn.

BERNHARD Na ja, aber, Sie werden schon noch glauben. Sie
werden sehen, wenn Sie am Totenbett liegen, glauben Sie
plötzlich an den Himmel. Es hat ja immer sehr berühmte
Leute gegeben, die nie an Himmel und alles das geglaubt
haben, und kurz bevor sie dann in das Papierhemd gekommen sind, haben sie die Hände gefaltet und haben an *alles*

das geglaubt. Das hat mich sehr beeindruckt. Der Emil Jannings – der auch so ein Himmelsverächter war, als Schauspieler –, wie er dann in seiner Villa am Wolfgangsee, glaube ich, gestorben ist, hat er gesehen, wie herrlich das ist, was ihn erwartet: Reinheit, Leichtigkeit und das Schöne und das Wahre und der liebe Gott. Er hat ein ganz ein verklärtes Gesicht gehabt. Die ganze Schauspielerkarriere ist ihm so ein Gesicht nicht gelungen. Auf einmal, am Totenbett hat er gelächelt, mild, wie wenn er der Herrgott selber gewesen wär'.

FLEISCHMANN Sie glauben also, der Mensch braucht etwas, woran er glaubt?

BERNHARD Na, er *braucht* es nicht, er *hat* ja immer was, weil wenn er plötzlich nix mehr hat, woran er glaubt, ist er ja tot, nicht. Es glaubt immer noch jeder zumindest, daß er eine Altersversorgung kriegt oder zumindest die Mindestrente, und das halt' ihn am Leben, nicht. Wenn der Glaube an die Mindestrente weg ist, dann bricht er zusammen. Aber den hat er eigentlich immer.

FLEISCHMANN Was hält Sie am Leben?

BERNHARD Na, auch der Glaube an die Mindestrente in erster Linie. Vielleicht noch ein paar andere Sachen, aber hauptsächlich, glaub' ich, ist es das. Das weiße Hemd im Himmel und die Mindestrente. Es gibt nix Schöneres. Aber zuerst die Mindestrente, weil da bin ich ja noch *da*. Das Himmelshemd kommt ja erst nachher, wenn die Rente aufgegessen ist und der Chirurg einen falschen Schnitt gemacht hat oder ein Huster mich umgebracht hat. Und dann schlüpf' ich ja sofort in das weiße Himmelshemd.

FLEISCHMANN Als Schriftsteller haben Sie ja keine Rente.

BERNHARD Ich krieg' ja eine landwirtschaftliche Zuschußrente. Da zahl' ich ja seit zwanzig Jahren ein. Und verhungern braucht ja heut' überhaupt niemand mehr. Die Zeiten sind ja vorbei. So blöd kann man gar nicht sein, daß man durch diese Maschen durchfallt.

FLEISCHMANN Man hat fast das Gefühl, Sie sagen das bedauernd, daß man heute nicht mehr verhungern kann.

BERNHARD Na ja, eigentlich ist es schad', net. Ich finde, früher hat man immer noch an Leut' denken können, die irgendwo verhungern, und dann hat man ein schlechtes Gewissen kriegt. Und heute gibt's keine Leut' – zumindest in Mitteleuropa – mehr, die einem nahestehen, die am Verhungern sind, und drum kriegt man eigentlich kaum mehr ein schlechtes Gewissen. Oder man kann auch umgekehrt sagen, die ganze Welt ist voller schlechten Gewissen, also hebt sich das schlechte Gewissen von selbst auf. Also gibt's nur noch die Sehnsucht nach dem Himmel und nach der Stickerei auf dem Tag- oder Nachthemd. Dort tragt man ja immer das gleiche Hemd, Tag und Nacht. Also man braucht sich gar nicht mehr umzuziehen.

FLEISCHMANN Woher wissen Sie das?

BERNHARD Weil ich den Himmel so seh'. Ich hab' ja seit vielen Jahren einen Blick für den Himmel. Ich durchschau' ihn irgendwie. Mit allen Engerln, die drin sind.

FLEISCHMANN Bevor Sie mich jetzt noch weiter pflanzen, hören wir gleich auf!

BERNHARD Jetzt is' aus!

FLEISCHMANN Ich bin ein ganz gutes Medium für Sie, was? Ich tu' immer so, als ob ich von Ihnen und überhaupt nichts weiß, und frag' Sie scheinbar ganz blöd.

BERNHARD Ja, aber das ist doch gar nicht so blöd!

FLEISCHMANN Wenn man Ihre Bücher gelesen hat, braucht man eigentlich nicht mehr fragen.

BERNHARD Aber fragen Sie ruhig *so* weiter, es gibt keine blöden Fragen, nur blöde Antworten.

In Puerto de Pollensa am Meer, auf dem Badeplatz des Hotels
»Illa d'Or«, umgeben von Sonnenanbetern. Bernhard ist von
der Atmosphäre, der schlichten und unaufdringlichen Art des
Hauses und seiner Anlage so angetan, daß er spontan beschließt,
bei seinem nächsten Mallorca-Aufenthalt hier zu wohnen. Er
läßt sich Zimmer zeigen und besteht darauf, daß sein Name
notiert wird.

BERNHARD Urlaub ist immer wieder wichtig. Wie heißt das:
»Weil man abgespannt ist.« Weil man sich wieder konzen-
trieren muß. Weil man den Schauplatz wechseln muß und
die Gesichter. Es kommt der Moment, da kann man die
Gesichter nimmer sehen, dann wechselt man den Schauplatz und macht Urlaub. Aber wenn *ich* Urlaub mach', ar-
beite ich meistens am meisten. Daheim tu ich ja weniger,
weil mich zuviel ablenkt. Im sogenannten Urlaub kann ich
mich dann hinsetzen und wirklich was *tun*.

FLEISCHMANN Wie arbeiten Sie?

BERNHARD Sehr konzentriert. Möglichst in der Früh. Von
fünf Uhr früh bis neun Uhr vormittag, dann geh' ich spazieren, hol' mir die Zeitung und trink' einen Kaffee, genie-
ße absolut das Nichtstun, die gute Luft und die herrliche
Sonne, wolkenlose Tage, die Berge, und die Menschen sind
plötzlich auch herrlich. Mittag tu' ich ausgiebig essen, möglichst viel, möglichst g'sund, pampf' mich vollkommen an.
Und dann, so ab vier, arbeit' ich wieder, meistens noch besser als in der Früh. Und dann, so um sieben, halb acht, hab'
ich genug, geh' noch einmal spazieren, und dann kommt
langsam das Nachtmahl. Aber das ist eigentlich sehr wenig.
Ein Schluck Wein, ein Mineralwasser, eine halbe Melone,
ein bißl einen rohen Schinken und Schluß. Und dann ein
bißl Fernsehen. Auch wenn's spanisch ist. Man sieht die
Gesichter und denkt sich was dazu. Und wenn man die

Sprache nicht versteht, ist das sehr erholsam, weil man immer mehr hineintut, als sie wirklich aussagen die Bilder, wahrscheinlich. Und daheim sieht man Bilder und versteht alles, und es ist lauter Schmarrn. Und hier ist es wahrscheinlich auch lauter Schmarrn, aber man merkt es nicht, weil man's nicht versteht. Und dann ist für die Arbeit am allerwichtigsten, für mich jedenfalls – jeder ist ja anders –, in einem Land zu sein, wo man die Sprache nicht versteht, weil man ununterbrochen das Gefühl hat, die Leut' sagen nur angenehme Dinge und reden eigentlich nur wichtige philosophische Sachen. Und wenn man bei uns die Sprache versteht, hat man das Gefühl, sie reden nur lauter Schmarrn, nicht? Und so wird der Schmarrn in Spanien für mich philosophisch. Der Kaiser- oder der Königsschmarrn – ist ja ein Königreich, Spanien.

FLEISCHMANN Brauchen Sie nicht auch manchmal das Unangenehme zum Schreiben? Das, was Sie ärgert?

BERNHARD Um das braucht man sich ja nicht zu sorgen, weil das verfolgt einen ja auch nach Spanien. Und im Grund schreib' ich ja eh nur, ja, weil's halt unangenehm ist, weil's sehr viel unangenehme Sachen gibt. Die hat jeder Mensch. Aufstehen ist schon unangenehm, nicht. Und dann, wenn man drüber nachdenkt, was daheim alles passiert, *vielleicht* passiert ist, alles sehr unangenehm. Und das ist notwendig. Im Grund schreib' ich ja nur aus dem Grund, weil vieles unangenehm ist. Wenn alles angenehm wär', könnt' ich ja wahrscheinlich überhaupt nichts schreiben. Da würde niemand schreiben. Aus einem angenehmen Zustand heraus kann man ja gar nicht schreiben, außerdem wär' man blöd, wenn man schreiben würde, wenn's angenehm wär', weil man sich ja dem Angenehmen hingeben soll, nicht. Das muß man ja ausnützen. Und wenn Sie in angenehmer Stimmung sind und sich an den Schreibtisch setzen, zerstören Sie sich ja die angenehme Stimmung. Und warum soll ich mir die zerstören? Ich könnt' mir auch vorstellen, daß ich mein ganzes Leben nur in angenehmer Stimmung leb' und überhaupt nichts schreib'. Aber da es eben, wie gesagt, eine angenehme Stimmung nur stundenweise oder nur kurze Zeit gibt, kommt man immer wieder zum Schreiben.

FLEISCHMANN Haben Sie manchmal eine Wut auf Ihre Mitmenschen?

BERNHARD Ich hab' meistens eine Wut drauf, und manchmal hab' ich keine. Um die Wut gegen die Mitmenschen braucht man sich auch nicht sorgen, weil sie einem ja die meiste Zeit lästig sind, nicht. Und wenn man im Kaffeehaus ist, und es ist sehr angenehm, muß man am Ende zahlen, und im Grund hat man dadurch schon eine gewisse Wut, weil, warum eigentlich? Und wenn man über die Straße geht, kommt ein Auto, und man hat eine Wut. Warum kommt ausgerechnet, wenn ich jetzt drübergeh', das Auto? Um die Wut brauchen Sie sich auch nicht zu sorgen, die kommt. Momentan hab' ich überhaupt keine Wut. Das ist mir eh schon unheimlich, weil keine Wut in Sicht ist.

FLEISCHMANN Was haben Sie momentan?

BERNHARD Äußerstes Wohlbefinden, muß ich sagen. Das Wasser plätschert, die Sonne scheint, lauter Spanier und Engländer, die man nicht versteht – eine ideale Konstellation. Aber sie wird nicht lange andauern. Auf einmal fahrt wieder irgend ein Blitz in das Ganze hinein und zerstört alles. Aber vielleicht dauert's heut' sogar bis auf d'Nacht, kann sein. Manchmal ist's ein paar Tage angenehm.

FLEISCHMANN Man wirft Ihnen oft Ihre negative Einstellung zum Leben vor, stimmt das überhaupt? Sind Sie ein negativer Mensch?

BERNHARD Nein. Ich hab' eine völlig normale Einstellung zum Leben, wie alle anderen normalen Menschen auch wahrscheinlich, und die ist nicht nur negativ, aber sie ist eben auch nicht nur positiv. Denn man begegnet ja ununterbrochen *allem*. Das macht ja das Leben aus. Nur negativ, das gibt's ja gar nicht, das ist ja ein Blödsinn. Aber es gibt sicher Leut', die wollen das halt so sehen. Das ist ja sehr bequem, daß man sagt, der ist ein *Narr*, nicht, und zeitlebens ist er ein Narr. Der wird immer nur als Narr bezeichnet, bis er stirbt. Und der andere ist ein *lyrischer, exaltierter Schriftsteller* von seinen Zwanzigerjahren an, und das bleibt er dann auch, bis er stirbt. Und davon gehen die Kritiker und die Leute, mit denen man zu tun hat, überhaupt nicht mehr ab. Und einer schreibt irgendeine Kasperliade, ob blöd oder nicht, ist ja wieder eine andere Frage oder gar keine Frage, und der bleibt lebenslänglich ein *Kasperl*. Und ich bin wahrscheinlich lebenslänglich der *negative Schriftsteller*. Aber ich muß sagen, ich fühl' mich in der Rolle ganz wohl, weil sie mich gar nicht irritiert. Weil die Leut' sagen, ich bin ein *negativer Schriftsteller*, und ich bin aber gleichzeitig ein *positiver Mensch*. Also kann mir ja nichts passieren, nicht. Oder? Ist es ein gefährlicher Zustand? Ich weiß nicht. Ich find' alles sehr angenehm, vor allem, wenn ich weit weg bin von daheim und angenehme Leute um mich herum hab' und Palmen und bißl einen Wind und einen guten Kaffee.

FLEISCHMANN Sie haben aber auch einmal als lyrisch exaltierter Schriftsteller begonnen.

BERNHARD Ich glaub', alle Schriftsteller fangen exaltiert an, weil, wenn man einsteigt in so eine Beschäftigung, ist es ja schon Exaltation im Grund, weil, was heißt *Schreiben*? Hinsetzen und . . . und ein bißl Exaltation schadet ja nicht.

Und die hat man ja sowieso, nicht. Ich kann mir vorstellen, daß Sie auch manchmal exaltiert sind, kürzere oder längere Perioden. Davor ist ja niemand gefeit, Gott sei Dank.

FLEISCHMANN Wie ist es Ihnen dann doch gelungen, daß Sie nicht einer der vielen Kafka-Epigonen geworden sind, sondern der Thomas Bernhard mit einer ganz eigenen Sprache?

BERNHARD Ich hab' nie ein Vorbild gehabt und auch nie eins wollen. Ich hab' immer nur ich selber sein wollen und hab' immer nur so geschrieben, wie ich selber gedacht hab', und dadurch bin ich in die Gefahr, von irgendso einem Vorbild aufgesaugt zu werden, gar nie gekommen. – Das Scherzmaterial ist ja immer da, wo's nötig ist, wo ein Mangel ist, irgendeine geistige oder körperliche Verkrüppelung. Über einen Spaßmacher, der völlig normal ist, lacht ja kein Mensch, nicht, sondern der muß hinken oder einäugig sein oder jeden dritten Schritt hinfallen, oder (*lacht*) sein Arsch explodiert und schiaßt a Kerz'n heraus oder was. Darüber lachen die Leut', immer über Mängel und über fürchterliche Gebrechen. Über was anderes hat ja noch nie jemand gelacht, nicht? Oder wenn irgendeine alte Großmutter auf der Bühne sich jeden dritten Satz wiederholt und alle Augenblick' sagt »mein Eineizwilling« oder irgend so was, dann lachen die Leut'. Aber über völlig Normales, sogenanntes Normales, hat ja noch nie jemand auf der Welt gelacht. Und selbst lachen tut man auch nur, wenn man sich einzwickt oder was, da lacht man hellauf. Wenn meine Großmutter sich an der Herdplatte verbrennt hat, hab' ich wahnsinnig gelacht, und wenn das wochenlang *nicht* war, war wochenlang Nichtlachen im Haus. War eigentlich völlig fad. Und wenn mir das zu fad war, bin ich ins Besenkammerl hinein – da war so ein Vorhang, wo die Besen g'standen sind – und *wenn* ich g'wußt hab', jetzt kommt die Großmutter, hab' ich die Hand herausfallen lassen, und sie ist mit einem schrecklichen Schrei, also fast vom Schlag getroffen umg'fallen, weil ich sie erschreckt hab', als Kind, weil mir langweilig war. Aber es sind immer Gebrechen und Entsetzen. Über einen faden Gymnasiallehrer, der jeden Tag *gleich* bei der Tür reinkommt, lehrt und wieder hinausgeht, hat noch nie ein Schüler gelacht. Nur wenn man ihn gezwickt hat, oder die Kreide versteckt, da haben wir gelacht. Oder wenn Sie einem Schiffskapitän das Ruder abmontiert haben in der Nacht, auf hoher See – das ist wahnsinnig zum Lachen, bis Sie untergehen. Dann vergeht's Ihnen natürlich, mit dem letzten Wassergluckser. Aber Sie wollten ja was Bedeutendes sagen.

FLEISCHMANN Ich wollt' nichts Bedeutendes sagen, ich wollte nur bescheiden fragen: Wollen Sie mit dem, was Sie schreiben, die Leute auch zum Lachen bringen? Manchmal vielleicht?

BERNHARD Nein, aber das kommt ja von selbst, da brauch' ich mich gar nicht sehr bemühen. Ich lach' ja manchmal selber hell auf, denk' mir, na ja, das ist ja eigentlich zum Lachen. Aber manchmal empfinden *die* Leut', wo ich laut auflach' – schon während dem Schreiben oder auch nachher, beim Korrekturlesen, lach' ich ja laut auf –, die finden das überhaupt nicht zum Lachen. Das versteh' ich eigentlich nicht. Wenn man »*Frost*« liest zum Beispiel, ich hab' ja *immer* schon Material zum Lachen geliefert. Das ist eigentlich alle Augenblick' hellauf zum Lachen. Aber ich weiß nicht, haben die Leut' keinen Humor oder was? Ich weiß es nicht. Mich hat's immer zum Lachen gebracht, bringt mich auch heut' noch. Wenn mir fad ist, oder es ist irgendwie eine tragische Periode, schlag' ich ein eigenes Buch von mir auf, das bringt mich noch am ehesten zum Lachen. Oder verstehen Sie das nicht, daß das so ist? – Das sagt nicht, daß ich nicht auch ernste Sätze geschrieben hab', zwischendurch, damit die Lachsätze zusammengehalten werden. Das ist der Kitt. Das Ernste ist der Kitt für das Lachprogramm. Nur kann man natürlich auch sagen, es ist ein *philosophisches Lach*programm, das ich irgendwie aufgemacht hab' vor zwanzig Jahren, wie ich zum Schreiben angefangen hab'. Natürlich, eine trockene, *nur* ernste Philosophie ist nicht zum Lachen, das ist ja auch wahnsinnig fad. Aber beim Schopenhauer kann ich auch lachen. Je verbissener er ist, desto mehr ist er zum Lachen, nur nehmen die Leut' das alles tragisch ernst. Aber wie kann man jemanden ernst nehmen, der mit einem Pudel verheiratet ist, den kann man ja von vornherein nicht ernst nehmen. Das ist ja ein *Lach*philosoph, nicht. Das sind die großen Spaßmacher in der Geschichte – Schopenhauer, Kant. Also die Allerernstesten im Grund. Da gehört der Pascal auch dazu, auf seine katholisch-mysteriös religiöse Art – das sind eigentlich die großen *Lach*philosophen. Und die Schwächeren, die zweite Kategorie, die sind im Grund fad, weil sie nur das wiederkauen, was diese *Spaß*philosophen vorgeschrieben haben schon, und die les' ich eh nicht, weil wenn ich welche les', les' ich ja nur die Großen. Nur hat's eine Zeit gebraucht, bis man langsam herausfindet, was *groß* und *weniger groß* ist. Da braucht man ja Jahrzehnte, sagt einem ja niemand, weil in der Schule werden ja alle gleich kategorisiert, nicht. Das ist eine Einebnung der Philosophie, die treten da an wie so eine Riesenkompanie oder Armee – es gibt ja Tausende und Hunderttausende Philosophen –, und da muß man sich selber die größten langsam herauspicken. Aber da hilft einem niemand dabei. Aber, wenn man, wie ich, ziemlich früh so eine Art philosophischer Aasgeier ist, dann weiß man, welche man herauspickt. Und der Kant gehört dazu, Schopenhauer – wahnsinnig zum Lachen. Finden Sie nicht? Haben Sie noch nie gelacht bei Kant? Immer, wenn so ein Kapitel aus ist, ist es wahnsinnig zum Lachen. – Zum Lachen und lächerlich ist es auf jeden Fall. – Erfahrung bildet Erkenntnis. Und immerhin, wenn Sie fünfzig Jahr' alt sind, haben Sie eine fünfzigjährige Erfahrung von Ihrem ersten Schrei an, wenn Sie herausspringen oder mit Hilfe von irgendeiner Hebamme natürlich, glitschig und scheußlich, und gleich in die Welt hineinbrunzen. Wenn S'a Bua sind, geht's nach vorn los – haben Sie schon die erste Erfahrung und fangen an zu schreien. Ist ja eigentlich ganz lustig, ist ja auch zum Lachen. Bei Geburt denk' ich immer an meinen Bruder, wie der geboren wurde – wir haben immer eine Hebamme gehabt, also meine Mutter war ja nie im Spital, wenn die Kinder gekommen sind – und wie den die Hebamme am Tisch gelegt hat, hat er mir ins Gesicht brunzt. Das war die Begrüßung. Das war auch zum Lachen. Es haben alle unglaublich gelacht, weil ich hab' vor Begeisterung über einen Bruder den Mund aufg'macht natürlich, und schon war der Lulustrahl im Mund drinnen. Ein Leben *entsteht*, ganz intensiv. Und aus so einem scheußlichen Bauxerl – ist ja unansehnlich und grausig, das muß man ja erst irgendwie abtrocknen mit einem Reibfetzen oder was – ist dann irgendwie ein Internist draus g'worden, und der hat dann selber wieder solche Scheußlichkeiten herausgezogen aus Mutterbäuchen.

Von einer Katastrophe in die andere
Asta Scheib im Gespräch mit Thomas Bernhard

ASTA SCHREIB Wer ist Thomas Bernhard?

THOMAS BERNHARD Man weiß nie, wer man ist. Es sagen einem ja die anderen, wer und was man ist, nicht? Und weil es einem millionenmal gesagt wird, wenn man ein längeres Leben hat, weiß man überhaupt nicht mehr, wer man ist. Jeder sagt etwas anderes. Man selbst sagt auch jeden Augenblick etwas anderes.

SCHREIB Gibt es Menschen, von denen Sie abhängig sind, die bestimmend in Ihr Leben eingreifen?

BERNHARD Man ist immer abhängig von Menschen. Es gibt niemanden, der nicht von irgendeinem Menschen abhängig ist. Ein Mensch, der immer mit sich allein ist, würde in Kürze zugrunde gehen, tot sein. Ich glaube, es gibt für jeden entscheidende Menschen. Ich habe zwei in meinem Leben gehabt. Meinen Großvater väterlicherseits und dann einen Menschen, den ich ein Jahr vor dem Tod meiner Mutter kennengelernt habe. Das war eine Verbindung, die über 35 Jahre gedauert hat. Das war der Mensch, auf den alles, was mich betrifft, bezogen war, von dem ich alles gelernt habe. Mit dem Tod dieses Menschen war dann auch alles wieder weg. Dann steht man allein. Zuerst möchte man mitsterben. Dann sucht man. Alle Menschen, die man noch hat, machte man im Laufe des Lebens zu weniger Wichtigem. Dann ist man halt allein. Damit muß man fertig werden.

Wenn ich, gleich wo, allein war, habe ich immer gewußt, dieser Mensch schützt mich, stützt mich, beherrscht mich auch. Dann ist das alles weg. Man steht auf dem Friedhof.

Das Grab wird zugeschüttet. Alles ist weg, was einem irgend etwas bedeutet hat. Dann wacht man jeden Tag in der Früh mit einem Alptraum auf. Es ist nicht so, daß man unbedingt weiterleben will. Man will sich aber auch nicht erschießen oder aufhängen. Das kommt einem gemein vor und unappetitlich. Dann hat man nur noch Bücher. Die stürzen sich auf einen drauf mit allen Fürchterlichkeiten, die man hineinschreiben kann. Aber man spielt das Leben nach außen weiter, als wenn nichts geschehen wäre, weil man ja sonst aufgefressen würde von der Umgebung. Die lauert ja nur, ob sie Schwächen an einem entdeckt. Wenn man die zeigt, wird man restlos ausgenützt und in Heuchelei ertränkt. Heuchelei heißt dann Mitleid. Das ist die schönste Bezeichnung für Heuchelei.

Aber es ist, wie gesagt, schwierig, nach 35 Jahren mit einem Menschen plötzlich allein zu sein. Das verstehen nur Leute, die ähnliches erlebt haben. Man ist plötzlich noch hundertmal mißtrauischer als vorher. Hinter jeder sogenannten menschlichen Äußerung vermutet man eine Gemeinheit. Man wird noch kälter, als man vorher schon verschrien war. Noch abweisender. Das einzige, was einen rettet, ist, daß man nicht verhungern muß. Angenehm ist dieses Leben sicher nicht. Dazu kommt die eigene Hinfälligkeit. Ein totaler Abbau. Man betritt nur Häuser, die einen Lift haben. Man trinkt einen Viertelliter am Mittag, einen Viertelliter am Abend. Dann rutscht man so halbwegs durch. Wenn man aber schon zu Mittag einen halben Liter trinkt, hat man eine grauenvolle Nacht. Das sind die Probleme, auf die das Leben zusammenschrumpft. Pillen nehmen, nicht nehmen, wann nehmen, wozu nehmen. Alle Monate wird man da ein bißchen wahnsinnig, weil man durcheinanderkommt.

SCHREIB Wann haben Sie sich zum letzten Mal gefreut?

BERNHARD Einmal am Tag freut man sich, daß man am Leben ist und noch nicht tot. Das ist ein unwahrscheinliches Kapital.

Von dem Menschen, der mir weggestorben ist, weiß ich, daß man bis zuletzt am Leben hängt. Im Grunde genommen lebt ja jeder Mensch gern. So schlimm kann das Leben gar nicht sein, daß man nicht doch dranhängt Die Triebfeder ist die Neugierde. Man will wissen: Was ist noch? Es ist interessanter, zu wissen, was morgen ist, als was heute ist. Je älter man wird, desto interessanter wird das Leben. Nachdem der Körper kaputt ist, entwickelte sich das Gehirn erstaunlich gut.

Ich möchte am liebsten alles wissen. Ich bin auch immer bestrebt, die Leute auszurauben und alles aus ihnen herauszuziehen, was drinnen ist. Soweit man das versteckt machen kann. Wenn die Menschen merken, daß man sie ausrauben will, machen sie zu. So wie jeder seine Haustür zusperrt, wenn ein Verdächtiger näherkommt. Aber man kann auch einbrechen, wenn es nicht anders möglich ist. Ein Kellerfenster hat jeder Mensch offen. Das kann auch ein starker Reiz sein.

SCHREIB Haben Sie sich je gewünscht, eine Familie zu gründen?

BERNHARD Ich war immer nur froh zu überleben. An die Gründung einer Familie konnte ich gar nicht denken. Ich war nicht gesund, ich hatte daher auch keine Lust zu diesen Sachen. Es ist mir nichts anderes übriggeblieben, als mich in meinen Verstand zu flüchten und mit dem irgend etwas anzufangen, weil das Körperliche nichts hergegeben hat. Das war leer. So ist es mehr oder weniger über die Jahrzehnte geblieben. Ob das gut ist oder schlecht, weiß man nicht.

Es ist halt eine Form zu leben. Das Leben kennt Milliarden verschiedener Existenzformen.

Meine Mutter ist mit 46 Jahren gestorben. Das war 1950. Ein Jahr vorher hatte ich meine Lebensgefährtin kennengelernt. Das war zuerst eine Freundschaft und eine ganz starke Bindung an einen viel älteren Menschen. Wo ich auch immer war in der Welt, war das der zentrale Punkt, aus dem ich eigentlich alles genommen habe. Ich wußte immer, dieser Mensch ist vollkommen für mich da, wenn es schwierig wird. Ich habe nur an ihn denken müssen, nicht einmal aufsuchen mußte ich ihn, und es war dann schon in Ordnung. Auch jetzt lebe ich mit diesem Menschen. Wenn ich Sorgen habe, frage ich: Was würdest du machen? Dadurch bin ich oft zurückgehalten von absoluten Fürchterlichkeiten, die man im Alter auch noch begehen würde, weil in einem ja alles drin ist. Sie war für mich das Zurückhaltende, das Disziplinierende. Andererseits auch das Weltaufmachende.

SCHREIB Waren Sie zu irgendeinem Zeitpunkt zufrieden mit Ihrem Leben?

BERNHARD Ich war nie zufrieden mit meinem Leben. Aber ich habe immer ein großes Schutzbedürfnis gehabt. Bei meiner Freundin habe ich Schutz gefunden. Sie hat mich auch immer zum Arbeiten gebracht. Sie war glücklich, wenn sie gesehen hat, daß ich was tue. Dadurch war es großartig. Wir haben Reisen gemacht. Ich habe ihre schweren Koffer getragen, aber ich habe vieles kennengelernt. Soweit man das von sich sagen kann, denn das ist immer noch wenig oder fast gar nichts. Aber für mich war es alles. Als ich 19 war, hat sie mir in Sizilien gezeigt, wo Pirandello gewohnt hat. Ohne daß sie bildungsbeflissen etwas in mich hineingestopft hätte. Es war alles eher beiläufig. Wir waren in Rom, in Split – doch es waren immer mehr die inneren Reisen, die man dann halt gemacht hat. Wir waren irgendwo auf dem Land, wo wir ganz einfach lebten. Wo es in der Nacht auf das Bett geschneit hat. Dieser Hang zur Einfachheit war da. Die Kühe hausten grad daneben, wo man geschlafen und gelebt, eine Suppe gegessen und viele Bücher mitgehabt hat.

SCHREIB Sind Sie je mit Ihrer Existenz als Schriftsteller einverstanden gewesen?

BERNHARD Nun – man will beim Schreiben immer besser werden, weil man sonst verrückt würde. Das ist so ein Vorgang, wenn man älter wird. Die Kompositionen sollten halt immer straffer werden. Ich habe stets versucht, beim Weitergehen etwas Besseres zu machen. Beruhend auf dem, was der letzte Schritt war, den nächsten Schritt zu machen. Natürlich hat man immer die gleichen Themen, das ist ganz klar. Jeder hat nur sein Thema. Darin soll er sich bewegen. Dann macht er es auch gut. Ideen hat es viele gegeben. Vielleicht will man Mönch werden, Eisenbahner, Holzhakker. Zu den ganz einfachen Leuten möchte man dazugehören. Das ist natürlich so ein Irrtum, weil man nicht dazugehört. Wenn man ein Mensch ist wie ich, kann man natürlich nicht Eisenbahner oder Mönch werden. Ich war immer ein Einzelgänger. Trotz dieser starken Verbindung war ich immer allein. Am Anfang habe ich natürlich noch geglaubt, ich müßte wohin fahren und mitreden.

Aber seit mindestens einem Vierteljahrhundert habe ich kaum Kontakt zu anderen Schriftstellern.

SCHREIB Eines Ihrer Zentralthemen ist die Musik. Wieviel bedeutet sie Ihnen?

BERNHARD Als ich jung war, habe ich Musik studiert. Sie hatte mich ja von Kindheit an verfolgt. Obwohl ich die

Musik geliebt habe, war das eine Verfolgungsjagd. Studiert habe ich eigentlich nur, um mit Gleichaltrigen zusammenzusein. Der Grund war wohl die Verbindung zu diesem sehr viel älteren Menschen. Mit den Kollegen am Mozarteum habe ich gespielt, gesungen, bin im Theater aufgetreten. Die Musik war dann nicht mehr möglich, weil sie rein physisch nicht mehr möglich war. Musik kann man auch nur machen, wenn man ständig mit Leuten zusammen ist. Da ich das nicht wollte, hat sich das eigentlich von selbst erledigt.

SCHREIB Ihre Ausfälle vor allem gegen Staat und Kirche sind zuweilen sehr schroff. Der Katholizismus wird in »Auslöschung« als »Zerstörer, Angsteinjager, Charaktervernichter der Kinderseele« beschrieben. Ihr Land Österreich ist für Sie »zu einem skrupellosen Geschäft geworden, in welchem nur mehr noch um alles gefeilscht und in welchem jeder um alles betrogen wird«. Schreiben Sie das aus einer Art Universalhaß?

BERNHARD Ich liebe Österreich. Das kann man doch nicht verleugnen. Nur die Konstruktion von Staat und Kirche – die ist so scheußlich, daß man sie nur hassen kann.

Ich glaube, daß alle Länder und Religionen, die man gut kennt, gleich scheußlich sind. Man sieht mit der Zeit, daß die Konstruktion überall die gleiche ist. Ob Diktatur oder Demokratie – für den einzelnen ist im Grunde alles gleich schauerlich. Zumindest bei näherer Betrachtung. Zu der soll man sich aber nicht herablassen, sonst hat man die Meute am Hals, wenn man öffentlich solche Sachen sagt.

SCHREIB Ist es Ihnen nicht wichtig, ob Sie in Ihrer Heimat als Schriftsteller und als Mensch akzeptiert werden?

BERNHARD Der Mensch lechzt von Natur aus nach Liebe, von Anfang an. Nach Zuwendung, Zuneigung, die die

Welt zu vergeben hat. Wenn einem das entzogen wird, kann man hundertmal sagen, man sei kalt und sehe und höre das nicht. Es trifft einen mit aller Härte. Aber das gehört eben dazu, dem kann man nicht ausweichen. Wenn man in den Wald hineinruft, kommt eben ein Echo zurück. Wenn man den Wald kennt, kennt man auch das Echo. Letzten Endes ist man in Haß und Verachtung auch verliebt.

SCHREIB Machen Sie deshalb in Ihren Büchern zunächst immer tabula rasa? Sie rechnen offenbar – und zwar ziemlich brüsk – mit bestimmten Menschen ab. Kriegen Sie das zu spüren?

BERNHARD Ja. Es ist manchmal fast unerträglich. Gestern hat mich eine Frau regelrecht angesprungen, als ich in der Stadt war. Sie schrie: »Wenn Sie so weitermachen, werden Sie krepieren!« Dem ist man ausgeliefert. Oder man sitzt auf einer Parkbank und bekommt plötzlich von hinten einen Schlag, daß man zusammenfährt und nur noch hört, wie jemand schreit: »Nur so weiter!« Das verursacht man aber alles selber. Nur hat man damit nicht gerechnet. In Ohlsdorf, meinem eigentlichen Wohnsitz, kann ich auch kaum mehr leben. Die Überfälle von jeder Seite sind unerträglich. Dabei ist das Lob genauso schauerlich, verheuchelt, verlogen und selbstsüchtig wie die Beschimpfungen. Es ist so, daß die Leute, wenn ich nicht gleich öffne, bösartig werden und die Fenster einschlagen. Zuerst klopfen sie, dann rufen sie, dann schreien sie, und dann hauen sie die Fenster ein. Dann heult der Motor des Wagens auf, und dann sind sie weg. Weil ich vor 22 Jahren so blöd war, die Adresse bekanntzugeben, kann ich jetzt in Ohlsdorf nicht mehr leben. Leute sitzen dort auf der Mauer. Schon in der Früh, wenn ich zum Tor hinausgehe, sitzen die dort. Sie wollen mit mir reden, sagen sie. Oder die Leute gehen am Wochenende, so wie sie früher Affenschauen gegangen sind, jetzt Dichterschauen. Das ist günstiger. Sie fahren nach Ohlsdorf und umstellen mein Haus. Ich schaue dann wie ein Sträfling oder wie ein Verrückter hinterm Vorhang hervor. Unerträglich.

Ich halte seit zwölf Jahren auch keine Lesungen mehr. Ich kann mich nicht mehr hinsetzen und mein eigenes Zeug lesen. Ich kann auch applaudierende Leute nicht vertragen. Applaus – das ist der Lohn der Schauspieler. Die leben davon. Ich aber habe gern die Überweisungen vom Verlag. Aber Marschmusik, Heerscharen und klatschende Leute im Theater oder Konzert – das ist mir unerträglich. Das Unheil kommt ja immer aus der klatschenden, tosenden Menge. Alles Grausen kommt aus dem Applaus!

SCHREIB In »Auslöschung« haben Sie gesagt, daß man sich mit vierzig Jahren zum Altersnarren ausrufen lassen soll. Warum?

BERNHARD Diese Methode ist die einzige, die das Ganze erträglich macht. Sie haben mich gefragt, welchen Blick ich auf mich habe. Da kann ich nur sagen: auf den Narren. Dann geht's. Nur mit dem Blick auf den Narren, auf den Altersnarren. Ein junger Narr ist nicht interessant. Der wird als Narr auch noch gar nicht anerkannt.

SCHREIB War das Schreiben, vor allem Ihrer frühen Bücher wie »Der Atem« oder »Die Kälte«, auch ein Mittel, mit Ihrer Krankheit fertig zu werden?

BERNHARD Mein Großvater war Schriftsteller. Erst nach seinem Tode habe ich mich getraut, selber zu schreiben. Als ich 18 war, wurde in dem Heimatdorf meines Großvaters eine Gedenktafel für ihn enthüllt. Nach der Feier gingen alle ins Gasthaus, das meiner Tante gehörte. Da saß dann auch ich, und meine Tante sagte zu Zeitungsredakteuren, die dabei waren: »Da sitzt der Enkel, der wird nichts. Aber vielleicht kann er ja schreiben.« Einer hat dann gesagt: »Schicken Sie ihn mir am Montag.« Da bekam ich den Auftrag, über ein Flüchtlingslager zu schreiben. Am nächsten Tag stand mein Bericht schon in der Zeitung. Ich habe in meinem ganzen Leben nie mehr ein solches Hochgefühl erlebt. Ein ganz großartiges Gefühl, daß man etwas schreibt und über Nacht gedruckt wird – wenn auch verstümmelt und gekürzt. Aber immerhin war es drinnen. Von Thomas Bernhard. Da hatte ich Blut geleckt am Schreiben. Zwei Jahre habe ich dann Gerichtsreportagen geschrieben. Die sind mir später beim Prosaschreiben wieder gegenwärtig geworden. Ein unschätzbares Kapital. Ich glaube, da liegen die Wurzeln.

SCHREIB Wie ist es heute, wenn Kritiker wie Reich-Ranicki oder Benjamin Henrichs bewundernd über Sie schreiben? Ist das auch ein Hochgefühl?

BERNHARD Bei Kritiken habe ich nie mehr ein Hochgefühl. Am Anfang ja, weil man diese Dinge alle glaubt. Wenn man aber dreißig Jahre lang dieses Auf und Ab erlebt, dieses Heimzahlen von Schuld, dann durchschaut man die Mechanismen. Da schickt einer seinen Diener und sagt dem: »Da will ich eine negative Kritik.« So geht das.

SCHREIB Ärgern Sie sich über Verrisse?

BERNHARD Ja. Ich falle auch heute noch in jede Grube. Zeitungen haben mich immer fasziniert, von meiner Jugend bis heute. Es ist mir kaum erträglich, einen Tag ohne Zeitung zu verbringen. Im Laufe der Zeit kennt man dann die Leute in den Redaktionen. Ich habe sie vielleicht nie gesehen, kenne aber die Zusammenhänge an einem Theater, die Hintergründe in einer Redaktion, ich kenne Verleger, Lektoren, Geschäfte. Der Geist bleibt immer auf der Strecke. Der Geschmack bleibt auf der Strecke. Die Poesie bleibt auf der Strecke. Darüber reiten die Kolonnen von Redakteuren und Kritikern hinweg. Sie gehen über alle Leichen, die irgend etwas Schöpferisches machen. Das ist auch wieder das Faszinierende daran. Es trifft mich, aber es stört mich in meiner Arbeit nicht mehr.

SCHREIB In einer Rede haben Sie einmal gesagt: »Wir haben nichts zu berichten, als daß wir erbärmlich sind.« Schreiben Sie, um Zeugnis von Ihren Niederlagen zu geben?

BERNHARD Nein, ich tue alles nur für mich selbst. Alle Menschen tun alles für sich selbst. Ob sie seiltanzen oder Brot backen oder Schaffner bei der Eisenbahn sind oder Kunstflieger. Nur bei Kunstfliegern gibt es Veranstaltungen, wo die Leute halt hinaufschauen. Während er schön fliegt, warten die darauf, daß er runterfliegt. Bei Schriftstellern ist das auch so. Im Unterschied zum Kunstflieger, der nur einmal herunterfliegt und dann meistens kaputt und tot ist, ist der Schriftsteller auch kaputt und tot, aber er wird immer wieder lebendig. Es gibt immer wieder eine Veranstaltung. Je älter er wird, je höher fliegt er. Bis man ihn eines Tages nicht mehr sieht und sich fragt: »Komisch, warum fällt er nicht mehr runter?«

Ich habe mein Vergnügen am Schreiben. Das ist nichts Neues. Das ist der einzige Strang, an dem ich noch hänge, aber da sieht man natürlich auch schon Risse. Aber das ist so. Ewig lebt man nicht. Aber solange ich lebe, lebe ich vom Schreiben. Es ist meine Existenz. Es gibt Monate oder jährliche Pausen, wo ich nicht kann. Das ist grauenhaft. Irgendwann kommt es dann wieder. Dann entsteht halt wieder was. Dieser Rhythmus ist grauenhaft und gleichzeitig eine ungeheure Sache, die andere vielleicht nicht erleben.

SCHREIB Die Frauen in Ihren Büchern zeichnen Sie, von wenigen Ausnahmen abgesehen, nicht unbedingt freundlich. Spiegelt das Ihre Erfahrungen wider?

BERNHARD Ich kann nur sagen, daß mein Umgang im Leben, etwa seit einem Vierteljahrhundert, überhaupt nur Frauen waren. Ich vertrage Männer nicht. Männergespräche halte ich nicht aus. Die machen mich narrisch. Männer reden immer über das gleiche. Über ihren Beruf oder über Frauen. Etwas Besonderes kann man von Männern überhaupt nicht hören. Männeransammlungen sind mir unerträglich. Da sind mir schwätzende Frauen noch lieber. Ein nützlicher Umgang war für mich nur der Umgang mit Frauen. Gelernt habe ich alles auch nur von Frauen – nach meinem Großvater. Ich glaube nicht, daß ich von Männern irgend etwas gelernt habe. Männer sind mir immer auf die Nerven gegangen. Merkwürdig. Nach meinem Großvater war einfach keiner mehr da. Heil und Schutz habe ich immer bei Frauen gesucht, die mir auch in vielem überlegen sind. Frauen lassen mich vor allem immer eher in Ruhe. In der Nähe von Frauen kann ich arbeiten. Ich könnte nie in der Nähe von Männern irgend etwas produzieren.

SCHREIB Gibt es nach dem Tod Ihrer Lebensgefährtin einen Menschen, auf den Sie nicht verzichten können?

BERNHARD Nein. Ich meine, ich könnte hundert Menschen haben, auf dreitausend Hochzeiten tanzen, doch nichts wäre mir scheußlicher. Neulich habe ich geträumt, daß der verlorene Mensch wieder da sei. Ich habe gesagt, die Zeit, die du nicht hier warst, ist mir die grauenhafteste gewesen. Wie wenn das nur ein Zwischenspiel gewesen wäre und die Tote jetzt wieder mit mir weiterlebte. Das war so stark. Das kann man nicht wiederhaben. Das ist alles gar nicht mehr möglich. Ich nehme jetzt einen Beobachterstandpunkt ein in einem ganz engen Bereich, von dem aus ich die Welt betrachte. Fertig.

SCHREIB Glauben Sie, daß auch nach dem Tod noch eine Form der Existenz möglich ist?

BERNHARD Nein. Gott sei Dank nicht. Das Leben ist wunderbar. Doch der schönste Gedanke ist, daß es endgültig endet. Das ist mir der größte Trost, den ich überhaupt in der Tasche hab'. Aber ich habe eine große Lust zu leben. Das war immer so, bis auf die Phasen, wo Selbstmordgedanken und -absichten da waren. Das war mit 19, mit 26 ganz stark, mit 40 Jahren dann noch mal. Doch jetzt hänge ich am Leben. Wenn man einen Menschen sieht, der aus der Welt gehen muß, aber mit allem am Leben hängt – dann begreift man das.

Das Großartigste, was ich je erlebt habe, ist, daß man die Hand dieses Menschen in seiner Hand hat, den Puls spürt, und dann macht's einen langsameren Schlag, noch einen langsameren, dann ist es aus. Das ist so eine ungeheure Sache. Dann hat man die Hand noch in der Hand, dann kommt der Pfleger herein, hat die Kartonnummer für die Leiche dabei. Die Schwester schiebt ihn noch einmal hinaus und sagt: »Kommen S' später.« Dann ist man sofort wieder konfrontiert mit dem Leben. Ganz ruhig steht man auf, räumt zusammen, inzwischen kommt der Pfleger wieder und tut an die große Zehe die Nummer von der Leiche. Man räumt das Nachtkastl aus, die Schwester sagt: »Das Joghurt müssen Sie auch noch mitnehmen.« Draußen kreischen die Krähen vorüber – wirklich wie in einem Theaterstück.

Dann kommt das schlechte Gewissen. Ein Toter läßt einen mit einer immensen Schuld zurück.

Alle Orte, wo ich mit ihr war, wo ich meine Bücher geschrieben habe, kann ich nicht mehr besuchen. Jedes Buch von mir ist ja woanders entstanden. In Wien, in Brüssel, irgendwo in Jugoslawien, in Polen. Ich habe auch nie einen Schreibtisch in dem Sinn gehabt. Wenn das Schreiben funktioniert hat, war es mir ganz egal, wo. Auch im größten Lärm habe ich geschrieben. Dann stört mich weder ein Baukran noch eine kreischende Menge noch eine quietschende Straßenbahn noch eine Wäscherei oder Schlächterei unter mir. Ich hab' immer gern in Ländern gearbeitet, wo ich die Sprache nicht verstehe. Das war ein ungeheures Stimulans. So eine Fremdartigkeit, in der ich hundertprozentig zu Hause war. Ideal fand ich, daß wir gemeinsam in einem Hotel wohnten, meine Freundin ist stundenlang spazierengegangen, und ich habe arbeiten können. Man hat sich oft nur zu den Mahlzeiten getroffen. Sie war glücklich, wenn sie gemerkt hat, daß ich arbeiten kann. Wir waren oft vier bis fünf Monate in einem Land. Das waren Höhepunkte. Während des Schreibens hat man oft ein ungeheures, herrliches Gefühl. Wenn dann noch jemand da ist, der das schätzt und einen in Ruhe läßt – das ist ideal. Ich hatte nie einen besseren Kritiker als sie. Das ist nicht vereinbar mit einer dummen, öffentlichen Kritik, die gar nicht eindringt. Von dieser Frau kam immer eine ganz starke, positive Kritik, die mir nützlich war. Sie hat mich halt gekannt, mit all meinen Fehlern. Das vermisse ich.

In unserer Wohnung in Wien bin ich immer noch gern. Sie gibt mir Schutz. Wahrscheinlich, weil wir dort jahrelang gemeinsam gelebt haben. Jetzt ist es das einzige Nest aus dem Zusammenleben. Der Friedhof ist auch nicht weit.

Es ist im Leben ein großer Vorteil, wenn man so etwas schon einmal erfahren hat. Die Dinge rühren einen gar nicht mehr an danach. Es interessieren einen weder Erfolg

noch Mißerfolg, weder Theater noch Regisseure, weder Re-
dakteure noch Kritiker. Es interessiert einen wirklich nichts
mehr. Das einzig Interessante ist, daß man auf der Bank
noch Geld hat und leben kann. Mein Ehrgeiz war ohnehin
schon nicht mehr so stark wie früher. Aber mit diesem Tod
war er endgültig vorbei. Es gibt kein Beeindrucken mehr.
Man freut sich noch an alten Philosophen, an ein paar
Aphorismen. Es ist fast so, wie man sich in Musik rettet.
Stundenweise kommt man in eine wunderbare Stimmung
hinein. Ich habe schon noch ein paar Pläne. Früher waren
es vier oder fünf, heute sind es zwei oder drei. Es muß aber
nicht sein. Weder ich schreie danach noch die Welt. Wenn
ich Lust habe, mache ich noch etwas, wenn ich keine habe
oder nicht mehr kann, ist Schluß. Was man auch schreibt
– es sind ja doch alles Katastrophen. Das ist ja das Depri-
mierende an einem Schriftstellerschicksal. Man kann nie zu
Papier bringen, was man sich denkt oder vorgestellt hat.
Das geht zum größten Teil mit der Übertragung aufs Papier
verloren. Was man liefert, ist nur ein schwacher, lächerlicher Abklatsch dessen, was man sich vorgestellt hat. Das
deprimiert einen Autor wie mich am meisten. Man kann
sich im Grunde nicht mitteilen. Das ist auch noch nieman-
dem geglückt. In der deutschen Sprache schon gar nicht,
weil die ja hölzern und schwerfällig ist, eigentlich schauerlich. Eine grauenhafte Sprache, die alles tötet, was leicht
und wunderbar ist. Man kann sie nur sublimieren in einen
Rhythmus, um ihr eine Musikalität zu geben. Wenn ich
schreibe, ist es nie das, was ich mir darunter vorgestellt habe. Das ist weniger deprimierend bei Büchern, weil man
denkt, der Leser hat eigene Phantasie. Dem geht die Blume
vielleicht doch noch auf. Während auf der Bühne, im Theater nichts aufgeht außer dem Vorhang. Es bleiben mensch-

liche Schauspieler, die sich monatelang abgequält haben bis zur Premiere. Diese Leute müßten die Figuren sein, die man sich ausgedacht hat. Das sind sie aber nicht. Die Figuren im Kopf, die alles konnten, bestehen plötzlich aus Fleisch, Wasser und Knochen. Sie sind schwerfällig. Im Kopf war das Stück poetisch, großartig, doch die Schauspieler sind geschäftsmäßige Übertrager, Übersetzer. Eine Übersetzung hat mit dem Original nicht viel zu tun. Also hat ein Theaterstück auf der Bühne mit dem, was der Autor erfunden hat, auch nichts zu tun. Die sogenannten Bretter, die die Welt bedeuten, sind für mich immer Bretter gewesen, die in mir alles vernichtet haben. Alles wird zertrampelt auf der Bühne. Es ist jedesmal eine Katastrophe.

SCHREIB Und doch schreiben Sie weiter. Bücher und Stükke. Von einer Katastrophe in die andere?

BERNHARD Ja.

Coda

In Flammen aufgegangen
Reisebericht an einen einstigen Freund

Wie Sie wissen, bin ich schon seit mehr als vier Monaten auf der Flucht, aber nicht, wie ich Ihnen angedeutet habe, in südlicher, sondern in nördlicher Richtung, nicht die Wärme hat mich schließlich angezogen, sondern die Kälte, nicht die *Architektur,* mein lieber Architekt und Baukünstler, sondern die *Natur* und tatsächlich diese ganz bestimmte *Nord-Natur,* von welcher ich zu Ihnen so oft gesprochen habe, die sogenannte *Polarkreisnatur,* über welche ich vor dreißig Jahren schon eine Schrift verfaßt habe, eine der zahllosen verheimlichten Schriften, Geheimschriften, die niemals zur Veröffentlichung bestimmt sind, nur zur Vernichtung, denn ich habe ja neuerdings wieder die Absicht, weiter zu leben, meine Existenz nicht nur zu verlängern, sondern in absoluter Zügellosigkeit will ich weitergehen, mein lieber Architekt, mein lieber Baukünstler, mein lieber Oberflächenscharlatan. Sozusagen im geheimen epochemachend, im insgeheimen, mein lieber Herr. Zuerst hatte ich gedacht, Ihnen unter keinen Umständen nie mehr zu schreiben, denn unser Verhältnis scheint mir ja schon so viele Jahre tatsächlich und unwiderruflich am Ende zu sein, vor allem an seinem geistigen Ende angekommen, niemals mehr einen Kontakt zu Ihnen aufzunehmen, war meine Absicht gewesen, naturgemäß Ihnen keine Zeile mehr zu schreiben, jede weitere Zeile an Sie erscheint mir schon so lange Zeit als kompletter Unsinn, an einen Menschen gerichtet, der einmal über Jahrzehnte ein Freund, ein Geistesgefährte gewesen ist, schließlich aber doch über so viele Jahrzehnte nurmehr noch Feind, ein Feind meiner Gedanken, ein Feind meines Denkens, ein Feind meiner Existenz, die doch nichts als eine Geistesexistenz ist. Ich hatte Ihnen mehrere Briefe in Wien und in Madrid, schließlich in Budapest und Palermo geschrieben, aber diese Briefe nicht abgeschickt, tatsächlich alle diese Briefe adressiert und frankiert, aber nicht abgeschickt, um nicht Opfer einer gemeinen Geschmacklosigkeit zu werden. Ich habe diese Briefe vernichtet und mir geschworen, Ihnen keine Zeile mehr zu schreiben, wie allen andern auch Ihnen keine Zeile mehr. Ich gestattete mir keine Korrespondenz mehr. So reise ich mehrere Jahre durch Europa und Nordamerika, möglicherweise in einer *nutzlosen Verrücktheit,* wie Sie sagen würden, ohne Kontakte, ohne Korrespondenz, weil meine Mitteilsamkeit auf einmal abgestorben war, nachdem ich sie mir jahrelang verweigert gehabt hatte. Ich ging sozusagen *in mich* und ging *nicht mehr aus mir heraus.* Ich kann aber nicht sagen, daß diese Zeit sinnlos gewesen wäre für mich. Kurz und gut, ich schrieb mehrere Artikel für die TIMES, die naturgemäß nicht erschienen sind, weil ich sie nicht an die TIMES abgeschickt habe, nachdem ich mich in Oslo festgesetzt hatte im wahrsten Sinne des Wortes. Oslo ist eine langweilige Stadt und die Menschen dort sind ungeistig, vollkommen uninteressant, wie möglicherweise alle Norweger, das eine Erfahrung, die ich allerdings erst viel später gemacht habe, nachdem ich bis in die Höhe von Murmansk gekommen bin. Eine in Mitteleuropa bis heute vollkommen unbekannte Hunderasse, den sogenannten *Schaufler,* habe ich dort kennengelernt, außer daß das Essen schlecht und der norwegische Kunstgeschmack niederträchtig ist. Ein völlig unphilosophisches Land, in welchem jede Art von Denken in der kürzesten Zeit erstickt. Ich versuchte es in einem Pflegeheim in Mosjöhn, einer kleinen Stadt mit armen Leuten, in welcher sie sich mit Klavierspiel die Langeweile vertreiben; angeblich hat jede zweite Familie in Mosjöhn ein Klavier, ich selbst habe in einem Haus, wo ich die erste Nacht verbracht, besser *überlebt* habe, einen Bösendorferflügel gesehen und anhören müssen, der so verstimmt gewesen ist, daß selbst die abgeschmackteste Musik beispielsweise von Schubert, darauf gespielt, interessant gewesen ist; durch ihre verstimmten Klaviere haben die Leute von Mosjöhn, wie ich annehme, die Norweger überhaupt, tatsächlich einen Begriff von sogenannter *Moderner Musik heute* bekommen, also wie ich sagen kann, mehr oder weniger von selbst, weil sie davon keine Ahnung haben. Aber diese norwegischen Erlebnisse, die mich um beinahe alle Hoffnungen auf meine Zukunft gebracht haben und die sich tatsächlich im Abzählen von Pelzmützen und Filzpantoffeln und Filzstiefeln und wie gesagt, der perversesten aller Klavierspielmöglichkeiten erschöpft haben, sind es nicht, die mich diese Zeilen an Sie schreiben lassen. Ich hatte einen Traum und da Sie Sammler von Träumen sind, will ich Ihnen diesen meinen in Rotterdam geträumten Traum nicht vorenthalten, denn ich bin, wie Sie wissen, ein bedingungsloser Förderer und Anhänger der Wissenschaften und insbesondere der Ihrigen, und ich setze mich ganz einfach über die völlige Erkaltung unserer Beziehung weg und berichte Ihnen diesen Traum, den ich in Rotterdam geträumt habe, nachdem ich Oslo verlassen, eine zeitlang in Lübeck und Kiel und in Hamburg Station gemacht habe, auch ein paar Wochen in dem widerwärtigen Brügge, in welchem ich es ebenso wie in Norwegen als Pfleger, allerdings da als *Irrenpfleger* versucht habe, geträumt *und mir gemerkt habe,* denn wie Sie wissen, träume ich zwar täglich, merke mir aber alle diese täglich geträumten Träume nicht.

Wie wenige tatsächlich geträumte und gemerkte Träume meinerseits gibt es! Wie Sie wissen, bin ich seit vielen Jahren auf der Flucht aus Österreich *in eine bessere Gegend als Österreich* und will unter keinen Umständen wieder nach Österreich zurück, wie ich jetzt denke, es sei denn, ich werde dazu gewaltsam gezwungen. So reise ich, besser, irre ich schon jahrelang in Europa und, wie Sie wissen, in Nordamerika hin und her in der Absicht, einen Ort zu finden, in welchem ich meine Pläne verwirklichen kann, genau die existenzphilosophischen Pläne, von denen ich Ihnen so oft und solange, bis Sie es nicht mehr ertragen konnten, vor allem in Südtirol, vor allem auf dem Ritten, gesprochen habe. Weil ich kein Oxfordhirn werden wollte, ebenso kein Cambridgehirn; mit großer Anstrengung vor allem von allen Universitäten weg, sagte ich mir in den letzten Jahren immer, und wie Sie wissen, verweigere ich mich ja seit Jahren auch allen Büchern universitären Inhalts, meide die Philosophie, wo ich kann, die Literatur, wo ich kann, überhaupt den ganzen Lesestoff, wo ich kann aus Angst, eben von diesem Lesestoff tatsächlich verrückt und wahnsinnig und schließlich abgetötet zu werden; deshalb auch die Schwierigkeiten überhaupt durch Europa und Nordamerika zu kommen. Vor Asien habe ich immer die größte Angst gehabt und meine Indienreise hatte ja auch mit einem totalen Fiasko geendet, wie Sie wissen, weil ich, wie Sie wissen, von schwacher Körperkonstitution bin. Und Lateinamerika ist die größte Mode geworden und das stößt mich ab, alles fährt aus Europa hin und drängt sich auf unter dem Deckmantel der sozialen und der sozialistischen Hilfsbereitschaft, die in Wirklichkeit nichts anderes ist als eine widerliche Abart von christlich-sozialer europäischer Betulichkeit. Die Europäer langweilen sich zutode und mischen sich nur um dieser tödlichen europäischen Langeweile zu entkommen, überall in die sogenannte *Dritte Welt* ein. Das Missionarische ist eine deutsche *Un*tugend, die der Welt bis heute immer nur Unglück gebracht hat, die die ganze Welt immer nur in Krisen gestürzt hat. Die Kirche hat mit ihrem widerwärtigen *Lieben Gott* Afrika vergiftet, jetzt ist sie dabei Lateinamerika zu vergiften. Die katholische Kirche ist die Weltvergifterin, die Weltzerstörerin, die Weltvernichterin, das ist die Wahrheit. Und der Deutsche an sich vergiftet fortwährend die ganze Welt außerhalb seiner Grenzen und er wird nicht Ruhe geben, bis diese ganze Welt tödlich vergiftet ist. So habe ich mich von meiner *Un*sucht, den Menschen in Afrika und in Südamerika helfen zu wollen, längst zurückgezogen *gänzlich auf mich*. Den Menschen ist nicht zu helfen in unserer Welt, die schon Jahrhunderte voller Heuchelei ist. Der Welt ist wie den Menschen nicht zu helfen, weil beide durch und durch Heuchelei *sind*. Aber das kennen Sie ja von mir und um das geht es auch gar nicht. Tatsache ist, daß ich Ihnen nur schreiben, also nur mitteilen will, was ich heute geträumt habe, weil es für Sie nützlich ist, wie ich denke. Ich träumte von Österreich mit solcher Intensität, weil ich daraus geflohen bin, von Österreich als von dem häßlichsten und lächerlichsten Land der Welt. Alles, das die Menschen in diesem Land immer als schön und bewundernswert empfunden haben, war nur mehr noch häßlich und lächerlich, ja immer nur abstoßend und ich fand nicht einen einzigen Punkt in diesem Österreich, der überhaupt akzeptabel gewesen wäre. Als eine perverse Öde und eine fürchterliche Stumpfsinnigkeit empfand ich mein Land. Nur grauenhaft verstümmelte Städte, eine nichts als abschreckende Landschaft und in diesen verstümmelten Städten und in dieser abschreckenden

Landschaft gemeine und verlogene und niederträchtige Menschen. Es war nicht zu erkennen, *was* diese Städte so verstümmelt, dieses Land so verödet, diese Menschen so gemein und niederträchtig gemacht hat. Die Landschaft war so gemein wie die Menschen, so verstümmelt, so niederträchtig, das Eine wie das Andere so abschreckend auf eine totale tödliche Weise, müssen Sie wissen. Sah ich Menschen, hatten sie nur gemeine Fratzen, wo sie ein Gesicht haben sollten, machte ich Zeitungen auf, mußte ich an dem Stumpfsinn und an der Niedertracht, die darin abgedruckt waren, erbrechen, alles was ich sah, alles was ich hörte, alles, das ich wahrnehmen mußte, verursachte mir Übelkeit. Zu wochenlangem Sehen und Hören dieses widerwärtigen Österreich war ich verurteilt, müssen Sie wissen, bis ich schließlich aus Verzweiflung über dieses tödliche Hören und Sehen bis auf die Knochen abgemagert gewesen war; ich hatte vor Widerwillen gegen dieses Österreich keinen Bissen mehr essen, keinen Schluck mehr trinken können. Ich sah, wo ich auch hinschaute, nur Häßlichkeit und Gemeinheit, eine häßliche und verlogene und gemeine Natur und häßliche und gemeine und verlogene Menschen, das absolut Schmutzige und Gemeine und Niederträchtige dieser Menschen. Und glauben Sie nicht, daß ich nur die Regierung und nur die sogenannte Oberschicht dieses Österreich gesehen habe, *alles Österreichische* war mir aufeinmal das Häßlichste, das Dümmste, das Abstoßendste. *In schwergeschädigtem Zustand,* wie Sie sagen würden, setzte ich mich schließlich, nachdem ich mehrere Male durch dieses häßliche und gemeine und dumme Österreich gelaufen war, auf meine atemlose Art, müssen Sie wissen, auf einen Konglomeratblock auf dem Salzburger Haunsberg, von wo ich auf die von ihren Bewohnern total abgestumpfte und von den

Architekten, Ihren Kollegen, total vernichtete, aber noch immer in ihrem perversen Größenwahn schmorende Stadt Salzburg hinunterschaute. Was haben die österreichischen Menschen in nur vierzig oder fünfzig Jahren aus diesem europäischen Juwel gemacht?, dachte ich, auf dem Konglomeratblock sitzend. Eine einzige Architekturscheußlichkeit, in welcher die Salzburger als katholische und nationalsozialistische Juden- und Ausländerhasser in ihrer schauerlichen Leder- und Lodentracht zu Zehntausenden hin- und herrannten. Auf dem Konglomeratblock auf dem Salzburger Haunsberg mußte ich sozusagen aus Welterschöpfung eingenickt sein, mein Herr, denn ich wachte aufeinmal auf dem Wiener Kahlenberg auf. Und stellen Sie sich vor, mein lieber Architekt und Baukünstler, was ich vom Kahlenberg aus, nachdem ich aufgewacht war, zu sehen bekommen habe, nicht auf einem Konglomeratblock sitzend wie auf dem Salzburger Haunsberg, sondern auf einer morschen Holzbank oberhalb der sogenannten Himmelstraße: dieses ganze widerwärtige, schließlich nurmehr noch bestialisch stinkende Österreich mit allen seinen gemeinen und niederträchtigen Menschen und mit seinen weltberühmten Kirchen- und Kloster- und Theater- und Konzertgebäuden ist vor meinen Augen in Flammen aufgegangen und abgebrannt. Mit zugehaltener Nase, aber mit weit aufgerissenen Augen und Ohren und mit einer ungeheuerlichen Wahrnehmungslust habe ich es langsam und mit der größtmöglichen theatralischen Wirkung auf mich abbrennen gesehen, solange abbrennen gesehen, bis es nurmehr noch eine zuerst gelbschwarze, dann grauschwarze stinkende Fläche aus klebriger Asche gewesen ist, sonst nichts mehr. Und als ich von der österreichischen Regierung, die, wie Sie wissen, immer die dümmste Regierung auf der Welt gewesen ist, und von dem österreichischen katholischen Klerus, der immer der gefinkeltste auf der Welt gewesen ist, auch nurmehr noch kaum erkennbare christlich-soziale und katholische und nationalsozialistische Reste gesehen habe in dieser stinkenden grau- schwarzen Brandöde, atmete ich, wenn auch hustend, so doch erleichtert auf. Ich atmete so erleichtert auf, daß ich aufgewacht bin. Zu meinem großen Glück in Rotterdam, in jener Stadt, die mir aus allen Gründen von allen Städten die nächste und also die liebste ist, wie Sie wissen. Wenn dieses lächerliche Österreich auch schon seit vielen Jahrzehnten nicht und in keinem Falle mehr der Rede wert ist, so ist es doch vor allem für Sie, mein Herr, wie ich denke, interessant, daß ich selbst nach so vielen Jahrzehnten wieder einmal davon geträumt habe.

Nachbemerkung

In sechs Kapitel und eine Coda gliedert sich dieser Querschnitt durch das Gesamtwerk Thomas Bernhards. Der erste Teil widmet sich dem bisher vernachlässigten Jahrzehnt im Schaffen des Autors, den fünfziger Jahren, der Formationsphase von Werk und Leben. Die sich anschließenden Kapitel vermitteln thematische Ausschnitte von Dimensionen, die beim Lyriker, Dramatiker, Erzähler, Romanautor und öffentlichen Provokateur von hervorstechender Bedeutung sind. Innerhalb der einzelnen Kapitel folgt die Anordnung der Texte mehr oder weniger strikt der Chronologie ihrer Entstehung, nicht der der Publikation.

Ein Blick auf die öffentliche Präsenz der Lyrik, der Prosa und der Dramatik von Thomas Bernhard mehr als zwei Jahrzehnte nach dessen Tod könnte zu dem Urteil verleiten, sein widerständiges Werk sei durch und in der (nationalen wie internationalen) Rezeption normalisiert – das heißt seiner ästhetisch-gesellschaftlichen Brillanz beraubt worden. Seine Bücher sind kanonisch geworden, was nicht zuletzt daran ablesbar ist, daß *Heldenplatz,* dessen Uraufführung 1988 in Wien die Republik in zwei Lager gespalten hatte, zwei Jahrzehnte später goutierter Repertoirebestandteil in derselben Stadt ist; kein Theater, das etwas auf sich hält, kommt ohne Bernhard-Stück aus. Inzwischen verpflichten die Lehrpläne die von Bernhard so gescholtenen Lehrer, mit ihren Schülern in der Oberstufe selbiges Stück zu interpretieren. Um dieses Sinnbedürfnis von Studenten und Schülern zu befriedigen, entstehen derart viele literaturwissenschaftliche Studien, weshalb es einer diesem Autor vorbehaltenen Personalbibliographie bedürfte, um den Überblick zu behalten. Die 22bändige Ausgabe seiner Werke, ediert nach den Regeln der Philologie, wird in alle Weltsprachen übersetzt, die autobiographischen Erzählungen werden von ersten Bühnenschauspielern als Hörbuch gelesen, für den Briefwechsel zwischen dem Autor und seinem Verleger Siegfried Unseld trifft das gleiche zu. Die Titel seiner Stücke und Prosa sind in die Alltagssprache eingegangen – und so werden im Wirtschaftsteil einer Zeitung die »Alten Meister« bemüht (gemeint sind die ältesten Hedge-Fonds in Österreich), und eine Woche später empfiehlt das Feuilleton eine Zusammenstellung von Erzählungen als Geschenk, wenn eine boshaft-witzige Weihnachtsunterhaltung garantiert sein soll. Folglich nimmt es nicht wunder, wenn Person und Werk mit unzähligen Etikettierungen belegt werden: von Alpen-Beckett über Geistesarbeiter zu Übertreibungskünstler und Zirkusdirektor, um nur vier Stellen im umfangreichen Alphabet der Bernhard-Bezeichnungen anzugeben.

Ist Thomas Bernhard also ein Klassiker geworden? Ist er in eine Reihe gerückt mit den deutschen Klassikern des 20. Jahrhunderts wie Bertolt Brecht, Thomas Mann, Karl Kraus und Hugo von Hofmannsthal? Steht er in der Tradition von Goethe, Schiller, Grillparzer, Nestroy, Raimund? Wenn dem so wäre, wäre dann nicht eine seiner Hoffnungen erfüllt, nämlich auszustrahlen, weltweit? Und was wäre an einer solchen Haltung seinem Werk gegenüber ästhetisch rückwärtsgewandt, gesellschaftspolitisch reaktionär, kurz: kritikbedürftig, verwerflich? Böte sich so nicht die Chance, auf die allerletzte, noch den kürzesten Nebensatz und die Einwort-Regieanweisung einbeziehende Deutung zu verzichten, Bernhard ein für allemal festzulegen auf ein, zwei Grundintentionen? Könnte dies dem Leser die Möglichkeit eröffnen, sich einen »eigenen Bernhard« zu erlesen und zu (er)finden – wodurch jener Bernhardsche Impetus gegenüber seinem Werk freigesetzt würde, wonach Autoritäten zertrümmert werden müssen, damit ein autonomer Kopf zu einem autonomen Körper gehört. Denn Bernhard beantwortete 1970 in der Selbstexplikation *Drei Tage* die selbstgestellte Frage, was ihn zum Schreiben angestiftet habe und ihn immer wieder dazu antreibe, mit der »Opposition gegen sich selbst« – der Autor als der beste, weil sein Schreiben befördernder Feind seiner selbst.

Der Herausgeber

Drucknachweise

Das Copyright der hier abgedruckten Text liegt, wenn nicht anders angegeben, beim Suhrkamp Verlag Berlin.

Werke = Thomas Bernhard, *Werke*, herausgegeben von Martin Huber und Wendelin Schmidt-Dengler, Frankfurt am Main/Berlin 2003ff.

Thomas Bernhard. Notiz zu Thomas Bernhard

Erstdruck in Thomas Bernhard, *Die Ursache bin ich*, Frankfurt am Main 2008, S. 24-28. Thomas Bernhard verfaßte diesen Lebenslauf um 1960 als Pressetext für den S. Fischer Verlag anläßlich der geplanten, aber nicht realisierten Publikation der *Ereignisse*.

Niklas van Heerlen. Vor eines Dichters Grab

Salzburger Volksblatt, 12. Juli 1950. Der Großvater Thomas Bernhards, Johannes Freumbichler, war am 11. Februar 1949 gestorben.

Mit neunzehn Jahren

Demokratisches Volksblatt, 27.9.1952.

Vier Gedichte

Thomas Bernhard, *Gesammelte Gedichte*, herausgegeben von Volker Bohn, Frankfurt am Main 1991, S. 281-284.

Jean Arthur Rimbaud. Zum 100. Geburtstag

Thomas Bernhard hielt diesen Vortrag am 9. November 1954 im Salzburger Hotel Pitter. Erstdruck: *Die Zeit*, 14. Mai 2009.

Der Schweinehüter

Thomas Bernhard, *Werke, Band 14*, herausgegeben von Hans Höller, Martin Huber und Manfred Mittermayer, S. 516-539.

Neun Psalmen
Thomas Bernhard, *Gesammelte Gedichte*, herausgegeben von Volker
Bohn, Frankfurt am Main 1991, S. 73-78.

Ereignisse
Thomas Bernhard, *Werke, Band 14*, herausgegeben von Hans Höller,
Martin Huber und Manfred Mittermayer, S. 197-200.

In der Höhe, Rettungsversuch Unsinn
Thomas Bernhard, *Werke, Band 11*, herausgegeben von Martin Huber und Wendelin Schmidt-Dengler, S. 13-16.

Ist es eine Komödie? Ist es eine Tragödie?
Thomas Bernhard, *Werke, Band 14*, herausgegeben von Hans Höller,
Martin Huber und Manfred Mittermayer, S. 35-42.

Das Verbrechen eins Innsbrucker Kaufmannssohns
Thomas Bernhard, *Werke, Band 14*, herausgegeben von Hans Höller,
Martin Huber und Manfred Mittermayer, S. 62-75.

Am Ortler. Nachrichten aus Gomagoi
Thomas Bernhard, *Werke, Band 14*, herausgegeben von Hans Höller,
Martin Huber und Manfred Mittermayer, S. 166-189.

Frost
Thomas Bernhard, *Werke, Band 1*, herausgegeben von Martin Huber
und Wendelin Schmidt-Dengler, S. 10 f.

Amras
Thomas Bernhard, *Werke, Band 11*, herausgegeben von Martin Huber und Wendelin Schmidt-Dengler, S. 111-113.

Das Kalkwerk
Thomas Bernhard, *Werke, Band 3*, herausgegeben von Renate Langer,
S. 15-20.

Korrektur. Die höllersche Dachkammer
Thomas Bernhard, *Werke, Band 4*, herausgegeben von Martin Huber und Wendelin Schmidt-Dengler, S. 7-12.

Holzfällen
Thomas Bernhard, *Werke, Band 7*, herausgegeben von Martin Huber und Wendelin Schmidt-Dengler, S. 7-10.

Auslöschung
Thomas Bernhard, *Werke, Band 9*, herausgegeben von Hans Höller, S. 244-255.

Die Erfundene
Thomas Bernhard, *Werke, Band 15*, herausgegeben von Manfred Mittermayer und Jean-Marie Winkler, S. 63-70.

Ein Fest für Boris
Thomas Bernhard, *Werke, Band 15*, herausgegeben von Manfred Mittermayer und Jean-Marie Winkler, S. 141-163.

Die Macht der Gewohnheit
Thomas Bernhard, *Werke, Band 15*, herausgegeben von Manfred Mittermayer und Jean-Marie Winkler, S. 85-107.

Minetti
Thomas Bernhard, *Werke, Band 17*, herausgegeben von Martin Huber und Bernhard Judex, S. 31-43.

Immanuel Kant
Thomas Bernhard, *Werke, Band 17*, herausgegeben von Martin Huber und Bernhard Judex, S. 116-130.

Der Weltverbesserer
Thomas Bernhard, *Werke, Band 17*, herausgegeben von Martin Huber und Bernhard Judex, S. 177-193.

Die Ursache
Thomas Bernhard, *Werke, Band 10,* herausgegeben von Martin Huber
und Manfred Mittermayer, S. 12-19.
© Residenz-Verlag St. Pölten 1975.

Der Keller
Thomas Bernhard, *Werke, Band 10,* herausgegeben von Martin Huber
und Manfred Mittermayer, S. 128-132.
© Residenz-Verlag St. Pölten 1976.

Der Atem
Thomas Bernhard, *Werke, Band 10,* herausgegeben von Martin Huber
und Manfred Mittermayer, S. 223-226.
© Residenz-Verlag St. Pölten 1978.

Die Kälte
Thomas Bernhard, *Werke, Band 10,* herausgegeben von Martin Huber
und Manfred Mittermayer, S. 331-336
© Residenz-Verlag St. Pölten 1981.

Ein Kind
Thomas Bernhard, *Werke, Band 10,* herausgegeben von Martin Huber
und Manfred Mittermayer, S. 438-441.
© Residenz-Verlag St. Pölten 1982.

Der Büchnerpreis
Thomas Bernhard, *Meine Preise,* Frankfurt am Main 2009, S. 109-114.

Ansprache bei der Verleihung des Georg-Büchner-Preises
Thomas Bernhard, *Meine Preise,* Frankfurt am Main 2009, S. 123-125.

Zu meinem Austritt
Thomas Bernhard, *Meine Preise,* Frankfurt am Main 2009, S. 126-129.

Krista Fleischmann im Gespräch mit Thomas Bernhard
Thomas Bernhard, *Eine Begegnung. Gespräche mit Krista Fleischmann,*
Frankfurt am Main 2006, S. 18-30.

In Flammen aufgegangen. Reisebericht an einen einstigen Freund
Thomas Bernhard, *Werke, Band 14*, herausgegeben von Hans Höller,
Martin Huber und Manfred Mittermayer, S. 448-454.

Inhalt